佛法科學總集

廣說三藏經論關於色心諸法之科學論述

下冊

Science and Philosophy
in the Indian Buddhist Classics
Volume 2: The Science of the Mind

達賴喇嘛／監製

總集編著小組／編著

蔣揚仁欽／譯

| 監製 |

第十四世達賴喇嘛丹增嘉措（Tenzin Gyatso）

一九三五年生於西藏東部的安多（Amdo），兩歲時經認證為第十三世達賴喇嘛的轉世靈童。一九五九年，被迫離開西藏，展開流亡生涯，並於印度達蘭薩拉（Dharamsala）成立流亡政府，一九八九年獲諾貝爾和平獎。成為世界公民，他致力提倡慈悲、寬恕、關愛等普世價值，促進世界主要宗教傳統間的和諧及相互了解；作為佛教徒，他以修持、講說菩提心及空正見，護持佛陀教法；身為藏人，他為藏人爭取自由與公義，並努力保存西藏文化。

| 編著 |

總集編著小組

· 成員 ·

負責人 ——

南嘉寺住持——色拉傑扎倉充拓仁波切

編輯主顧問 ——

博士朗日巴圖登錦巴

編輯顧問——

色拉昧扎倉仰丁仁波切

明慧州扎倉格西圖滇悲桑

南嘉寺比丘圖滇揚佩

《總集》編輯者——

甘丹東頂扎倉格西強區桑杰

哲蚌明慧州扎倉格西朗望桑杰

甘丹北頂扎倉格西紀薩重千轉世

哲蚌多門扎倉格西洛桑開卻

| 翻譯 |

蔣揚仁欽（黃春元）

自一九九六年起，擔任尊者達賴喇嘛的漢語口譯至今。一九八九年，前往北印度達蘭薩拉辯經學院（Institute of Buddhist Dialectics）學習長達十四年的五部大論、四大教派的高等教育，最後以〈心與空〉的哲碩論文，獲取甲級成績及「無別大教授師」之學位。二〇一四年取得哈佛文理學院（Harvard GSAS）的博士學位。著有《我的上師達賴喇嘛》、《自己的路，勇敢的走》；譯有《善言初慧擇眼》、《覺燈日光》、《達賴喇嘛尊者開示佛子行三十七頌》等。

目錄 Contents

第九品、論述粗細心及死亡次第

Contents

Contents

第七品
具境——心——的論述

甲一、總說具境——心——的性質

前敘內容為，所知境、色法、情器世間如何形成等，在此講述具境——心——的論述。

何為具境心，或是識呢？

各式感受的類別，如：苦樂感受、內心的歡喜與悲傷、遭遇危險時所產生的畏懼、對仇敵的憤恨、親眷的掛念貪執，以及緣取眾生痛苦的悲心等；各式內在心識，如：正看到前方裝滿各樣美麗花朵瓶子的眼識、正聽到各樣唱歌樂曲的耳識、「我覺得是這個、我回憶起那個」等對過去的記憶、「如果是這樣的話，應該是那樣」等正在推理的想法，因為可以親身體驗到前述爾等「心識」的存在，無論「識」是色法還是心法，「識的存在」是不需要經過理由的辯證，光憑體驗就可以確認了。然而，許多細微的心識就得靠理由才能定論。

色法與心識之間的差異是什麼呢？

斯等是否有礙無礙？斯等體性是否明觀性、唯領納性？或能否觀境……等，都可作為區別色法與心識的標準。古老的印度佛教學者們詮釋心識本質的時候，共同認為可以根據下述幾點而定義心識：心識必定不是有礙色法、必須是無礙法；具備能夠明顯內外法之特徵；能夠看到事物；僅屬覺受體性。

在定義心識為何的同時，經說心識極為難測、無礙故輕、

輪迴無間似如旋火輪、常動不堅似如海浪、咸燒身語所行似如
林火等。又說「似如洪水」，此文間接意味著內心閃念極為繁
多。為能滿足人們的追求，主要就得從心改變；心與色法不同，
心較難認知。若依正念、正知、不放逸等修治內心，才能獲得
暫時及究竟的安樂，所以佛家們早在心識的論述上做了極為詳
細的研究，並興盛這種研究，這也是為何佛家的心理學極為淵
博廣泛的原因。佛陀在《法句經》（ཆོས་ཀྱི་ཚིགས་སུ་བཅད་པ།）也說：

> 「諸惡莫作，　諸善奉行，
> 自淨其意，是諸佛教。」[1]

　　因為內心的調伏或不調伏，暫時或究竟的苦樂才會形成。
換句話說，跟士夫所求相關的兩種苦樂，說到底都離不開心識
的作用。因此，佛法精髓就是令內心徹底獲得調伏。佛陀在
《法集要頌經》（ཆེད་དུ་བརྗོད་པའི་ཚོམས།）也說：

> 「降心則為善，以降便輕安。」[2]

　　經說內心調伏乃最勝之善，內心調伏方能產生安樂。《入

1　《法句經》偈頌文，第十四品，第5句偈頌文。漢譯來源：《法句經》
　　（T.4.210.567b.1）。除了「諸惡莫作」外，別解脫經也有相同的偈頌文，可參
　　考：德格版，經，律，ཁ卷，第二卷，20背頁；對勘本版，書號5，49頁。

2　德格版，經，經藏，ས卷，第三十一品，第1句偈頌文，243正頁；對勘本
　　版，書號72，681頁。漢譯來源：《法集要頌經》（T.4.213.795b.7）。

行論》也詳細地說道：

「實語者佛言：一切諸畏懼、
無量眾苦痛，皆從心所生。」[3]

在諸多佛教典籍中，ཟི 的梵文為 buddhi（漢文音譯「菩提」；意譯「心」）；ཤེས་པ 的梵文為 jñā（漢文音譯「闍那」；意譯「識」）；རིག་པ 的梵文為 vitti（漢文音譯「威諦」；意譯「觀」），三者皆是同義並相互周遍。「觀」是「心」的定義；「亦明亦觀」是「識」的定義。識的本質為「明」；識的作用為「觀」。

謂「明」有三義：一、遠離有礙色——物體——性質的緣故，明其性。二、又如明鏡反映影像般，心識能夠反映出所有善惡、苦樂等諸內外境故，明其境。三、心識本體並未受到貪等煩惱之污垢而汙穢故，明本性，又謂「光明」。經論中談及了有關「明」的多種解讀。

為何心識遠離有礙性呢？

如《寶積經》云：

「於意云何？……或青或黃……」[4]

3　德格版，論，中觀，ས 卷，第五品，第6句偈頌文，10正頁；對勘本版，書號61，970頁。漢譯來源：如石法師譯《入菩薩行論》。

4　德格版，經，寶積，ཅ 卷，第八品，143正頁；對勘本版，書號40，398頁。漢譯來源：《大寶積經》（T.11.310.585c.14）。

《三十三天品經》（སུམ་ཅུ་རྩ་གསུམ་པའི་ལེའུ།）云：

「心亦無色、無礙、無可示、無可知。」[5]

謂心識遠離形色，不能顯示於眼識，無有觸礙。

如同日光及電光能夠令色法明顯般，心識也可明顯善惡苦樂等內外之境，故係「明」性。「明」字的解讀為：內外任何一法可被明顯於識境之中，所以心識明顯及會意其境。然而，心識的「明」不同於日電光的是，日電光明顯事物的效應只侷限在日電光的所在處，但心識明顯其境的效應並非如此。

許多大小乘經論說，心識上的貪等煩惱皆屬暫時性，心識屬光明性。如上座部的《增支部》（Aṅguttaranikāya）云：

「諸比丘！心者，是極光淨者，卻為客隨煩惱所雜染，而無聞之異生，不能如實解，故我言無聞之異生不修心。諸比丘！心者，是極光淨者，能從客隨煩惱得解脫，而有聞之聖弟子能如實解，故我言有聞之聖弟子修心。」[6]

《般若經八千頌》云：

5　德格版，經，經藏，ཤི།卷，第一卷，129 背頁；對勘本版，書號 63，349 頁。雖然漢譯大藏經內並無此譯，但此經卻被《大智度論》第三十二卷所引用，此論云：「如《三十三天品經》說 ……」（T.25.1509.302b.16）。

6　上座部的《增支部》（Aṅguttaranikāya）第一集。漢譯來源：《增支部》一集，第六彈指品。

「彼心非心，心性淨故。」[7]

《入楞伽經》（ འཕགས་པ་ལང་ཀར་གཤེགས་པའི་མདོ ）云：

「心自性清淨」[8]

《大方廣如來藏經》（ དེ་བཞིན་གཤེགས་པའི་སྙིང་པོའི་མདོ ）云：

「告餘人言此有[9]金，汝取應洗隨意用。
如我所見諸有情，沒煩惱穢流長夜，
知彼煩惱為客塵；自性清淨方便說，」[10]

《佛說大乘入諸佛境界智光明莊嚴經》（ འཕགས་པ་སངས་རྒྱས་ཐམས་
ཅད་ཀྱི་ཡུལ་ལ་འཇུག་པའི་ཡེ་ཤེས་སྣང་བའི་རྒྱན ）云：

「何以故？心法本來自性明亮，但為客塵煩惱之所坌
污，而實不能染污自性。若自性明亮即無煩惱。」[11]

7　德格版，經，八千，ཀ 卷，第一品，3 正頁；對勘本版，書號 33，6 頁。漢譯
　　來源：《佛說佛母出生三法藏般若波羅蜜多經》（T.8.228.587b.14）。

8　德格版，經，經典，ཅ 卷，第九卷，186 背頁；對勘本版，書號 49，457 頁。
　　漢譯來源：《入楞伽經》（T.16.671.583a.18）。

9　德格版示「此乃」，但奈塘版及北京版示「此有」，在此依據後者版本修改。

10　德格版，經，經典，ཁ 卷，251 正頁；對勘本版，書號 66，690 頁。漢譯來
　　源：《大方廣如來藏經》（T.16.667.462c.11）。

11　德格版，經，經典，ཀ 卷，第二卷，290 背頁；對勘本版，書號 47，762 頁。
　　漢譯來源：《佛說大乘入諸佛境界智光明莊嚴經》（T.12.395.259a.8）。

聖者慈尊[12]的《究竟一乘寶性論》云：

「自性常不染，如寶空淨水。」[13]

如同寶金的性質無有鏽染、虛空的性質無有雲染、淨水的性質無有穢染般，心的性質也無有煩惱污垢的穢染。

《究竟一乘寶性論》云：

「如虛空淨心，常明無轉變，
虛妄貪等惱，客塵惱不染。」[14]

器皿雖有不同，但如同器皿內部的虛空[15]不會轉變般，心的本質——心無諦實——也不會隨著暫時的貪等煩惱之污染所轉變。此宗說到，心的本質無有諦實；煩惱之所以屬暫時性的理由，是因為爾等污染，於心的明觀本質中，無有諦實的緣故。倘若內心的污染確屬諦實，將不能依賴任何他者，自然不能透過對治力的串習之力，使心遠離污染，故而顯示「因無諦實才

12　譯者註：誰是寶性論的作者一直是個頗具爭議的話題。

13　德格版，論，唯識，ཞི卷，第一品，第 30 句偈頌文，56 正頁；對勘本版，書號 70，938 頁。漢譯來源：《究竟一乘寶性論》（T.31.1611.828b.21）。

14　德格版，論，唯識，ཞི卷，第一品，第 64 句偈頌文，57 背頁；對勘本版，書號 70，941 頁。藏譯與漢譯稍有不同，漢譯原文：《究竟一乘寶性論》（T.31.1611.832c.24）：「如虛空淨心，常明無轉變，為虛妄分別，客塵煩惱染。」

15　譯者註：通俗的說法叫「空間」。

能生起對治、令心遠離污染」。如吉祥法稱《釋量論》云：

> 「心自性光明，諸垢是客塵。」[16]

　　痛苦的起源──貪等煩惱──可經由對治力令其消除，這些煩惱污垢又不住在心之本質之中，所以心之本質屬光明性，如前所言。

　　心性光明的另一解讀：如同明鏡反射影像般，心識可見內外諸境，也可這麼理解。主張自證者認為，心性光明的意思是，不只心可顯自境，心也可自顯，以自顯的角度做此詮釋。如《釋量論》云：

> 「故我覺自己，由明體極顯。
> 餘於彼體轉，明顯而極顯。」[17]

　　具境識明顯自心，故言「極顯」。言「餘」者謂，心識所顯色等，才是色等境之性質；色等體性之相看似撲向心識，轉為心識之所現境，故言「明顯而極顯」。此論說到極顯可分兩類：一、心識明顯自己。二、心識明顯境相。

16　德格版，論，量，ཚ卷，成量品，第210句偈頌文，115背頁；對勘本版，書號97，519頁。漢譯來源：法尊法師譯《釋量論》。

17　德格版，論，量，ཚ卷，現量品，第481句偈頌文，136背頁；對勘本版，書號97，568頁。漢譯來源：法尊法師譯《釋量論》。

　　有時一些典籍會在之前已言的「明」及「觀」之上，另加離觸碰性的「空」，而說空、明、觀三性，作爲心識的性質。

　　明觀二法中的「觀」，指的是心識的作用。如《釋量論》云：

> 「識是取境法，如有而取彼，
> 彼所有體性，亦是此能生。」[18]

　　謂由「執境」及「觀境」而安立心識的緣故，心識的不共特徵必定是執境及觀境。

　　寂護阿闍黎說，因爲心識具有「了知自己本質」的特點，所以並非物質色體。如《中觀莊嚴論》云：

> 「心識從色性，返已而極生，
> 咸非色之性，乃彼性心識。」[19]

　　關於此義，《中觀莊嚴論自釋》也云：

> 「爾時遠離二相——不遇境相，以及不能覺受別異自身
> 之境，因僅知自身體性故——故言心識。此『知己體

18　德格版，論，量，ཆེ 卷，成量品，第 208 句偈頌文，115 背頁；對勘本版，書號 97，518 頁。漢譯來源：法尊法師譯《釋量論》。

19　德格版，論，中觀，ས卷，第 16 句偈頌文，53 背頁；對勘本版，書號 62，896頁。漢譯大藏經內並無此譯。

性』之論述係『明己體性』故，心識非『離觀性』者如馬車等。知己體性故，知境不須待青等他法，因『知』謂『非無知』故。」[20]

蓮花戒阿闍黎的《中觀莊嚴疏》云：

「總之，由自證故，絕非馬車、圍牆色體等性；在不須觀待其他明例中，趨入名言道。」[21]

根據在此引用的寂護阿闍黎的《中觀莊嚴論》及其《自釋》，以及蓮花戒阿闍黎的《中觀莊嚴疏》等論典詞義，這兩位大師所持的立場是，在承許自證的同時，也確認了心識性質必須遠離色法。然而，站在無自證的立場解讀的話，上述寂護阿闍黎的理由顯示色識二法的整體主要差異，也就是色法不能了知色法，但心識卻可被心識所知。[22]譬如，紅蓮花的色法，或是寂護阿闍黎所舉例的外在馬車等法，必須透過非色法的某個心識才能得知，所以觸碰性的色法不具知境的能力。

---

20 德格版，論，中觀，ᰂ卷，60背頁；對勘本版，書號62，916頁。漢譯大藏經內並無此譯。

21 德格版，論，中觀，ᰂ卷，第一卷，94背頁；對勘本版，書號62，1007頁。漢譯大藏經內並無此譯。

22 譯者註：心識X可被心識Y所了知，故說心識了知心識，但這不代表心識X可被心識X所了知。

色法與心法的性質上，此二是否具觸碰性，還是明觀性？如果這兩法確實在有覺受或無覺受上具有差異的話，在這兩法中，到底何者才是根本？這兩法的關聯又是什麼？

古老印度的宗義裡，順世派認為色法才是存在的根基；如同身體與影子、油燈與燈光、酒與酒的潛質般，內在的心法僅屬色法的特徵。古佛學家共同認為，諸法的根基應以色法與心法相等而立。尋求色法為何之後，其究竟依據絕不會是識質或是心法；尋求心法為何之後，其究竟依據也絕不會是如微大種般的色質。

非識的色法無法成為心識的近取因，但身心兩者互相依賴、具有著俱生緣的因果關聯的事實，也是必須承認的。譬如，沒有了五根，是絕不能生起五根識，這是相當明顯的。又如同，在根識為導因的情況下，許多意識都得依賴著五根等。同樣地，以自宗而言，眾多器世間的特徵都與眾生的業有關，尤其是無上密咒的續典說到，心性氣性無二的論述，所以最細微的意識與氣是脫離不開的緣故，主張心氣永不分離的立場。總之，凡是心識，最終一定會依賴色根或人腦嗎？如之前在「身心關聯」時已言，這個的答案是不一定。

既然所謂的「心識」並非色法，而是明觀體性，心識的所依又是為何？心識所在之處又是哪裡呢？

心識主要所依為風界，其所在處包括上從頭頂、下至足底

的全身。從個別心識的角度而言，眼識的所在處爲眼睛、耳識
的所在處爲耳朵、身識的所在處爲身體。前四根識所在處分別
依序爲：眼、耳、鼻、舌；身識所在處爲全身。心識又分粗細
兩者，粗分心識依賴粗分持命風；細微心識依賴細微持命風，
並住在心胸間，這是無上密咒典籍所說。

最細微意識的所依爲何呢？持命風住在胸部，位處於人體
的兩胸正中，靠近脊椎。中脈間，有著上下左右脈結，不壞明
點正處於上下左右脈結的中間，不壞明點就是最細微意識的所
依。

粗分持命風的所在處爲何呢？

仍處基位[23]時，此風經鼻孔出入，並住在胸部脈輪，但不
住在胸部脈輪的「獨帝」[24]裡面。

五支風的所在處爲何呢？

五支風多數是持命風的支分，所以五支風的現隱主要來自
胸部。至於《攝行炬論》所說，五根識如何經由胸部瓣脈，趨
行五欲的內容，可由《佛法科學總集》的上冊了知。

---

23 譯者註：此時的基位指的是，仍未證得圓滿次第的凡夫階段。

24 譯者註：通常獨帝脈是中脈的意思，但在此的獨帝並非整條中脈，而是不壞明
點的所在處。

甲二、具境——心——的分類

　　為了能夠善達心識的論述，在此之前，古老的佛教典籍說到眾多不同的心識分類法，如：七心識分類法、三心識分類法，以及二心識分類法等。七識為：一、現識。二、比度。三、已決識。四、伺察識。五、見而不定。六、疑識。七、顛倒識。詳細內容會在「心如何趨入境」時再加以解釋。

　　就以經部的立宗而言，第二分類——三心識為：一、將義總作為所取境（གཟུང་ཡུལ）25 的分別心 26，如執瓶分別心。二、將自相作為所取境的離謬無分別心，如執色現識。三、將「本無見有」27 作為所取境的顛倒無分別心，如將雪山視為黃色的顛倒無分別心。此分類法主要以所取境的角度而行區分。

　　二心識分類法內又有六種：一、基於是否需要依賴增上緣的五根其中一者，區分根識與意識兩者。二、基於是否看見聲義總，區隔分別心與離分別心兩者。三、基於是否新證，或對

25　譯者註：所取境與所持境有所不同。就以持瓶眼識的所取境與持瓶眼識的所執境而言，瓶子的所作性雖為前者，卻非後者。

26　譯者註：之所以區分無分別及分別兩者，是以「識趨入境」時的不同狀態做此區分。眼識不會分別境的主次差異，前方有什麼看什麼，故稱「無分別」；但閉上眼睛之後，意識從之前已見的各式境中，分別主次等差異後，從中執取欲見之境，故稱「分別」。這種分別心與愛恨親離的分別心相差甚遠；同樣地，此時的「無分別心」也非遠離愛恨的高尚意識形態。

27　譯者註：可被眼識所顯現為有，但未曾存在者，如黃色雪山。

境欺誑與否，區分正量與非量兩者。四、基於所見是否符合事實，區分錯亂識與不錯亂識兩者。五、基於是否區分境後再行趨入，區分遮遣趨入識與成立趨入識兩者。六、基於主要或眷屬而趨入境的性質或特徵，區分心與心所兩者。

甲三、根識與意識的差異

識可分六類：

一、眼識。二、耳識。三、鼻識。四、舌識。五、身識。六、意識。

前五識是依賴著各自的不共增上緣——眼根、耳根等——所產生的根識，後者僅是依賴意根增上緣所產生的意識。

因為眼識緣色、耳識緣聲、鼻識緣香、舌識緣味、身識緣觸，色等五境是五根識的所緣境；又因為眼等五根作為增上緣後，五根識才會產生。意識的不共增上緣是意根，意根並非色法；根識與意識的差別在於可否作為不共增上緣。誠如《集量論頌》（ཚད་མ་ཀུན་བཏུས།）云：

「是不共因故，彼名由根說。
由多義生故，自義總行境，
多性之有法，非根所了解，
自了非名顯。自體乃根境，

意亦義貪等……」[28]

施設根識與意識的差異並非源於境，而是來自爾等的不共增上緣。經論中說，像是鼓聲雖然來自手棍等，但鼓聲卻不稱為「手棍等聲」；之所以稱為「鼓聲」，是因為鼓才是鼓聲的不共增上緣。

又例如，眼識見到各式花朵的花園時，雖有各式繁多的花種，但眼識只會見到整體為一的模樣；若識想要特別去見某種單一花朵類別的時候，這時的識就會轉成意識，不再是根識。或者是，在眼識看色的同時，耳識聽到悅耳聲音的時候，隨著「想看」或「想聽」何者的動機更為強烈，來決定到底是色處還是聲處被根識所持、所定。同時，不被持定的另一者雖被根識所見，卻不被根識所決定。這種想看及想聽的動機也是意識。

意識雖然可以見到過去、未來、抽象等多種境，但根識卻無法做到。眼識清楚看到青色的同時，如果當時未具想看的意念，眼識只會見到當下的青色，卻不能得知青色；如果存有想看的意念，眼識則能引發「此乃青色」的決定識。

眼識雖然看到色法，卻因意識緣取他境，不能知境；眼識

---

28 德格版，論，量，^{हे}卷，第一品，第4-6句偈頌文，1正頁；對勘本版，書號97，3頁。漢譯來源：法尊法師譯《集量論頌》。

遇境，得知境色；得知境後，解析境的好壞等識，悉應立爲意識。《集量論頌自釋》引用的阿毘達磨經文云：「具眼識故，得知青色，然彼識非青想。」[29]

根識極爲依賴外境的趨近，必須依賴緣取色法方可形成，像是如果所取境花朵不在的時候，見到花朵的眼識是無法產生的。相反地，因爲意識的產生不必依賴外境的趨近，哪怕附近沒有花朵，也能夠生起持花的意識或念想。法稱論師《定量論》云：

「根識由境力而無誤所生故，根識定不能是彼。何以故？當隨境能力所生時，僅隨彼境性故。」

又云：

「具念之意識，謂不須觀待境之能力是否趨近，實因念之習氣所起念想，雖不決定其境，卻與某些覺受有關，可同時或個別持境者。」[30]

前引文說，根識等由所取境力生起故，自不能以「混合所

29　德格版，論，量，ཧྲི卷，第一品，15背頁；對勘本版，書號97，60頁。漢譯大藏經內並無此譯。

30　德格版，論，量，ཧྲི卷，現識品，154背頁；對勘本版，書號97，619頁。漢譯大藏經內並無此譯。

詮能詮」[31]而執根識之境。後引文說，分別心等不必觀待其境是否趨近，雖不需決定「根識所取境之（義）總」，但仍可執境等，[32]這些都是根識與具念意識兩者的差異。

總之，覺受者之識執取色、聲等境時，可分「主要以身執取」的根識，以及「主要以心執取」的意識兩種。由眼識執色，或耳識執聲之後，「這個是某某」、「這是如何」等好壞區別，皆屬意識所行範疇。在眼睛閉上的期間，眼識雖不會有任何作用，但意識仍可持續作用，執取其境。同樣地，做夢的期間，眼識雖不會有任何作用，但意識仍可在夢中持續各種作用，如執取苦樂等感受。因此，可由自身覺受來證實「五門根識」與「意識」這兩大類別的存在。

「這裡有花」、「這些是花」的持花性質之識、「這些花很香」的持花特徵之識、「花好美」的夢識、回憶「已看花朵」的後起憶念、閉眼時心中映現花朵的識，以及畏懼、慈愛、苦憂等感受，貪、瞋、慢等煩惱，止觀等眾多識類皆屬意識。

剛說根識與意識的差異，當說二識的個別性質。根識的性

---

31 譯者註：量學典籍常用這種說法來詮釋「混合境、聲總或義總」的持境方式。換句話說，所詮為境，能詮為聲總。分別心無法直接了知境，而是透過類似境的義總，與義總混合的方式了知境，故做此說。

32 譯者註：分別識執取境的時候，是不需要決定或了知其境的，如執取聲為常的常執。

質：依賴爾的不共增上緣之色根所生之識。意識的性質：依賴
爾的不共增上緣之意根所生之識。根識又分：眼識、耳識、鼻
識、舌識、身識共五。

眼識的性質：依賴爾的不共增上緣之眼根所生之識，如看
到白色的眼識。

耳識的性質：依賴爾的不共增上緣之耳根所生之識，如聽
到水聲的耳識。

鼻識的性質：依賴爾的不共增上緣之鼻根所生之識，如嗅
到栴檀香的鼻識。

舌識的性質：依賴爾的不共增上緣之舌根所生之識，如食
到甘蔗味的舌識。

身識的性質：依賴爾的不共增上緣之身根所生之識，如觸
碰柔處的身識。

如《解深密經》云：

「廣慧，阿陀那識為依止而建立故，六識身轉：謂眼識
耳鼻舌身意識。此中有識，眼及色為緣生眼識，與眼識
俱隨行，同時同境有分別意識轉。有識耳鼻舌身及聲香
味觸為緣，生耳鼻舌身識，與耳鼻舌身識俱隨行，同時
同境有分別意識轉。」[33]

---

33 德格版，經，經典，ৰི卷，第五品，12背頁；對勘本版，書號49，29頁。漢
　　譯來源：《解深密經》（T.16.676.692b.18）。

同樣地，《楞伽經》、《寶積經》、《聖廣大遊戲大乘經》等，也很明確地將識分成六類。

意識並非僅有分別心，還有繁多種類的意識。如「依根識的等無間緣所生的無分別意現識」也同樣是意識。以及，依循聞思修之次第，越加清楚地見證無常等眞相，最終現證無常等的意識。

到底有沒有「依根識等無間緣所生，又如根識般可將外在所取境作爲爾境」的無分別意現識呢？古老的內明學者們對此的立場不同。主張「有意現識」的學者們是以佛經中的「諸比丘，知色謂有二相：依賴眼及依賴意也」[34] 作爲依據。內明量學的大阿闍黎吉祥法稱論師在《定量論》也云：

「根識等無間，緣生臾頃間，能執意亦成，此亦稱現識。謂與爾境之等無間剎那同俱的根識，作為等無間緣所生之意，亦是現識。」[35]

此論明顯主張意現識的存在：謂將外在的所取境作爲己境

34 此經文雖常被引用，但量學典籍中並未註明其引文的出處。如《楞伽經》的註釋——《如來藏莊嚴論》（དེ་བཞིན་གཤེགས་པའི་སྙིང་པོའི་རྒྱན།）云：「如薄伽梵云：『諸比丘，知色識有二：名與隨名之意也。』等等現世的差別。」（德格版，論，經部，第二品，65 正頁；對勘本版，書號 70，155 頁。漢譯大藏經內並無此譯。）

35 德格版，論，量，ཅེ། 卷，第一品，158 正頁；對勘本版，書號 97，628 頁。漢譯大藏經內並無此譯。

的根識，依此等無間緣的根識所生的意現識。仔細檢視的話，就以根識的下一剎那起便開啓意現識的緣故，根識爲增上緣；就以根識令意現識轉變爲覺受明觀[36] 的緣故，根識爲等無間緣。所以，引發意現識的根識是彼意識的等無間緣及增上緣兩者。

知境意現識所執取的境到底是能引者根識的所取境呢？還是非根識的所取境呢？若根識的所取之境可被意現識所執取，意現識將成再決識；若非根識的所取之境可被意現識所執取，見物則不需明目，故瞎子也可見物。對此，《釋量論》回諍：

「是故諸根識，無間緣所生，
意能緣餘境，故盲者不見。」[37]

意現識所執取的境，正是其等無間緣——根識——的所取境的第二剎那或後剎那的緣故，意現識可以存在，卻不會有瞎子見物的過患。

甲四、根識三緣

今說根識三緣。與其他色法不同，識法的特殊因緣是什麼

---

36 譯者註：覺受明觀又可解讀爲：具有覺受性質的唯明唯觀。

37 德格版，論，量，ड़े卷，現識品，第 243 句偈頌文，127 背頁；對勘本版，書號 97，547 頁。漢譯來源：法尊法師譯《釋量論》。

呢？識分根識及意識兩者，此中根識的特殊因緣為：所緣緣、增上緣、等無間緣三者。意識的特殊因緣有二或三。

緣的性質：生自果之能益方。比如水分及肥料幫助種子長苗般。因與緣同義異名。緣可分四：一、因緣。二、所緣緣。三、增上緣。四、等無間緣。如《俱舍論自釋》云：

> 「如契經中說四緣性。謂因緣性、等無間緣性、所緣緣性、增上緣性。」[38]

根識所緣緣的性質：主要令根識生為具境相者的直接能生。根識所取義的性質：主要令根識生為具似爾相的直接能生；至於所緣緣與所取義是否同義，尚須觀察。根識增上緣的性質：主要令根識生為能執境者的直接能生。如，眼根是自果眼識的不共增上緣，意根是自果眼識的共增上緣。根識等無間緣的性質：主要令根識生為明觀性的直接能生。

眼識三緣的事例：所緣緣如色處、增上緣如眼根、等無間緣如色處作意之前的心識。同樣地，耳識三緣的事例：所緣緣如聲音、增上緣如耳根、等無間緣如聲音作意之前的心識。其他根識的三緣事例如上安置。外境色聲等所緣緣需要趨近、眼等色根——內在增上緣，以及前識——等無間緣三者聚合，根

38　德格版，論，阿毘達磨，㢴卷，第二品，99 正頁；對勘本版，書號 79，245 頁。
　　漢譯來源：《阿毘達磨俱舍論》（T.29.1558.36b.14）。

識方能生起。如吉祥法稱《因滴論》（གཏན་ཚིགས་ཐིགས་པ།）云：

> 「可知眼等可生眼識。同此，由等無間緣之力，眼識係能
> 緣性；由眼根力，能緣性亦堪持色法，個別決定，此稱
> 為『由境成似彼性』。直接果實雖非異性，僅隨異因形
> 成別異差別而已，並非由異因而立此果差異。異因能力
> 僅屬剎那故，產生了『似彼性、具個個差別之果』的能
> 力。此因無有間斷、趨近而在，稱為『聚果性處之基』。
> 如是稱『從諸境生所緣性』、『持色個別決定』，以及
> 『與境具性』，爾等皆由個個差別之一性質所生。」[39]

有關執色根識由三緣所生之理，《釋量論》亦云：

> 「彼亦根義覺，或是前作意？
> 除此因果聚，餘系屬非有。」[40]

聚合根增上緣、色等五境所緣緣，以及前作意等無間緣
後，生起果根識。譬如，所緣緣青色映現在增上緣眼根之上，
方能產生執青眼識般；盲人近處雖有外緣色法，但這些色法無
法映現在增上緣眼根上，所以眼識無法生起。

39　德格版，論，量，ཤེ卷，243 正頁；對勘本版，書號 97，844 頁。漢譯大藏經
　　內並無此譯。

40　德格版，論，量，ཤེ卷，現識品，第 461 句偈頌文，136 正頁；對勘本版，書號
　　97，567 頁。漢譯來源：法尊法師譯《釋量論》。

　　根識的三緣各有自己的不共效應。所緣緣令內在識轉為具境相者；增上緣令根識持色；等無間緣令識轉為明觀性。譬如，見青根識轉為具青相者主要是因為青色所緣緣；見青根識執取青色主要是因為眼根增上緣；見青根識成為明觀性主要是因為等無間緣。還有，增上緣去區分哪些識屬於根識或意識的範疇；眼識只執色處不執聲處，耳識只聽聲音不執色處的原因，也是由不共增上緣所導致。

　　什麼是執色意現識與執聲意現識的三緣？

　　在根現識的最後剎那之際，令自果意現識執境之因，是執色意現識的增上緣。在根現識的最後剎那之際，令自果意現識轉為明觀之因，是執色意現識的等無間緣。意現識的增上緣與等無間緣兩者是體性一，返體異。能引者根現識最後剎那的所取境，此境同類的第二剎那正是意現識的所緣緣。

　　上述已言的三緣論述皆以經部宗為主，而且這種論述也是佛教的共同立場。如世親阿闍黎的《俱舍論》所說般，毘婆沙宗的不共主張將於下述解說。

　　有關唯識派的所緣緣如何安置，誠如陳那阿闍黎的《觀所緣緣論》云：

　　「內色如外現，為識所緣緣，

許彼相在識，及能生識故。」[41]

什麼是屬內心性質的所知性呢？

雖無外境，見境時卻見如外境的內心影像，實爲所緣緣。因爲執青眼識轉爲青色性質，所以執青眼識的所見影像不只爲執青眼識的所現境，其影像也是執青眼識的緣。這爲「施設所緣緣」（དམིགས་རྐྱེན་བཏགས་པ་བ།），或稱「見所緣緣」（སྣང་བའི་དམིགས་རྐྱེན།）。[42]

自宗的「具相所緣緣」[43]（དམིགས་རྐྱེན་མཚན་ཉིད་པ།）又是什麼呢？如《觀所緣緣論》云：

「或前為後緣，引彼功能故。」[44]

41 德格版，論，量，ཅེ། 卷，第 6 句偈頌文，86 正頁；對勘本版，書號 97，431 頁。漢譯來源：《觀所緣緣論》（T.31.1624.888c.17）。德格版雖寫 དེར།，但此依據北京、奈塘版改正為 དེ།。這段《觀所緣緣論》的某些西藏論注解釋道：「『為識所緣緣』謂，因為根識所見外境如青色等，既是根識的所緣又是緣，所以是所緣緣。為何是所緣呢？『許彼相在識』謂，應屬根識之所緣，屬所知之性相故。為何是緣呢？『僅份亦無謬』謂，因為根識所見的青色僅屬彼根識性質的一部分，以及有境則有識、無境則無識，識隨境後轉，無有錯謬，所以縱使同時存在也可是緣。」

42 譯者註：「設有」謂僅有其名，卻無其義的涵義。藏譯經典中，「設有的 X」指的是「具有其名的 X」。「具相的 X」才是名符其實的 X。

43 譯者註：在此的「具相」與敘說色法時的「具相」不同。上述的具相為「是否具足色法的行相」，這裡的具相是具相上師或具相弟子的「具相」，即符合定義、具足性相的意思。

44 德格版，論，量，ཅེ། 卷，第 7 句偈頌文，86 正頁；對勘本版，書號 97，431頁。漢譯來源：《觀所緣緣論》（T.31.1624.888c.23）。

　　前前根識所擁有的「令其後自果根識轉為具境相者」的能力，便是其後自果根識轉為具境相者的緣，也是後根識的所緣緣，這才是正所緣緣。屬於後根識所緣緣的前根識能力，並非因為既是後根識的所緣，又是後根識的緣，而被安置為後根識的所緣緣，而是因為是「令後根識轉為具所緣相者」的主因，所以被稱為「所緣緣」。

　　所緣緣可分「見所緣緣」及「安置功能所緣緣」兩者。前者是施設所緣緣，後者是具相所緣緣。

　　《觀所緣緣論自釋》中說，所緣緣必須具足二相，也就是說，承許根識所見青色為根識所緣緣的宗派認為，具足二相的意思是，根識所見青色既是根識的所緣又是根識的緣，具足該二法的緣故。然而，只承許功能為所緣緣的自宗卻說，根識所緣的二相為：以斯力令根識轉為具所緣相，亦是根識之緣。所以，根識的所緣緣一定是「令根識轉為具所緣相之能生」，但「令根識轉為具所緣相之能生」不一定是根識的所緣，[45]這兩者間的差別應當了解。

　　三緣中的等無間緣，令現在識生為明觀性；由現在識所留植下來的能力，令後識生為明觀性等，如是一者生為一者，形

45　譯者註：「令根識轉為具所緣相之能生」不一定是根識的所緣，如前根識的「令後根識轉為具境相」的能力，雖是見青根識的所緣緣，但並非見青根識的所緣。

成了有情心識的續流。由這種前識如何銜接後識之理，在此簡略介紹前後世的解說。

任何的有為法都需要由近取因及俱生緣兩者而生，同樣地，我等現有的心識也非無因而生，更非來自異因所成，而是來自同類因。因分兩類：一、能生為爾性的近取因。二、雖不能生為爾性，卻是生起俱生果的緣。此生意識的始端也是從近取因及俱生緣兩者所形成，也是因為如此，前後世的存在可被真理所證實。

仔細思惟的話，人有身蘊及心蘊兩種。四大種的粗身蘊是由塵粒所成，更是來自塵粒所成的父母精血。父母的身體也是源於各自前父母的身蘊精血，一者來自一者。若去檢視其因的起源處，如上述引用的《四百論》所說般，都是沒有開始的。論云：

「若時隨一果，初因不可見。」[46]

粗色的近取因，必須是「與己種類相似」的續流。此生的最初意識也相同地需要從「與己種類相似」的續流所形成。如果非心識、由塵粒所成的色法能夠成為此生意識的近取因，將

46　德格版，論，中觀，䜈卷，第七品，第10句偈頌文，8背頁；對勘本版，書號57，798頁。漢譯來源：法尊法師譯《四百論》。

會有截然不同的兩個種性亦能轉爲相互性質的過患。如《釋量論》云：

「非識則非識，親因故亦成。」[47]

如果心識不一定要從與己種類相似的心識所形成，光從四大種的色法也能形成的話，慈愛、智慧、貪婪等心識的差別，光賴身體的強壯或衰弱也能隨之強盛或退失，但如親眼所見般，事實並非如此，心識得從種類相似的前識串習而增上或趨弱。

若說，在心識的續流中，雖會有前心識的存在，但這是父母心識的某一部分，才是自己心識的近取因。反詰道：精通工巧的父母應該會生出精通工巧的子女，但誠如親眼所見，這並不一定。況且，同父母的孩子們間，也會有思想及行爲上的巨大差異，上述眞相將會駁斥汝宗。法勝阿闍黎的《成就世間彼岸》（འཇིག་རྟེན་ཕ་རོལ་གྲུབ་པ།）也立此說：

「若言，雖有他識先前隨行，但實爲母識極生子識。此言不應理。卓越智慧隨後趨遮、往昔串習爲因故，不能檢視爲他因之果。單一母親所生，雖無身體、容貌、五

根殘缺，但隨承許現行因緣，一者智慧卓越，一者卻無。」[48]

今生意識需有前續流——近取因，但這個近取因不能是色法，或是父母心識等其他近取因，借由這種排除法，而去推理自己的前續心識為唯一的近取因，進而證實前世的存在。同樣地，就像今生的意識般，前生心識之前，也得由前續心識而生，這點是相同的。由此可見，自他心識皆是無有開始，生命從未有過始端。

為什麼存在後世呢？

像是直到今世，自己前前世的心識無有間斷地連結後後世的心識般，今生臨終的最終心識也將連結「似己的後種續」，因為連結的因緣具足的緣故。由此證實臨終心識連結後心識，進而證實後世的存在。

如果知道今生如何流轉到後生，知道今生的心識是如何結生到後世心識的話，就能得知為何可由「不同道投生至不同道」[49]的合理性。佛家論師們並不主張有種常性的我住在體內，後棄今世身軀，進入後世身軀的投生立場，也不主張投生後

---

48 德格版，論，量，ᠬ卷，249 正頁；對勘本版，書號 106，676 頁。漢譯大藏經內並無此譯。

49 譯者註：人道投生畜生道，或阿修羅投生人道等。

的我是種不變的性質。同樣地，佛家也不主張，投生後世不需前因、造物主的內心動搖而投生後世、今世心識續流斷滅導致沒有後世等。今生心識從今世的身軀分離後，停止了今世所見，將自己的種續結生後生心識，讓自己投生到後世。佛家對前後世存在所說的理由及比喻將會在《佛法哲學總集》細談。

甲五、分別識與離分別識的差異

在分別識為何的理解上，古老佛教典藉有著不同的解讀。如《阿毘達磨俱舍論》云：

「尋伺心麁細。」[50]

什麼是尋[51]呢？以粗相趨入己境的心所，稱之為「尋」；以細相趨入己境的心所，稱之為「伺」。

然而，聖慈尊的《辯中邊論頌》云：

「三界心心所，是虛妄分別。」[52]

50　德格版，論，阿毘達磨，？卷，第二品，第33句偈頌文，5正頁；對勘本版，書號79，11頁。漢譯來源：《阿毘達磨俱舍論》（T.29.1558.21b.16）。

51　譯者註：分別識（或分別心）與尋的藏文都稱為ཪྟོག；量學中的ཪྟོག通常翻為「分別」；俱舍論中的ཪྟོག通常翻為「尋」。

52　德格版，論，唯識，ཕི卷，第一品，第9句偈頌文，40正頁；對勘本版，書號70，903頁。漢譯來源：《辯中邊論頌》（T.31.1601.477c.23）。

此論說到，三界所攝、於二相錯亂的心及心所都是分別識。

量學典籍，如陳那的《集量論頌》云：

「現量離分別，名種等合者。」[53]

名者，謂詞彙；種者，謂種類；分別謂由義總執取差別的心識。《佛法科學總集》這本書，是依據量學的解讀為主，經典也做如是解說，如《入楞伽經》云：

「分別者，施設眾名顯示諸相，謂以象馬車步男女等名而顯其相，此事如是決定不異，是名分別。」[54]

之前談及的根識僅屬離分別識（或稱無分別），但意識可分為分別及無分別兩種。有些識可以直接了知所趨境，這種識為離分別識，譬如，見到前方瓶子的眼識。但有許多識無法直接見到境，只能透過與此境相似的影像作為所取境[55]後，再

---

53 德格版，論，量，弌卷，第一品，第 3 句偈頌文，1 正頁；對勘本版，書號 97，3 頁。漢譯來源：法尊法師譯《集量論頌》。

54 德格版，經，經典，弌卷，第六卷，145 正頁；對勘本版，書號 49，358 頁。漢譯來源：《入楞伽經》（T.16.672.620b.8）。

55 譯者註：所取境與所現境同義，且不一定是所執境。如瓶子的義總就是執瓶分別識的所取境，但瓶子的義總並非是執瓶分別識的所執境。所趨境與所執境同義。

去執取境，這種識是分別識，又譬如，想起昨日食物的當下記憶。雖然現在當下無法直接看到昨日的食物，但這個記憶卻可以呈現與昨日食物相似的影像，並透過這個影像憶念及執取昨日的食物。又或是，看到瓶子的眼識是離分別識，而見瓶眼識看到瓶子後，閉上眼睛的同時，內心會呈現出瓶子的影像，這種意識爲分別識。如《釋量論》云：

「分別相隨屬，義不明了現。」[56]

（第六卷）又云：

「無分別明顯。」[57]

前段論文說，需與義總混合方能見到境的識爲分別識。後段論文說，不需與義總混合、能夠直接見到境的識爲離分別識。

在法稱論師的《定量論》中，也很明顯地談及分別識與離分別識的差距。此論云：

「妄念乃意識，無需境的功能趨近於旁，皆由妄念習氣

---

56 德格版，論，量，ཐ卷，現量品，第 283 句偈頌文，129 正頁；對勘本版，書號 97，551 頁。漢譯來源：法尊法師譯《釋量論》。

57 德格版，論，量，ཐ卷，現量品，第 299 句偈頌文，130 正頁；對勘本版，書號 97，552 頁。漢譯來源：法尊法師譯《釋量論》。

所起。雖是執境者，卻遠離根義決定。與某些領納相連
故，同俱或個別執取。」[58]

謂分別識不需要依賴所取境的功能是否在旁，而是隨著往
昔串習，或是由意言習氣（ཡིད་ཀྱི་བརྗོད་པའི་བག་ཆགས།）之力所生。
《定量論》云：

「執取特徵與，事物之相屬，集合世間論，知故無他
法。執取並集合『特徵與具特徵者的相屬』以及『世間
者論述』的認知後，執取差別，如同持棍者。因為與義
混合，並非不知能詮典籍故。除此無有他法。」[59]

事物與特徵的結合，有如角與具角者之間的相屬，或如世
間所言的主次差別；令差別處（主事物）與差別事（次特徵）
相互結合，並如是執取，與義總混合的心識，皆為意分別。此
論又云：

「於此不能存在種類、功德、具作用者，因為不見差異
性混合，故結合無理。又因離分別，如同水乳。執取了
知差異者，如論云『憶稱之具念，集合能見性，執取先

58 德格版，論，量，ཆེ卷，第一品，154背頁；對勘本版，書號97，619頁。漢
　　譯大藏經內並無此譯。

59 德格版，論，量，ཆེ卷，第一品，155正頁；對勘本版，書號97，620頁。漢
　　譯大藏經內並無此譯。

後故，空眼識如何。』故此[60]無有彼[61]能力。境義趨近
所生，故無有伺。為何？若仍有伺，根識與意識應無差
異。若無差異，過去與未來、執與不執事物極別、測量
與不測量、觀待境與不觀待境等，應皆應理。」[62]

另外，無分別根識僅由三緣具足而生，並非隨著欲念所
轉，比如見牛眼識由三緣具足所生之時，哪怕內心希望那是頭
馬，但所見的仍是頭牛。相反地，執牛分別識會隨著個別伺
察──蓄意想──等，令原本的執牛分別識轉性。《定量論》
云：

「此外，若有念此差別等動機，具全者[63]的趨入會隨念
想所轉，如非彼[64]妄念。雖然妄念能隨個別觀察所轉，
但根識卻不會，因具全者無牛想，而另一者觀見馬卻見
牛故。」[65]

60　譯者註：離分別識。

61　譯者註：混合境與義總後所執取的能力。

62　德格版，論，量，ཚ卷，第一品，155 正頁；對勘本版，書號 97，620 頁。漢
　　譯大藏經內並無此譯。

63　譯者註：分別識。

64　譯者註：如並非「執取牛」，卻是「執取馬」的妄念。

65　德格版，論，量，ཚ卷，第一品，155 背頁；對勘本版，書號 97，621 頁。漢
　　譯大藏經內並無此譯。

分別識的理解應如《集量論頌》所言般解讀。《釋量論》云：

「若識緣聲義，彼即是分別。」[66]

將境的聲總義總作為所取境後，成為對於此境的分別識。如《定量論》云：

「何謂分別？分別為詞彙之識，堪能混合詮聲之能見識。」[67]

論說，能夠混合詮聲的見識或執識為分別。《正理滴論》也是這麼說。

分別識的性質：能夠混合聲義[68]而執境的耽著識。「能夠混合」謂尚未學習語文幼童的分別識，並非混合聲總及義總兩者，但只混合了其中的一者而執境，所以，這種分別識並非混合聲義而執境，卻堪能混合聲義而執境。還有一些典籍指出，「聲義」並非指向個別的聲總及義總，而是呈現於識的

---

66 德格版，論，量，ཚེ卷，現量品，第 287 句偈頌文，129 背頁；對勘本版，書號 97，551 頁。漢譯來源：法尊法師譯《釋量論》。

67 德格版，論，量，ཚེ卷，第一品，154 背頁；對勘本版，書號 97，619 頁。漢譯大藏經內並無此譯。

68 譯者註：在此的「聲」指的是聲總，在此的「義」指的是義總。

「總」相。

分別識有分兩種：順諦分別識（ཐོག་པ་དོན་མཐུན།）及違諦分別識（ཐོག་པ་དོན་མི་མཐུན།）。順諦分別識的性質：存在爾之所趣境的分別識，事例如，執瓶分別識，瓶子正是執瓶分別識的所趣境。違諦分別識的性質：不存在爾之所趣境的分別識，事例如，執兔角分別識，兔角正是執兔角分別識的所趣境。

分別識的「特殊需求分支」有二：一、結名分別識（མིང་སྦྱོར་ཐོག་པ།）。二、結義分別識（དོན་སྦྱོར་ཐོག་པ།）。結名分別識：結合「名稱」以及「名言之義」而執取的識，事例如，將「花白」[69]執取為牛的分別識。名稱謂一開始取下的名字；名言謂後來安置的詞彙。結義分別識：結合差別處及差別事而執取的識，事例如，將此人執取為持棍者；人為差別處，棍子為差別事，結義分別識結合這兩者而執境。誠如陳那阿闍黎的《集量論頌自釋》云：

> 「何謂分別？謂結合名及種類等。依名差別而隨意取名者，如取名者施設『天授』。言種類者，如『牛』。依功德而言功德者，如『白』。依作用而言作用者，如『烹飪』。依質而言質者，謂持棍者或具角者。」[70]

69　譯者註：「花白」為牛。

70　德格版，論，量，ཇི卷，第一品，15 正頁；對勘本版，書號 97，59 頁。漢譯大藏經內並無此譯。

在此段引文中，「名」指的是結名分別識，「種類等」指的是結義分別識。念「此人是天授」的分別爲結名分別。念「牛駝峰[71]等結合體是牛」的分別識是以「種類」成爲結義分別識。念「白蓮的顏色是白」的分別識是以「功德」成爲結義分別識。念「飯煮熟了」的分別識是以「作用」成爲結義分別識。念「此人是持棍者」及「此氂牛有角」的分別識是以「質」成爲結義分別識。

此外，分別心的另種分類爲：一、依止名言分別識。二、增益餘義分別識。三、隱蔽分別識。依止名言分別識：結合名詞所生的分別識，事例如，依賴「這腹鼓[72]是瓶子」的聲音或文字的表達所生的分別識。增益餘義分別識：增益爲其他義，或執取爲他義，事例如，將不悅意物增益爲悅意物的非理作意之妄念。隱蔽分別識：緣爾境隱蔽分的分別識，事例如，執取瓶子爲無常的分別。法稱的《釋量論》云：

「有依止名言，於增益餘義，
是等諸分別，近現量轉故，
時爲錯亂因。如緣不現義，
憶念等分別，待名言爲性，

71　譯者註：藏音（ཀོ），牛頭上突出的那一塊。

72　譯者註：通常腹鼓爲瓶子性相的縮寫，瓶子的性相爲：「腹鼓、縮底、且具有盛水作用者」。

不緣現前義。」[73]

離分別識的性質：遠離「能夠混合聲義而執境的耽著」之識。離分別識又分順諦離分別識以及違諦離分別識。

順諦離分別識的性質：存在爾之所趨境的離分別識，事例如，執瓶眼識或執柱眼識。違諦離分別識的性質：不存在爾之所趨境的離分別識，事例如，見雪山爲青的眼識，以及見一個月亮爲兩個月亮的眼識。

綜上所述，分別意識及無分別根識兩者，是否明顯見到己境、是否執境時能夠混合聲義、是否依賴名言、是否見境時混合義總、是否會將差別處及差別事見爲別異、是否相互結合差別處及差別事而執境、是否結合種類、功德、作用、憶念名言是否爲因、有否有時間上的差異、是否會將前後時混合而執境，以及是否需要所取境的趨近方能執境等差異，皆已談及。

甲六、量識與非量識

爲能圓滿有情的希求，佛教典籍奠定了正量的論述。世間上的各種不想要的痛苦，都是源於不了解眞相所致。若能具有正量，將無誤地了知何取何捨，如此才能圓滿希求。如法稱阿

---

73 德格版，論，量，ཅེ卷，現量品，第290-291句偈頌文，129背頁；對勘本版，書號97，552頁。漢譯來源：法尊法師譯《釋量論》。

闍黎的《正理滴論》云：

> 「士夫成辦諸事，正智必須先行，故於此處，當敘述
> 之。」[74]

量[75]的梵文為「pramaṇa」。雖然「pra」有很多意思，但這裡指的是「初」；「maṇa」謂「悟」。新證或初悟未曾了知之義是量。如《釋量論》云：

> 「顯不知義爾。」[76]

亦或是，[77]「pra」是「pa」及「ra」的縮寫結合，意味著「最勝」或「極」；「maṇa」謂「悟」。所以，「爾之無欺所量的最勝能悟」是正量。如《釋量論》云：

> 「量謂無欺智。」[78]

---

74 德格版，論，量，ཚེ་卷，第一品，231正頁；對勘本版，書號97，812頁。漢譯來源：楊化群譯、北塔藏文班及劉曉丹編校、雲丹審核的《正理滴論》。

75 譯者註：藏文的ཚད་མ།一詞被普遍翻譯為「量」或「正量」，故「量」與「正量」同義。

76 德格版，論，量，ཚེ་卷，成量品，第5句偈頌文，107背頁；對勘本版，書號97，500頁。漢譯來源：法尊法師譯《釋量論》。

77 譯者註：此為月稱菩薩對量的解讀。月稱菩薩不認為量必須是初證識。所以，正量的性相為「初不欺識」，這種主張並非月稱菩薩所言。

78 德格版，論，量，ཚེ་卷，成量品，第1句偈頌文，107背頁；對勘本版，書號97，500頁。漢譯來源：法尊法師譯《釋量論》。

正量性質：初不欺識。性質中的「初」字排除了再決識是正量；「不欺」二字排除了伺察識、疑識、顛倒識是正量；「識」字排除了眼等色根是正量。如《釋量論》云：

「量謂無欺智。安住能作義，不欺。」[79]

此論又云：

「顯不知義爾。」[80]

稱「不欺」，是指實際了解眞相；稱「初悟」，是指初次證悟或自在果斷。

或者，正量的性質也可爲「自在果斷爾之所量的不欺識」。誠如《定量論》云：

「謂『正智有二相，現識與比度。』爾等果斷取義、無欺故。」[81]

上述的論述屬於中觀自續派以下，經部以上的共同主張。

79　德格版，論，量，ཚད卷，成量品，第 1 句偈頌文，107 背頁；對勘本版，書號97，500 頁。漢譯來源：法尊法師譯《釋量論》。

80　德格版，論，量，ཚད卷，成量品，第 5 句偈頌文，107 背頁；對勘本版，書號97，500 頁。漢譯來源：法尊法師譯《釋量論》。

81　德格版，論，量，ཚད卷，第一品，152 背頁；對勘本版，書號 97，614 頁。漢譯大藏經內並無此譯。

　　陳那阿闍黎立下的正量定義、現識的主張等，皆是以自相的論述爲依據，這個過失在吉祥月稱論師的《顯句論》中被反駁。月稱論師認爲，配合著世間普及的說法，唯獨「不欺」方能安置正量，所以僅靠「不欺」便能滿足正量的定義，正量不需結合「初悟」的差別等，形成了不共的正量立宗。

　　正量可依言詮分類爲：一、識正量。二、士夫正量。三、教授正量。識正量與正量同義，所以後兩者並非眞正的正量。正量的分類有二：現量及比量，這點已在「七種識」時說過。佛教的量學典籍又分：正量的間斷果及正量的不間斷果，共有兩類。之所以這麼說，是爲了奠基「只要是士夫的直接或間接的利益，都是正量之果」的論述。

　　非量之識的性質：非於爾境初而不欺之識，事例如，了知聲音爲無常的再決識，以及執聲爲常的分別識。因爲聲音的確是無常，所以了知聲音爲無常的再決識乃不欺識，但此識並非新證，所以不是初悟。執聲爲常的分別識，顛倒增益了聲音爲常，所以既非不欺，也非初悟，兩者皆不得圓滿。顛倒執、疑識、伺察識、再決識、見而不定等都是非量之識。

　　中觀應成派，如月稱阿闍黎等認爲，正量不需要初悟，他們並且搭配著世間說法，立宗主張，只要不欺識就足以成爲正量的性質。不僅再決識是「爾之主境爲不欺」之識，所以是正量，就連「不需依賴正因、靠經驗就可了知己境」的分別再決識

及離分別的再決識也都是現量。譬如，世人談及曾經見過的某人時，不需提出任何能認出某人來的理由，只會說「我親眼見過此人」即可。此宗主張，現量可分分別識及離分別識兩者，所以反駁了陳那阿闍黎等典籍所言的正量及現識論述，建立了自宗不共的見解，相關內容將會在《佛法哲學總集》中細談。

甲七、錯亂識與不錯亂識的差異

錯亂識有兩種：一、僅錯亂所現境。二、不僅錯亂所現境外，連所趨境也隨之錯亂。前者如執瓶分別，後者如執瓶為常的分別。執瓶分別見到的影像雖非瓶子，但執瓶分別卻視其影像為瓶子，故於所現產生錯亂。執瓶為常的分別，不只將瓶子見為常法，也將瓶子執取為常，故於所現境及所趨境上產生錯亂。

錯亂識的性質：錯亂爾所現境之識。雖然錯亂識有「所趨境上錯亂」以及「所趨境上不錯亂」之別，但凡是錯亂識一定會在所現境上錯亂。錯亂識可以分類為二：分別錯亂及離分別錯亂兩者。前者如執瓶分別，後者如見雪山為青的根識。分別識見義總為義，故於所現境上錯亂；顛倒識的所趨境雖非如其境，[82] 但顛倒識卻執其為境，故於所趨境上錯亂。

82　譯者註：如執雪山為藍的顛倒識，其所趨境為「雪山為藍」，但實際上爾顛倒識的所趨境卻非真相，故說「非如其境」，因為雪山為藍並非真相。

　　錯亂識隨著「當下亂因」（འཕྲལ་གྱི་འཁྲུལ་རྒྱུ།）及「長久亂因」（ཕུགས་ཀྱི་འཁྲུལ་རྒྱུ།）之力而於境上產生錯亂。當下亂因有四類：一、所依上的亂因。二、境上的亂因。三、所在處上的亂因。四、等無間緣上的亂因。初者，因受翳眚的影響，顯見兩個月亮的根識。此識之所以錯亂，主要是因為受到所依眼根的緣故，故稱「所依上的錯亂」。第二者，將轉動極快的風扇視為風輪的根識。第三者，坐船時見樹木移動的根識。第四者，因為瞋心意亂，見大地為紅的根識。誠如《正理滴論》云：

> 「非由翳眚、劇動、乘舟、昏亂等所成謬誤，此智為現量。」[83]

　　亂因有「損害色根」及「損害意根」兩者，前者又有「害因在外」及「害因在內」兩種。害因在外者，如鏡子、於山岩間叫喊，以及春天的陽光照射在沙漠上等。這些害因雖不在色根之內，卻會依次成為執取鏡子的影像為臉、叫喊的迴音為叫喊聲、陽燄為水等因。害因在內者，如翳眚、黃目、疫病等害因，雖不在外，卻能令根識錯亂。

　　此外，由形狀而錯亂者，如將轉動極快的風扇視為風輪的根識。由顏色而錯亂者，如見白螺為黃的根識。由作用而錯亂

---

83 德格版，論，量，ཐེ卷，第一品，231正頁；對勘本版，書號97，812頁。漢譯來源：徐梵澄譯、北塔藏文班及劉曉丹編校、雲丹審核的《正理滴論》。

者，如坐船時見樹木移動的根識。由數目而錯亂者，如見一月
爲兩月的根識。由性質而錯亂者，如翳障者常見的縷縷髮絲。
由時間而錯亂者，如半夜時夢到太陽升起的夢識。由度量而錯
亂者，如距離長的緣故，見巨大事物爲渺小事物的眼識。上述
的事例中，唯獨夢識是意識外，其他都是根識。無著聖者的
《瑜伽師地論》也云：

> 「五種者，謂非五種錯亂境界。何等爲五？一想錯亂。
> 二數錯亂。三形錯亂。四顯[84]錯亂。五業錯亂。」[85]

想錯亂者，如念「見天授爲祠授」[86]；業錯亂者，與作用
錯亂同義。

什麼是長久亂因呢？如《中觀莊嚴論》云：

> 「成熟無始續，習氣故謬見，
> 幻法如真實，如似幻化性。」[87]

長久亂因就是無始而有的堅固習氣。因爲長時串習「諸法

---

84 譯者註：此中「顯」的藏文爲顏色，所以第四是顏色錯亂。

85 德格版，論，唯識，ཚ1卷，第十七品，191正頁；對勘本版，書號72，1124
頁。漢譯來源：《瑜伽師地論》（T.30.1579.357c.2）。

86 譯者註：見「天授」的這個人誤以爲是叫「祠授」的另一人。

87 德格版，論，中觀，ས卷，第44句偈頌文，54背頁；對勘本版，書號62，899
頁。漢譯大藏經內並無此譯。

獨立存在、遠離觀待」的執取，對討厭仇敵生氣的時候，自會見到所緣取的這個人是獨立、不被觀待的討厭者。如《入楞伽經》云：

「愚癡凡夫亦復如是，無始戲論分別所熏，三毒燒心」[88]

什麼因緣損害意根呢？

睡、飲酒、藥等令意錯亂。

既然量學典籍將錯亂識稱爲「見似現識」（མངོན་སུམ་ལྟར་སྣང་།），這兩者的差別又是什麼呢？這兩者是同義。見似現識的性質：錯亂爾識的所現境。如《集量論頌》云：

「迷亂世俗智，比與比所生，
憶念及希求，似現有膜翳。」[89]

如論所云，見似現識有七種分類。一、如見陽燄爲水的迷亂分別。二、如執粗分及續流的世俗分別。三、如執因心般的比度分別。四、如具因比度般的從比度所生之分別。五、如憶念過去世的憶念分別。六、如追求未來的希求分別。七、如翳

88　德格版，經，經典，ཧ卷，第二卷，91正頁；對勘本版，書號49，226頁。漢譯來源：《入楞伽經》（T.16.672.601a.14）。

89　德格版，論，量，ཅེ卷，第一品，第7句偈頌文，2正頁；對勘本版，書號97，4頁。漢譯來源：法尊法師譯《集量論頌》。

眚者見縷縷髮絲般的離分別見似現識。因爲執因心是爾果具因比度的因，這裡以果名取因的方式將執因心稱爲比度。法稱阿闍黎的《釋量論》，將此七見似現識總攝爲四。一、依止名言識。二、增益餘義。三、隱蔽分別見似現識。四、所依染根所生離分別見似現識。

　　不錯亂識的性質：不錯亂爾所現境的識。經部和隨經部行中觀師們認爲，現識必定不能錯亂，不錯亂識的事例，如知青眼識。無論分別心的所趨境是否有所錯亂，但爾識會見義總爲義，故屬錯亂識；如果離分別識對爾之所趨境無有錯亂的話，對爾之所現境也必定不能錯亂，所以不錯亂識一定是離分別識。另外，現識再決識及見而不定都是不錯亂識，所以不錯亂識不一定是正量。

　　然而，唯識派、隨瑜伽行中觀派，以及中觀應成派等主張，以知青眼識爲例，因受長久亂因所染，故將知青眼識許爲錯亂識。尤其應成論師又說，雖然凡夫相續中的一切分別及離分別都是錯亂識，但凡是識，一定會現證自己的所現境。至於這一點，會於《佛法哲學總集》中深入說明。

第八品
廣說心所的論述

甲一、心與心所的差異

在佛教典籍中，將上述明觀性者依作用主要區分為心及心所兩類。

一般而言，謂「心」者，如《大乘阿毘達磨集論》云：

> 「云何建立識蘊？謂心意識差別。」[1]

論說，「心」的梵文為「citta」，意的梵文為「manas」，「別識」[2] 的梵文為「vijñāna」，此三等遍同義。若依詞義解釋的話，隨著補特伽羅相續的感受及習慣，六識累積習氣[3]，故稱「心」；做出了知境的作用[4]，故稱「意」；了知各境行相[5]，故稱「別識」。亦或，累積習氣為「心」；成為所依為「意」；

---

1 德格版，論，唯識，ཆི卷，第一品，53 正頁；對勘本版，書號 76，137 頁。漢譯來源：《大乘阿毘達磨集論》（T.31.1605.666a.3）。

2 譯者註：識（ཤེས་པ）與別識（རྣམ་པར་ཤེས་པ）不同。前者較大，後者較小。前者含括心所及心王，後者與心王同義。同理，執色眼識與執色眼別識亦不相同，前者包括心所，後者僅是心王。別識的「別」譯詞源於梵文的前加字 vi 字，謂區別、分別。然而，就以一般而言，像藏文的前加字 རྣམ་པར 不會附加其他意思般，梵文的前加字 vi 字也不會附加其他意思，這也是為何許多譯師們不會將「識」與「別識」做出區別。

3 譯者註：citta 的根本詞為 ci，其義為「累積」。

4 譯者註：Manas 的梵文詞義為「意的動作」。

5 譯者註：vijñāna 的梵文詞義：vi 為「分別」；jñāna 為「了解」。

成爲能依爲「別識」。

有些主張阿賴耶識的唯識典籍説，阿賴耶識爲業種子的所依，故稱爲「心」；染污識執取阿賴耶識爲我，故稱「意」；六識了知各境，故稱「別識」，如是分別解説三者。如《入楞伽經》云：

> 「心謂阿賴識，我執稱爲意，
> 何者執取境，於此稱爲識。」[6]

此外，無著阿闍黎的《攝大乘論文》（Mahāyāna samgraha śāstra ཐེག་པ་ཆེན་པོ།）亦云：

> 「復有一類，謂心意識義一文異。是義不成，意識兩義差別可得，當知心義亦應有異。」[7]

心與心所的差別，如《辯中邊論頌》云：

> 「唯了境名心，亦別名心所。」[8]

6　德格版，經，經典，ཅ卷，第八品，162背頁；對勘本版，書號49，400頁。漢譯與藏譯稍有不同。漢譯來源：《入楞伽經》（T.16.671.632b.24）：「阿賴耶命根；意及與意識，皆分別異名。」

7　德格版，論，唯識，རི卷，第一品，5正頁；對勘本版，書號76，11頁。漢譯來源：《攝大乘論本》（T.31.1594.134b.1）。

8　德格版，論，唯識，ཕི卷，第一品，第9句偈頌文，40正頁；對勘本版，書號70，903頁。漢譯來源：《辯中邊論頌》（T.31.1601.477c.24）。

　　頌文及其解釋[9]都明顯說到「亦別名心所」的「別」字有兩種解釋：一、針對心。二、針對心境。若依前者，心所應為心的差別，或為心作用的差別。若依後者，心所不只具有了解各境的性質，也因為了解各境的差別而安置心所。

　　細解的話，前者的解讀是，心與心所的差異與境無關，卻是由具境的不同作用區分其二的差異。所謂「心所」，是由心或別識的作用差別而被安立。以執色眼主別識（ གཟུགས་འཛིན་རྣམ་ཤེས ）[10]為例，單以其緣取色法便滿足「主別識」的定義；與其識相應的各心所在緣取色法的基礎上，因「令使心動搖」，以及「令使不忘已證境」等各種作用，安置不同心所。總之，僅依緣境，不需透過其他作用，即可安置其差別識者謂「心」；在緣境的基礎之上，因作用等其他途徑，趣行於境的識稱為「心所」。

　　因為心與心所具五相應，心與心所在證境的性質及證境的作用上無有區別，但有自力與他力之別。譬如，心王與其相應的想心所等非以自力感受境，但爾等卻以受力感受境；心王與其相應的受心所等非以自力區分境的是非，但爾等卻以想力區分境的是非，以此類推其他所有心所。

9　譯者註：《辯中邊論頌》（T.31.1600.465a.20）：「唯能了境總相名心，亦了差別名為受等諸心所法。」

10　譯者註：主別識、別識、心、心王、意同義。

又譬如，如果心王是執瓶識的話，與此心王相應的心所，如受、想、思、觸、作意等其他所有心所都必須是執瓶識。同樣地，如果「受心所」依利、害、等其中一相感受其境的話，與其受相應的心王及想、思、信等心所也必須依利害捨等其中一相感受其境。如同稱友阿闍黎《阿毘達磨俱舍論釋——明義論》云：

> 「言所依、所緣、行相、時間、質體相應者，由何所依生心，依此所依生受、想、思等。同理，依由何緣生心，唯依此緣生受等。依由何行相生心，唯依此行相生受等。為何？若心具青相，與此相應之受等只能具有青相。依由何時生心，唯依此時生受等。」[11]

後者的解讀是，了知色聲等境的性質爲心王，了知境的差別爲心所。境的性質與境的差別又是什麼呢？色本身就是境的性質，色的長短美醜就是境的差別。聲本身是境的性質，悅耳不悅耳等爲境的差別。緣取境性質的六別識爲心，緣取樂與苦、悅意與不悅意等境之差別的受等五十一者爲心所。當眼識執取「色」的性質時，與眼識相應的「受」以利害相執境；「想」以各式名言、施設處相執境；「觸」以好壞色的差別執

---

11 德格版，論，阿毘達磨，?卷，第二品，129背頁；對勘本版，書號80，309頁。漢譯大藏經內並無此譯。

境；貪瞋以悅不悅意而執境，以此類推其他心所。如無著阿闍黎的《瑜伽師地論》云：

> 「謂或順樂，或順苦，或順不苦不樂應知為觸。謂或順利，或順害，或順不害不利應知為受。建立爾等名言性相為想。」[12]

無論依前者還是後者解讀，一顆心王擁有與其相應的別異心所，絕非像是一個國王旁邊聚集著眾多不同的大臣般，否則將會與經論所述相違。正所謂「諸有情識乃個個續流。」[13] 以及《釋量論》也云：「無頓二分別。」[14]

一顆心王擁有與之相應的別異心所，例如正在看花朵的時候，必須有「意的領納」本身，這就是心王。與此覺受同時產生的樂苦捨等特別的感受，就是受心所。擁有分辨「這是青

---

12 德格版，論，唯識，ཚི卷，第二品意地，30 正頁；對勘本版，書號 72，740頁。與此文相似的漢譯原文：《瑜伽師地論》（T.30.1579.433c.8）：「云何受蘊？謂或順樂觸為緣諸受，或順苦觸為緣諸受，或順不苦不樂觸為緣諸受。復有六受身，則眼觸所生受，耳鼻舌身意觸所生受，總名受蘊。云何想蘊？謂有相想、無相想、狹小想、廣大想、無量想、無諸所有、無所有處想，復有六想身，則眼觸所生想，耳鼻舌身意觸所生想，總名想蘊。」

13 這個經文常被引用，但沒有佛教典籍明確註明其出處。有些經論寫道：「諸有情識乃個個相續。」又有些教典說：「同時產生二識，不能為處，亦不可能。」應當深入研究上述引文。

14 德格版，論，量，ཚེ卷，現量品，第178 句偈頌文，125 正頁；對勘本版，書號 97，542 頁。漢譯來源：法尊法師譯《釋量論》。

色、這是黃色」等境的是非作用者，為想心所。如「磁石吸鐵」般，具足令心王及心所動搖於境的作用者，為思心所。雖有眾多所緣境，從中特別專注某境的作用者，為作意心所。具足令心遇境的作用者，為觸心所。不令所緣忘失者，為念心所。令心專注於所緣者，為定心所。總之，透過識的作用或境的差別其中一者，可進而認知心王與心所的差異。想起某色法的時候，心王及其眷屬念兩者的所緣相同，但僅知色法性質為心王，具不忘念的作用者為念心所。

除了上述《辯中邊論頌》做此兩種解讀外，世親阿闍黎的《辯中邊論述記》（དབུས་མཐའི་འགྲེལ་པ།）也云：

「僅見義為別識，見別者為心所，如受等。」[15]

自宗的解讀，如安慧阿闍黎的《辯中邊論述》（དབུས་མཐའི་འགྲེལ་བཤད།）云：

「為能排除差別，『僅見義為別識』的『僅』字，決定不說差別，卻說僅緣事物爾性。『見別者為心所，如受等』謂差別性，以及心所顯趨其差別性。執取事物的樂

---

15 德格版，論，唯識，ཤེ卷，第一品，3正頁；對勘本版，書號71，7頁。漢譯與藏譯稍有不同，漢譯原文：《辯中邊論述記》（T.44.1835.4c.26）：「論頌曰：『三界心心所』至『亦別名心所。』述曰：上二句解差別相，舊本云總相，非也。上二句解異門，舊論云別相，非也。」

苦悅意等差別為受。執取如言『女』、言『男』等施設
名言相的差別為想。以此推理其他。」[16]

《阿毘達磨俱舍論》云：

「心意識體一，心心所有依，有緣有行相，相應義有
五」[17]

心的性質為：與爾眷屬心所具足五相應之識。其分類有
六：從眼別識到意別識六者。心所的性質為：與爾心王具足五
相應之識。五相應為：一、所依相應。二、所緣相應。三、行
相相應。四、時間相應。五、質體相應。

一、所依相應：心王與心所兩者的所依根相同，都是源於
同一個根增上緣。

二、所緣相應：同一個所緣；心王緣何，眷屬心所就緣何。

三、行相相應：同一個所趨境；心王具有何境相，眷屬心
所亦具此境相，具有相同境相及相同所趨境。

四、時間相應：心王與心所的生滅住的三種時間相等。

五、質體相應：因為每個心王只有一個受、一個想，所以

---

16 德格版，論，唯識，刅卷，第一品，204背頁；對勘本版，書號71，531頁。
　漢譯大藏經內並無此譯。

17 德格版，論，阿毘達磨，刅卷，第二品，第34句偈頌文，5正頁；對勘本版，
　書號79，11頁。漢譯來源：《阿毘達磨俱舍論》（T.29.1558.21c.18）。

一切心王與心所只能有各各質體，這點是相同的。

以眼別識及其眷屬受心所為例，當眼別識依賴著增上緣眼根的時候，其眷屬受也依賴著眼根。當眼別識緣取色時，其眷屬受也緣取色。當眼別識轉為具青相識的時候，其眷屬受也轉為具青相識。何時產生眼別識，其眷屬受也同時產生。如眼別識為單一的質體般，其眷屬受也只是單一的質體。如阿闍黎滿增的《俱舍滿增注》云：

> 「言『所依、所緣、行相、時間、質體相同』者，謂眼等根剎那為別識之所依，也是只與此別識相應受等所依。同理，諸所緣無有別異故，所緣相同。諸行相為一故，行相相同。何時有受等即有心故，時間相同。質體相同謂數量相同。」[18]

無著阿闍黎的《大乘阿毘達磨集論》云：

> 「何等同行相應？謂心心所於一所緣輾轉同行。此同行相應復有多義，謂他性相應非己性。不相違，相應非相違。同時相應，非異時。同分界地相應，非異分界地。」[19]

---

18 德格版，論，阿毘達磨，ཏ卷，第二品，149 背頁；對勘本版，書號 81，377 頁。漢譯大藏經內並無此譯。

19 德格版，論，唯識， རི卷，第一品，72 正頁；對勘本版，書號 76，183 頁。漢譯來源：《大乘阿毘達磨集論》（T.31.1605.673b.13）。

　　此論以「質體相應、所緣相應、性質相應、時間相應、分界相應」建立心與心所的相應論，與前述《俱舍論》的五相應略有不同，其中「性質相應」及「分界相應」未被含括在《俱舍論》的五相應中。此論所說的質體相應與時間相應與上述《俱舍論》的解釋無有差別。所緣相應為：緣取所緣色法後再執取的緣故，所緣相應。性質相應為：心王若相應煩惱，其眷屬心所也都相應煩惱；心王若是善心，其眷屬心所也必是善心。分界相應為：欲界心不能相應色界心所，初禪心的眷屬中也不會有二禪心所，所以心王的分界為何，心所的分界就為何。其義的解釋，阿闍黎稱友的《大乘阿毗達磨集論釋》亦云：

> 「『何等同行相應？謂心心所於一所緣輾轉同行。此同行相應復有多義，謂他性相應非己性』如是，心不與其他心相應，受也不與其他受相應。『不相違，相應非相違』如貪與瞋二，善與不善二。『同時相應，非異時』如是，現在與未來二，過去與現在二。『同分界地相應，非異分界地』如欲界及色界二，初禪及二禪等。」[20]

無著阿闍黎的《瑜伽師地論‧攝決擇分》說：

> 「問何故名相應？答由事等故、處等故、時等故、所作

20　德格版，論，唯識，ཚེ卷，第一品，176背頁；對勘本版，書號76，1410頁。漢譯大藏經內並無此譯。

等故。問何故名有行？答，於一所緣，作無量種差別行
相轉故。」[21]

謂心與心所除了質體等四者皆相同外，心與心所的行相不
同。如安慧論師的《辯中邊論述》云：

「將會與別識無有差別，故非行相相同。」[22]

設問：難道沒說心與心所的行相不相同嗎？

答：執色眼識緣取色境、現起色的行相，僅以此點即足以
安立為心。但單以這一點，不足以成為心所；要成為心所，需
要類似「心趣向於境」等其他特徵方能建立，例如：與此心相
應的思。此乃經論內義，教典並未說到行相不相同。

自宗經部以上認為，不只心王與心所都是「質體一，返體
異」，與一個心王相應的所有心所相互之間也都是「質體一」。
雖說這些心所與心王之間具有五相應的關聯，但是心所有強弱
作用的差異。例如，信心所強大者稱為「信徒」，欲心所強大
者稱為「追求者」，念心所強大者稱為「好記性」，定心所強
大者稱為「好定力」，慧心所強大者稱為「利根者」等。

---

21 德格版，論，唯識，ঈ卷，第七品，60 正頁；對勘本版，書號 74，141 頁。漢
　　譯來源：《瑜伽師地論・攝決擇分》（T.30.1579.602a.25）。

22 德格版，論，唯識，ঈ卷，第一品，204 背頁；對勘本版，書號 71，532 頁。
　　漢譯大藏經內並無此譯。

心所的詞義：如漣漪由水所生般，心所由心所生，又是心之行相，故稱「心所」。

如果一個心王缺乏受心所，則會缺乏感受境的作用。如果缺乏思，則會缺乏趨向於境的作用。所以，心王與心所必同時產生、相互不能分離。如《阿毘達磨俱舍論》云：「心心所必俱。」[23]

甲二、《大乘阿毘達磨集論》所說五十一心所論

古老的阿毘達磨典籍中，如《發智論》、《阿毘達磨品類足論》（རབ་ཏུ་བྱེད་པ།）、《阿毘達磨法蘊足論》（ཆོས་ཀྱི་ཕུང་པོ།）等阿毘達磨七論，以及以爾等論典爲基礎所撰的《阿毘達磨大毘婆沙論》等，都有建立心所的解說。在不離上述論典所述的基礎上，這裡以極爲著名的阿毘達磨論典——無著聖者《大乘阿毘達磨集論》與世親論師《阿毘達磨俱舍論》——爲主要依據，解說心所論述。

無著聖者的《大乘阿毘達磨集論》中建立五蘊論述時，區分了受蘊及想蘊的性質及作用，又將行蘊分爲相應行蘊及不相應行蘊兩類，且在相應行蘊的內容中解說了其餘的心所，以及

23　德格版，論，阿毘達磨，ཀུ卷，第二品，第23句偈頌文，4背頁；對勘本版，書號79，10頁。漢譯來源：《阿毘達磨俱舍論》（T.29.1558.18c.29）。

心所的數量——共有五十一個心所。

這五十一個心所是否可以涵蓋所有心所呢？

在以下即將引述的《雜事》（ གཞི་ཕྲན་ཚེགས། ）中談到，怒紋——由搖動身語所生的惡作、令心極度氣餒的沮喪、由畏懼死亡所生的不疑不死念，以及污染心等諸多心所類別，都沒有被涵蓋在上述五十一個心所內。此外，如《大乘阿毘達磨集論》註釋所言，在《攝事分》、《中觀寶鬘論》等諸多典籍中雖說到其他心所，但都沒有被《大乘阿毘達磨集論》的五十一種概括。

由於《大乘阿毘達磨集論》的五十一心所論流傳很廣，所以先做說明。五十一個心所可分為：五遍行、五別境、十一善、六根本煩惱、二十隨煩惱、四不定等類別，分段說明於下。

乙一、五遍行

五遍行包括：一、受。二、想。三、思。四、作意。五、觸。「受」感受境的樂、苦、捨其中一者。「想」區分「這是黃色，這是青色」等境的是非差別。「思」如磁石吸鐵般，令心王及心所趨行於境。「作意」使專注別境。「觸」令心相遇其境。如慧幢親教師（ ཡོངས་འཛིན་ཡེ་ཤེས་རྒྱལ་མཚན། ）的《心心所攝文》（ སེམས་སེམས་བྱུང་གི་སྟོང་། ）云：

「受想思作意，觸等之心所，稱為五遍行。」[24]

第一、受的性質：以自力感受苦樂捨等其中一者，具此領納相的心所。如《大乘阿毘達磨集論》云：

「受蘊何相？領納相是受相。」[25]

受可分為樂受、苦受、捨受三者，或分為身受及心受兩者。前者，謂領納識趨境時，有樂、苦、捨等三種受。後者，謂根別識眷屬的受稱「身受」，意別識眷屬的受稱「意受」。如《四百論》云：

「如身中身根，癡遍一切住。」[26]

如論所云，從頂至足都遍佈了身根，所以眼等四種根識的眷屬受都叫身受。受又可以分為樂、苦、意安、意不安、捨等共五。

第二、想的性質：以自力執境為相的心所。「執境為相」謂執境的差別，不混淆是非的意思。如《大乘阿毘達磨

24　在此介紹五十一心所時，所引用的《攝文》，是由慧幢親教師所撰寫的《心心所攝文》。

25　德格版，論，唯識，剩卷，第一品，45背頁；對勘本版，書號76，118頁。漢譯來源：《大乘阿毘達磨集論》（T.31.1605.663b.4）。

26　德格版，論，中觀，剩卷，第六品，第10句偈頌文，7背頁；對勘本版，書號57，796頁。漢譯來源：法尊法師譯《四百論》。

集論》云：

> 「想蘊何相？搆了相是想相，謂由想故，搆畫種種諸法
> 像類，隨所見聞覺知之義起諸言說。」[27]

想分兩類：一、執相想。二、執種種想。前者謂，五根
識眷屬的想執取黃青等境，於境不混亂者。後者謂，意識眷屬
的想執取「這是黃色，這是青色」，於名言不混亂者。這兩者
的所趨境有四：見、聞、覺、知。由現識所見稱為「見」。由
可信語所聞稱為「聞」。由因相決定之義稱為「覺」。由別識
現識決定之義稱為「知」。有些《阿毘達磨俱舍論》的註釋寫
到，由眼所見、由耳所聞、由意所知、由鼻舌身三所覺。

第三、思的性質：令與爾相應的心動搖於境之心所。如
《大乘阿毘達磨集論》云：

> 「何等為思？謂於心造作意業為體，於善不善無記品中
> 役心為業。」[28]

《攝決擇分》又云：

---

27 德格版，論，唯識，ﾐ卷，第一品，45背頁；對勘本版，書號 76，119 頁。漢
　　譯來源：《大乘阿毘達磨集論》（T.31.1605.663b.5）。

28 德格版，論，唯識，ﾐ卷，第一品，48 正頁；對勘本版，書號 76，125 頁。漢
　　譯來源：《大乘阿毘達磨集論》（T.31.1605.664a.24）。

「思為何業？謂發起尋伺身語業為業。」[29]

正如「磁石吸鐵」般，因為思的力量，令心與心所動搖，趨向於境。

所依根又分：眼觸所生思至意觸所生思共六。業有分思業及思已業兩者。思業為「與意別識相應的思」；思已業為「由彼發起的身語業」。《阿毘達磨俱舍論》云：

「思及思所作，思即是意業，所作謂身語。」[30]

月稱論師也是如此主張。

第四、作意性質：依爾心所之力令與爾相應的心專注於別境。作意與思的差別為：思令與爾相應的心動搖，趨向於境的總體；作意令心趨向於別境。《大乘阿毘達磨集論》云：

「何等作意？謂發動心為體，於所緣境持心為業。」[31]

第五、觸的性質：聚集境根識後，依爾心所之力，果斷樂

29　德格版，論，唯識，卷，第七品，59 正頁；對勘本版，書號 74，140 頁。漢譯來源：《瑜伽師地論‧攝決擇分》（T.30.1579.602a.2）。

30　德格版，論，阿毘達磨，卷，第四品，第 1 句偈頌文，10 背頁；對勘本版，書號 794，24 頁。漢譯來源：《阿毘達磨俱舍論》（T.29.1558.316a.8）。

31　德格版，論，唯識，卷，第一品，48 背頁；對勘本版，書號 76，125 頁。漢譯來源：《大乘阿毘達磨集論》（T.31.1605.664a.25）。

受等領納境及相似境。「果斷」謂聚集境根識三者後，令某個別的境，轉爲自己的不共境。所謂「聚集根境識」三者，並非是三者同時聚集，因爲根增上緣與依爾所生的識兩者具有前後差距，不能同時。這裡只說需要三者齊全。《大乘阿毗達磨集論》云：

> **「何等爲觸？謂依三和合諸根變異分別爲體，受所依爲業。」**[32]

以所依根可分爲：眼觸至意觸共六。

受等五心所稱爲「遍行」是因爲，凡是心王必有這五種心所跟隨。某個心王的眷屬中，如果缺乏了五心所的其中一者，就無法圓滿享用其境：無受則無領納；無想則無法執取境的不共相、區分境的是非；無思則無法趨向於境；無作意則無法專注於別境；無觸，識不能遇境，所以五心所必須齊全。勝友論師（Jinamitra ཇི་ན་མི་ཏྲ）的《瑜伽師地論疏》（རྣལ་འབྱོར་སྤྱོད་པའི་ས་རྣམ་པར་བཤད་པ）云：

> **「爲何唯五？若少其中一者，不能圓滿享用其境，故非過少；念、欲等謬誤，故非過多。若無作意，別識不能起，合體不全故。如薄伽梵說，若作意近住，眼別識能**

32 德格版，論，唯識，ཤི卷，第一品，48背頁；對勘本版，書號 76，125 頁。漢譯來源：《大乘阿毗達磨集論》（T.31.1605.664a.26）。

起。無作意及思不成，無現行如何成識。無想無受自不
能執境之相，不能感受，故縱有識，卻無有功能。無觸
則不能有受想思，因無所依故。」[33]

乙二、五別境

五別境為，一、欲。二、勝解。三、念。四、定。五、
慧。如《攝決擇分》云：

> 「問：復與幾不遍行心法俱起？答：不遍行法乃有多
> 種。勝者唯五：一、欲。二、勝解。三、念。四、三摩
> 地。五、慧。」[34]

因僅能決定個別境，故稱「別境」。其境有四，依序為：
一、所愛。二、決定。三、串習。四、觀察。如《攝決擇分》
云：

> 「問：此不遍行五種心法，於何各別境事生耶？答：如
> 其次第於所愛、決定、串習、觀察四境事生，三摩地慧
> 於最後境，餘隨次第於前三境。」[35]

---

33 德格版，論，唯識，ཏི卷，77 正頁；對勘本版，書號 75，210 頁。漢譯大藏經
　　內並無此譯。

34 德格版，論，唯識，ཏི卷，第七品，58 背頁；對勘本版，書號 74，138頁。漢
　　譯來源：《瑜伽師地論》（T.30.1579.601c.11）。

35 德格版，論，唯識，ཏི卷，第七品，59 背頁；對勘本版，書號 74，140 頁。漢
　　譯來源：《瑜伽師地論》（T.30.1579.602a.8）。

《心心所攝文》云：

「欲勝解及念，定慧共五相，稱為五別境。」

第一、欲。欲的因是：見到境功德。欲的性質為：依爾心所自力，緣取所愛事已，希求其境。事例如，未生功德令生起的希求心所。其詞義為：因希求其境，令與其相應的所有心所起欲於境，故稱「欲」。《大乘阿毘達磨集論》云：

「何等為欲？謂於所樂事彼彼引發所作希望為體，正勤所依為業。」[36]

欲的作用為何？直接發起精進，間接增上了知諸法的功德。如《攝決擇分》云：

「欲為何業？謂發生勤勵為業。」[37]

欲又分三：一、相觸欲。二、不離欲。三、希求欲。

第二、勝解。見、聞、念其境的功德與過患，稱「勝解」。勝解的性質：依爾心所自力，緣取過去已見、已聞等境後，執取其境。事例如，對已揀擇的內容，想：「就是如此」

36　德格版，論，唯識，ऀ卷，第一品，48背頁；對勘本版，書號76，126頁。漢譯來源：《大乘阿毘達磨集論》（T.31.1605.664a.28）。

37　德格版，論，唯識，ऀ卷，59正頁；對勘本版，書號74，140頁。漢譯來源：《瑜伽師地論》（T.30.1579.602a.3）。

的心所。《大乘阿毘達磨集論》云：

> 「何等勝解？謂於決定事隨所決定印持為體，不可引轉
> 為業。」[38]

雖說「勝解」的梵文詞義為 adhimokṣa，謂了知自境，但阿毘達磨的諸多註釋中說，因為存在執取相似決定[39]所引之境的非善勝解，勝解不一定是了知自境之識。勝解與想不同。勝解以自力令心於境，遠離引轉；想以自力，取名於境。或是，勝解以自力執境，想以自力區分境的是非。

勝解的作用：認為「爾境的優點就是如此、其缺點就是如此、其境的非好非壞就是如此」，不被他法引轉。如《攝決擇分》云：

> 「勝解為何業？謂於所緣功德、過失，或俱相違，印持
> 為業。」[40]

如《攝決擇分》所言般，勝解分三：一、緣取爾之所緣功

---

38 德格版，論，唯識，ཏྲི卷，第一品，48背頁；對勘本版，書號76，126頁。漢譯來源：《大乘阿毘達磨集論》（T.31.1605.664a.29）。

39 譯者註：相似決定為錯誤理解真相的決定。

40 德格版，論，唯識，ཞི卷，第七品，59正頁；對勘本版，書號74，140頁。漢譯來源：《瑜伽師地論》（T.30.1579.602a.3）。

德。二、緣取爾之所緣過失。三、緣取爾之所緣俱相違[41]。

第三、念。念的因是，能引發極敬及念的過去已習之境。寂天阿闍黎的《學集論》（ བསླབ་པ་ཀུན་ལས་བཏུས་པའི་ཚིག་ལེའུར་བྱས་པ ）云：

「由極敬生念。」[42]

念的其他因，如寂天論師的《入行論》云：

「恆隨上師尊，堪布賜開示，
畏敬有緣者，恆易生正念。」[43]

論說，由伴隨善知識、遵行堪布的教誡、慚愧、畏懼他人的詆毀、尊敬有緣者等因，發起念心所。念的性質為：依爾心所自力，緣取已習事物，不令忘失。事例如，想起小時常伴父母及兄弟之念。《大乘阿毘達磨集論》云：

「何等為念？謂於串習事令心明記不忘為體。不散亂為業。」[44]

---

41 俱相違：同時具足功德相違及過失相違，簡單地說，就是「非善非惡」或「非好非壞」。

42 德格版，論，中觀，ཀི卷，第 8 句偈頌文，2 正頁；對勘本版，書號 76，1006頁。漢譯大藏經內並無此譯。

43 德格版，論，中觀，ལ卷，第五品，第 30 句偈頌文，11 正頁；對勘本版，書號 61，972 頁。如石法師譯《入菩薩行論》。

44 德格版，論，唯識，རི卷，第一品，48 背頁；對勘本版，書號 76，126 頁。漢譯來源：《大乘阿毘達磨集論》（T.31.1605.602a.3）。

　　念具三差別法：一、境差別：已習事物。二、行相差別：不令忘失已緣之境。三、作用差別：令心於境遠離散亂，令心續住於所緣。對未習事物無法生念，故說「已習事物」。雖是已習事物，但於現在識中如果不能將其事物顯現，也不能生念，故於行相差別稱「心不忘失」；依念令心增上，故將此作用稱爲「不散亂爲業」。念的詞義爲：不令其境忘失，以念憶念。

　　根據《阿毗達磨俱舍論》註釋等，念中也有不善道，所以不善念會以自力想起煩惱境。但僅是如此，並不會產生遺忘善所緣的作用。經論說，「不善失念」的作用是：依爾心所自力，念其煩惱境，或具「忘失善所緣」的作用者。

　　念的作用爲：令心處於所緣，不被他法所引轉。如《攝決擇分》云：

「念爲何業？謂於久所思、所作、所說記憶爲業。」[45]

　　針對過去長期思惟的內容、常做的內容、所說的內容，記憶其義，不被他法引轉，是念的作用。

　　如上引述的論典所言，念可分三：一、以意念思。二、以身念做。三、以語念述。念的果爲：不忘失所緣所見，以念令

45　德格版，論，唯識，ཆ卷，第七品，59正頁；對勘本版，書號74，140頁。漢譯來源：《瑜伽師地論》（T.30.1579.602a.5）。

心專注於境的三摩地及妙觀察慧等諸德，增上相續。如《入行論》云：

> 「合掌誠勸請，欲護自心者，
> 致力恒守護，正念與正知 。」[46]

論說守護正念與正知極為重要。

第四、定。定的因是：一、令身遠離喧嘩處，也就是住在人少的地方。二、令心遠離粗分妄念，也就是不隨各種想。《大集大虛空藏菩薩所問經》（འཕགས་པ་ནམ་མཁའ་མཛོད་ཀྱིས་ཞུས་པའི་མདོ།）云：

> 「奢摩他資糧以身遠離及心遠離所攝。」[47]

此外，令心安住於所緣、憶念所緣不讓忘失、令心反覆安住所緣的精進等，也都是定的因。聖者慈尊的《大乘莊嚴經論》云：

> 「由心住內故，念進者，是定因。」[48]

---

46 德格版，論，中觀，ཤ卷，第五品，第 23 句偈頌文，11 正頁；對勘本版，書號 61，972 頁。漢譯來源：如石法師譯《入菩薩行論》。

47 德格版，經，經典，པ卷，第七品，313 背頁；對勘本版，書號 57，805 頁。漢譯來源：《大集大虛空藏菩薩所問經》（T.13.404.640b.20）。

48 德格版，論，唯識，ཕ卷，第七品，第 35 句偈頌文，22 正頁；對勘本版，書號 70，852 頁。漢譯來源：唐波羅頗蜜多羅大師譯《大乘莊嚴經論》（T.31.1604.630a.12）。

定的性質為：依爾自力令心專注所緣境，且為智慧所依止的心所。事例如，特別喜歡某件事物時，心不會移轉其他所緣，專注一境的心所。《大乘阿毘達磨集論》云：

「何等三摩地？謂於所觀事令心一境為體，智所依止為業。」[49]

專注一境是，熟習一個所緣，並非兩個以上。定與作意不同，雖然作意及其相應之心會以自力專注於境，但作意無法以自力生起智慧，定卻可以。定的詞義：定的梵語為「三摩地」，謂正確地秉持，亦或令心持續地執取所緣，故名。定的作用為：自果智慧的所依。如《攝決擇分》云：

「三摩地為何業？謂智所依為業。」[50]

定的果是：依定生起毘婆舍那的智慧，並且平息緣取外在五欲的貪著、掉舉，以及粗分妄念等心亂的過失，產生身心堪能。《大般涅槃經》（མྱ་ངན་ལས་འདས།）云：

「善男子，若修習定則得如是正知正見以是義故。」[51]

49　德格版，論，唯識，ཏྲི་卷，第一品，48背頁；對勘本版，書號76，126頁。漢譯來源：《大乘阿毘達磨集論》（T.31.1605.664b.2）。

50　德格版，論，唯識，ཞི་卷，第七品，59背頁；對勘本版，書號74，140頁。漢譯來源：《瑜伽師地論》（T.30.1579.602a.5）。

51　德格版，經，經典，ཏྲི་卷，第十一品，151正頁；對勘本版，書號53，353頁頁。漢譯來源：《大般涅槃經》（T.12.374.548a.25）。

第五、慧。慧的因是：串習聽聞或與聽聞種性相似後，發起及增上智慧。《究竟一乘寶性論》云：

「慧除煩惱障，亦能除智障，聞法為慧因，是故聞法勝。」[52]

慧的性質為：緣取所伺義後，以爾自力觀察其義的心所。事例如，觀察粗細微塵差別的時候，正在善觀察的心所。《大乘阿毘達磨集論》云：

「何等為慧？謂於所觀事擇法為體，斷疑為業。」[53]

慧的作用是，於境斷除疑惑。講述慧的性質時，說「觀事擇法」，是遠離混淆，將其境各各分別的意思。慧與想不同，以慧自力區分各境，以想自力施設名言。亦或是，斬斷疑惑是以慧力，並非以想力。尋伺兩者與慧力也不同，因尋伺兩者不能以自力斷除疑惑。慧的詞義為：觀察真相的最上乘者，或於諸知當中的最勝者，又稱「勝知」。

慧以性質分二：一、天生慧。二、後生慧。次者後生慧又分三：一、聞所生慧。二、思所生慧。三、修所生慧。《阿毘

52　德格版，論，唯識，ཨཱི卷，第五品，第 6 句偈頌文，72 正頁；對勘本版，書號 70，976 頁。漢譯來源：《究竟一乘寶性論》（T.31.1611.847a.12）。

53　德格版，論，唯識，ཨཱི卷，第一品，48 背頁；對勘本版，書號 76，126 頁。漢譯來源：《大乘阿毘達磨集論》（T.31.1605.664b.4）。

達磨俱舍論自釋》云：

> 「慧謂得此有漏修慧思聞生得慧及隨行。」[54]

天生慧為：不需觀待聽聞等加行，自然發起的智慧。聞所生慧為：由聽聞未聞過的典籍文句、背誦文義不令遺忘、為熟悉課誦文反覆唸誦及觀修等，僅決定聲總的智慧。思所生慧為：檢視已聞內義後，以量決定其義的智慧。修所生慧為：反覆串習思所生慧的已定義，[55]並與身心堪能的輕安為伴、專注一境的智慧。世親阿闍黎《大乘莊嚴經論疏》（མདོ་སྡེ་རྒྱན་གྱི་བཤད་པ།）云：

> 「聞力安置習氣於心。思力令證。修力或奢摩他力令平息已，且令毘婆舍那極證其境。」[56]

慧分善慧、惡慧、無記慧三種。如《攝決擇分》云：

> 「慧為何業？謂於言論所行染污清淨隨順考察為業。」[57]

---

54 德格版，論，阿毘達磨，ཀུ卷，第一品，27 正頁；對勘本版，書號 79，67 頁。漢譯來源：《阿毘達磨俱舍論》（T.29.1558.1b.6）。

55 譯者註：思所生慧已經決定的內義被修所生慧反覆地串習。

56 德格版，論，唯識，ཤི卷，尋法品，164 背頁；對勘本版，書號 70，1220 頁。漢譯大藏經內並無此譯。

57 德格版，論，唯識，ཞི卷，第七品，59 正頁；對勘本版，書號 74，139 頁。漢譯來源：《瑜伽師地論》（T.30.1579.602a.6）。

其他別境心所亦有分為善、惡、無記的分類。

慧的另一種分類，可分為：大慧、疾慧、深慧、明慧等。

慧的果為：去除士夫愚昧，令爾等證悟所知真相。《佛說菩薩行方便境界神通變化經》（བྱང་ཆུབ་སེམས་དཔའི་སྤྱོད་ཡུལ་གྱི་ཐབས་ཀྱི་ཡུལ་ལ་རྣམ་པར་འཕྲུལ་བ་བསྟན་པའི་མདོ།）云：

> 「此慧勝世間，作光滅諸闇；
> 日炬甚清淨，照諸結使眾。
> 慧利滅無明，覺知破壞愛；」[58]

經說，殊勝的智慧有如光芒，恆常滅除凡夫的邪欲黑闇。爾如火炬般，無誤照亮何為取處、捨處。爾如日光般，去除愛與癡的根本，進而淨除貪闇。

《大乘阿毘達磨集論》不將欲等五別境稱為「遍行」卻稱之為「別境」，是因為該五者決定個別境的緣故。為何呢？欲只會在希求時發生，不會在他時發生。勝解只會在「引發已定境」的時候發生，不會在他時發生。念只會在已習事物的時候發生，不會在他時發生。定慧兩者只會在觀察境時發生。

如《俱舍論》等下部阿毘達磨論典說，爾五心所為遍行。就連與疑惑相應的微慧也是存在的。有關「慧微疑強」的內

---

58 德格版，經，經典，ཤི卷，第二品，92背頁；對勘本版，書號 57，244 頁。漢譯來源：《佛說菩薩行方便境界神通變化經》（T.9.271.304a.22）。

容，之後會再做說明。

乙三、十一善

第三類，十一善心所：一、信。二、慚。三、愧。四、無貪。五、無瞋。六、無癡。七、精進。八、輕安。九、不放逸。十、捨。十一、不害。如《心心所攝文》云：

> 「十一善心所：信與慚及愧，
> 離貪瞋不癡，勤安不放逸，
> 行捨及不害。」

第一、信。於自己所信聖賢士夫發起勝解、清淨、歡樂其中一相，亦為求境欲的所依心所。《大乘阿毘達磨集論》云：

> 「何等為信？謂於有體、有德、有能，忍可、清淨、希望為體，樂欲所依為業。」[59]

論中「有體」顯示「勝解信」的所緣體，如真諦、存在、不欺誑等，依爾發起的信心為此時「忍可」直接顯示的信心。論中「有德」顯示「清淨信」的所緣，如，看到自己所信聖賢士夫的功德時，心除煩惱雜念，有如水淨污垢，故而相信在自

---

59 德格版，論，唯識，劘卷，第一品，48背頁；對勘本版，書號76，126頁。漢譯來源：《大乘阿毘達磨集論》（T.31.1605.664b.6）。

己的相續上將來可以發起如是的增上功德，正是此時「清淨」直接顯示的信心。論中「有能」顯示「歡樂信」的所緣，如不只相信自己有能力斷除非善、獲證增上德，並念：「我要做到。」的歡樂信，正是此時「希望」直接顯示的信心。

「勤」是一切功德之因，爲能發勤，先要有希求之欲，發起欲前，先要有看到功德的勝解信，這就是爲何諸多經論反覆說到「信爲諸德之本」的理由。

第二、慚心所。出於自己方面的理由，羞愧於罪。慚的作用爲：防犯惡行的所依心所。《大乘阿毘達磨集論》云：

> 「何等爲慚？謂於諸過惡，自羞爲體，惡行止息，所依爲業。」[60]

第三、愧心所。出於他人方面的理由，羞愧於罪。愧的作用爲：防犯惡行、行持善法的心所。《大乘阿毘達磨集論》云：

> 「何等爲愧？謂於諸過惡，羞他爲體，業如慚說。」[61]

雖然「慚」、「愧」二者同樣是羞於行惡或犯罪業，但慚

---

60 德格版，論，唯識，ᠵ卷，第一品，48背頁；對勘本版，書號76，126頁。漢譯來源：《大乘阿毘達磨集論》（T.31.1605.664b.7）。

61 德格版，論，唯識，ᠵ卷，第一品，48背頁；對勘本版，書號76，126頁。漢譯來源：《大乘阿毘達磨集論》（T.31.1605.664b.8）。

與愧之間卻存在差異。慚是指：如果做出某事，不僅對暫時及究竟沒有幫助，更重要的是「我不能做此傷害」，以出於自己的理由防護惡行。愧是指：如果我做此惡行，會令聖賢士夫操心，會受他人詆毀等，出於他人的理由而防護惡行。在守護戒律學處的順因中，這兩個心所極為重要。尤其初學者在防護惡業的時候，慚與愧是絕對不能或缺的。

第四、無貪心所。緣取三有或三有事物後產生厭惡，防護惡行的所依心所。《大乘阿毘達磨集論》云：

> 「何等無貪？謂於有有具無著為體，惡行不轉所依為業。」[62]

第五、無瞋心所。緣取起瞋三境後，毀滅瞋起，不欲造害的心所。起瞋三境為：一、有情。二、痛苦。三、發苦源。《大乘阿毘達磨集論》云：

> 「何等無瞋？謂於諸有情苦，及苦具無恚為體，惡行不轉，所依為業。」[63]

第六、無癡心所。依賴天生因或後生因對治癡心，於妙觀

62 德格版，論，唯識，उ卷，第一品，48背頁；對勘本版，書號76，126頁。漢譯來源：《大乘阿毘達磨集論》（T.31.1605.664b.9）。

63 德格版，論，唯識，उ卷，第一品，48背頁；對勘本版，書號76，126頁。漢譯來源：《大乘阿毘達磨集論》（T.31.1605.664b.11）。

慧分所設心所。《大乘阿毘達磨集論》云：

> 「何等無癡？謂由報、教、證、智，決擇爲體，惡行不
> 轉所依爲業。」[64]

無癡善有兩種：先天的與後天的。先天的乃過去勤力的
果報所感，故於此處稱爲「由報」。後天的又有聞、思、修三
種，三者在此依序稱爲「由教決擇」、「由證決擇」、「由智決
擇」。

無癡心所與慧心所的差異又是什麼呢？

無癡心所只是不癡，其作用僅是防護惡行之所依，故而施
設爲無癡。慧心所之所以施設爲慧，是因爲「擇別各法、去除
疑惑爲業」的緣故。無貪、無瞋、無癡三者爲諸善之本、防患
一切惡行的方便。

第七、勤。緣取善行的歡喜心。勤的作用爲：歡喜行善的
心所。《大乘阿毘達磨集論》云：

> 「何等爲勤？謂心歡喜爲體，或披甲，或加行，或無
> 下，或無退，或無足差別，成滿善品爲業。」[65]

---

64 德格版，論，唯識，ཏི卷，第一品，48背頁；對勘本版，書號76，126頁。漢
 譯來源：《大乘阿毘達磨集論》（T.31.1605.664b.13）。

65 德格版，論，唯識，ཏི卷，第一品，49正頁；對勘本版，書號76，127頁。漢譯
 與藏譯稍有不同，漢譯原文：《大乘阿毘達磨集論》（T.31.1605.664b.14）：「何
 等爲勤？謂心勇悍爲體，或被甲，或加行，或無下，或無退，或無足。差別成
 滿善品爲業。」

　　勤必須歡喜行善，所以一般世俗的努力不是精進。勤有五類：一、行善之前的披甲勤。二、以恆常及恭敬二者歡喜行善的加行勤。三、行善時，不令內心沮喪、令內心歡喜的無下勤。四、令他人不受違緣影響、仍然歡喜行善的無退勤。五、歡喜行善、不能滿足的無足喜。這種分類法是依據之前引用的《大乘阿毘達磨集論》的「披甲」等順序而述。

　　第八、安心所。由心於善所緣隨欲安置而生，斷除身心粗重續流的心所。《大乘阿毘達磨集論》云：

> 「何等為安？謂止息身心麤重、身心調暢為體，除遣一切障礙為業。」[66]

　　一般安有身輕安及心輕安兩種，但這裡的安心所是指心輕安。身心輕安的差異將在之後的奢摩他篇中解說。

　　第九、不放逸心所。於無貪、無瞋、無癡、精進所安立，緣取任何善法後，防護心已、不令心隨逆品所轉，以生善、住善、增善其中一者為業之心所。《大乘阿毘達磨集論》云：

> 「何等不放逸？謂依止正勤、無貪、無瞋、無癡修諸善法……」[67]

66　德格版，論，唯識，ཚི卷，第一品，49正頁；對勘本版，書號76，127頁。漢譯來源：《大乘阿毘達磨集論》（T.31.1605.664b.15）。

67　德格版，論，唯識，ཚི卷，第一品，49正頁；對勘本版，書號76，127頁。漢譯來源：《大乘阿毘達磨集論》（T.31.1605.664b.17）。

不放逸分五：一、前際行。二、後際行。三、中際行。四、前行。五、現後行。根據《大乘阿毘達磨集論》所述，這五種分支依序爲：除過去惡、護未來善、現在莫行、觀察意樂、持續不放逸[68]。

第十、捨。依內心專注於所緣的方法，逐漸成辦第九住心；第九住心時，不需刻意對治沉掉、令心自然安住的心所。《大乘阿毘達磨集論》云：

「何等為捨？謂依止正勤、無貪、無瞋、無癡，與雜染住相違，心平等性、心正直性、心無功用住性為體，不容雜染所依為業。」[69]

捨的作用爲：不給予沉掉等煩惱機會。

一般捨有三類：行捨、受捨、無量捨，在此說的是第一類。《聲聞地論》也說：

「云何為捨？謂於所緣，心無染污心平等性，於止觀品調柔正直任運轉性及調柔心有堪能性，令心隨與任運作用。」[70]

68 譯者註：在漢譯《大乘阿毘達磨集論》中，末學未曾找到相似詞彙，只能從藏文直接漢譯。

69 德格版，論，唯識，རི།卷，第一品，49 正頁；對勘本版，書號 76，127 頁。漢譯來源：《大乘阿毘達磨集論》（T.31.1605.664b.19）。

70 德格版，論，唯識，ཛི།卷，第十四品，144 背頁；對勘本版，書號 73，356 頁。漢譯來源：《瑜伽師地論》第六十五卷（T.30.1579.456b.8）。

第十一、不害心所。被無瞋所概括，緣取有情後，希望爾等遠離痛苦的不忍或具愛相，以斷除殺生、斷除損惱眾生等為業的心所。《大乘阿毘達磨集論》云：

> 「何等不害？謂無瞋善根一分心悲愍為體，不損惱為業。」[71]

根據《大乘阿毘達磨集論》，悲心被安立為不害心性。

乙四、別說慈與悲
丙一、總說

此篇別說慈心與悲心。

獲得慈心與悲心，首先利益到自己，因為當自心發起慈心、悲心、忍辱等善心的同時，自然會減損心中的畏懼，提升內心的自信，讓內在更具力量。慈悲會拉近與他人的距離，也會讓我們感受到人生的目標及意義，且在極為困難的時候，令內心獲得憩息。

如果誰有這顆愛他的心，就能夠擁有快樂的人生，且能在自己的所處社會中獲取安樂。如果每個人將所行重點擺在慈

---

71 德格版，論，唯識，■卷，第一品，49正頁；對勘本版，書號76，127頁。漢譯來源：《大乘阿毘達磨集論》（T.31.1605.664b.22）。

心、悲心、忍辱等內心的功德上，並能將這些功德轉爲生活中不可或缺的元素，定能擁有充滿意義的人生。

人們在父母的慈愛關照下才能成長，所以慈愛的感受從幼小時就已融入我等血液，入住我等心中。生活有了強烈的慈愛以及內心的靜樂時，也能有助於身心健康。反之，不寧靜的內心將會傷害人體的健康，這點可從醫學專家的研究直接或間接地證實。

慈愛是一種大眾認可的善心，這個眞相不需經由他人說服。慈愛不只是內心最有價值的珍寶，更是人類安樂、社會和諧的基石。就算是爲了個人安樂或他人安樂，慈愛的訓練也是極爲需要的。內在的善良動機才是善行的根本；發起增上利他的意樂、一心朝向利他的時候，個人的行爲才能從本質上轉爲純粹無染的善行。因此，慈愛絕對是所有善行根本的所依。所謂「和平」，不應解讀爲不傷害他人而已，更應該解讀爲是種慈愛的表現。

正因爲慈愛是人類安樂的根基，所以這個世界上的主流宗教都一致強烈地推廣慈愛的修煉。就連畜生都喜歡慈愛，更何況是我們人類？如果人類有個無價之寶的話，此寶一定非慈愛莫屬。人生的意義正是幫助他人、提升善行、保持善心，如果生活中缺乏了慈愛，也等於失去人生的意義。

慈愛並非無因而有，人自身就有慈愛的能力，而且此能力

可以透過智慧增上成長。廣布慈愛的對象不僅是人類，也包含了動物；縱使是沒有宗教信仰的人，慈愛也是他生活中最能帶來利益的關鍵，這是大眾所認同的。遺憾的是，幼時慈愛的感受雖然強烈，長大後卻隨著外在環境等各種影響，削弱了付出慈愛的潛能，形成了慈愛的障礙。無論是否有宗教信仰，但凡為了個人、家庭、社會的安樂，就需要有慈愛的心。慈愛才是內心寧靜及安樂的真實創造者，這點必須知道。

應當辨別慈悲具有兩種層次：一、由生理反應所生的慈悲，如：孩子隨著生理的所需受到母親的愛護。二、需要修煉的慈悲，如：刻意修煉的緣故，令慈悲增長廣大。後者的成就來自遠離偏執，所以「一致」的概念相當重要。無論是官員或奴隸、富人或窮人、智者或愚者、強者或弱者、黑人或白人，這世界上所有的人「以身為人而言都是一致的」的概念，以及這一切人「擁有離苦得樂的想法都是一致的」的概念，極為重要。有了這種概念，才能減少區分「我們」及「你們」，以及由其所生的貪與瞋。

把二者與一般概念相較：一、「都是人」以及「都一致地想要離苦得樂」的概念。二、由國家、區域、種族、語言、貧富、有無知識、有無宗教信仰等產生的「都不相同」的一般概念。透過思惟前者，強烈的貪瞋不會產生。透過後者，區分了「我們」及「你們」，產生了認定的仇敵與親人；在區分你

我的基礎之上，雖會產生慈愛，但這種慈愛是種偏愛。有了偏愛，就會有瞋恚，就會有貪己疑他，甚至想去害他、損惱他人。相反地，由「一致性」的概念所發起的慈愛卻是種遠離偏執的慈愛，也正是我們需要的慈愛。如聖者慈尊的《現觀莊嚴論》（མངོན་པར་རྟོགས་པའི་རྒྱན།）云：

「有情平等心」[72]

獅子賢阿闍黎（Haribhadra སེང་གེ་བཟང་པོ།，八世紀）的《現觀莊嚴論疏》（མངོན་པར་རྟོགས་པའི་རྒྱན་གྱི་འགྲེལ་པ།）云：

「於諸有情僅一心」[73]

《入行論》亦云：

「自與他雙方，求樂既相同，
自他何差殊？何故求獨樂？
自與他雙方，惡苦既相同，
自他何差殊？何故唯自護？」[74]

72　德格版，論，到彼岸，ཀ 卷，第一品，3 背頁；對勘本版，書號 49，8 頁。漢譯來源：法尊法師譯《現觀莊嚴論》。

73　德格版，論，到彼岸，ཏ 卷，第一品，91 背頁；對勘本版，書號 52，237 頁。漢譯大藏經內並無此譯。

74　德格版，論，中觀，ལ 卷，第八品，第 95 句偈頌文，27 正頁；對勘本版，書號 61，1008 頁。漢譯來源：如石法師譯《入菩薩行論》。

論說，當自己與他人雙方都一致無別地追求安樂時，不為他人安樂，卻努力追求自己的安樂實不應理。同理，當自己與他人雙方都一致無別地想要遠離痛苦時，不守護他人安樂，卻努力守護自己的安樂實不應理。

了解人與人相互依賴的真相，自然能夠產生遠離偏執的慈愛。我們如果遠離了人類社會，是無法獨立居處的。以生理的需求而言，也得依賴他者才能產生生理的安樂，這是人類的共同點。小至家庭的飲食、衣物、裝飾、教育、健康，大至國家之間的貿易、經濟等，何者不是依賴他者而有？明明一切都需依賴他者，我們卻不喜歡他人、懷疑他人，並相互欺瞞傷害，如此我們怎能獲得安樂呢？

近代有些國家的物質水準高度發展，但光憑這點，不能保證安樂。雖然渴望獲得安樂的人生，內心卻充斥著愛我執、貪心、瞋恚、我慢、害心、嫉妒、攀比心、疑心及期望、偏執等，這樣一來，外在的順緣再怎麼具足，定不能成就快樂的人生。相反地，如果具有如愛他心、利他心、知足、慈愛、忍辱等調伏的內心，縱然沒有豐富的外在條件，也能獲得快樂的人生。由此可知，快樂的人生，無疑主要來自內在的差異。所以，內心缺乏快樂的個人，自然無法產生安樂的家庭及社會。

這世上許多已發生及正在發生的人為災難，都來自貪婪、攀比心、記恨、害心、傲慢、嫉妒、貪瞋等，而且這些惡心的

根本都是我執及愛我執。如《釋量論》云：

「有我則知他，我他分執瞋，
由此等相系，起一切過失。」[75]

有了「我執」就有「他想」，因爲如此，區分了自己及他人的不同，如種族等差異，進而產生了緣己方的貪、緣他方的瞋。這些貪瞋又與內續完全相連，故而發起爲求自己安樂，或爲求他人痛苦所形成的殺生、偷盜等一切惡行。《入行論》亦云：

「所有世間樂，悉從利他生，
一切世間苦，咸由自利成。」[76]

世間所有的安樂，全部來自爲求他人安樂的利他事業所生；世間所有的痛苦，都是由愛我執的追求自利所成。所以在此說到，如何以多門遮除愛我執。

總之，人類的語言說詞、身體表達，小至一個細微的動作，都是由動機的善惡來區分其善惡性。所以無論做任何大小事

75　德格版，論，量，ཏེ卷，成量品，第221句偈頌文，116正頁；對勘本版，書號97，520頁。漢譯來源：法尊法師譯《釋量論》。

76　德格版，論，中觀，ལ卷，第八品，第129句偈頌文，28背頁；對勘本版，書號61，1011頁。漢譯來源：如石法師譯《入菩薩行論》。

情，首先需要有個善良的動機，這是極為重要的。為能利樂這世間的一切有情，應當棄捨種族分歧、宗見分歧、宗教分歧等不同處，並推廣與宗教無關的倫理道德觀，這是相當重要的。所謂的善行，就是避免讓自己的身語意做出傷害他人的行為。

人類的社會好比一個共飲共食的大家庭，成員間必須相互依賴方能生存。所以我們更需要放棄人類社會的傷害及仇恨，且建立由慈愛所滋潤的人類社會，這點極為重要。

丙二、說慈

瞋恚的對治有慈心及忍辱兩者。此說慈心。

慈心與悲心同屬五十一心所中的無瞋心所，就無瞋心所的本質而言，兩者是相同的。慈與悲的差別是，悲心緣取眾生的痛苦，想要使眾生遠離痛苦；慈心緣取眾生的安樂，想要使眾生獲得安樂。

慈心的性質為，緣有情時，念：「彼等為何不能獲取安樂？願彼等獲取安樂」的心所。《聖攝諸福三摩地經》（འཕགས་པ་བསོད་ནམས་ཐམས་ཅད་བསྡུས་པའི་ཏིང་ངེ་འཛིན་གྱི་མདོ） 云：

> 「願諸有情得樂，為慈。」[77]

---

[77] 德格版，經，經典，ཤི卷，第二品，119正頁；對勘本版，書號56，311頁。漢譯大藏經內並無此譯。類似此譯的經文，由玄奘大師所譯的《大般若經》四百八十七卷（T.7.220.473c.14）云：「修慈定時作如是念：『我當濟恤一切有情皆令得樂。』」

慈的作用為：令緣取有情的損惱心、瞋恚，以及仇恨等平息。《無盡意菩薩品》云：

「是慈能自擁護己身，是慈亦能利益他人，是慈無諍，是慈能斷一切瞋恚、荒穢、繫縛。」[78]

此外，慈是瞋的對治，令我等不造作惡行。地親阿闍黎著作的《五蘊釋》云：

「利益有情之慈亦是瞋恚之對治，此業亦為不造惡作之所依。若無瞋恚，則不造作殺生等惡業。」[79]

慈心之果為：平息嫉妒、攀比、損害等心，令心安樂、不沮喪、提升心力及加強自信、能修大忍、令心寂靜及舒適、氣血通順等，使得身體長壽健康。《正法念處經》云：

「此等眾生諸苦所惱，如是思惟，利益一切眾生。心則清淨，心清淨故，血則清淨，血清淨故，顏色清淨，顏色淨故，端正無比，一切眾生，愛樂瞻仰，得現果報。」[80]

78　德格版，經，經典，ཆ卷，第四品，131正頁；對勘本版，書號 60，329 頁。漢譯來源：《大方等大集經》的《無盡意菩薩品》（T.13.397.199c.17）。

79　德格版，論，唯識，ཤ卷，56 正頁；對勘本版，書號 77，809 頁。中文來源：漢譯大藏經內並無此譯。

80　德格版，經，經典，ཡ卷，第二十二品，73 正頁；對勘本版，書號 78，168 頁。漢譯來源：《正法念處經》（T.17.721.367c.5）。

丙三、說忍

言「忍辱」者，如《文殊遊戲經》（འཇམ་དཔལ་རྣམ་པར་རོལ་པའི་མདོ།）云：

「文殊師利言：『女子，如何無瞋？』女子言：『文殊師利，何人心不具瞋，不害諸境，應知為忍』。」[81]

月稱的《入中論》亦云：

「施度謂能捨，戒相無熱惱，忍相謂不恚」[82]

此論解說佈施的性質時，說忍相爲「不恚」，也就是令心不要因損害者及痛苦而受到干擾。

忍有三相。如慧源覺阿闍黎（ཤེས་རབ་འབྱུང་གནས་བློ་གྲོས།, 十一世紀）的《入菩提行要義疏》（བྱང་ཆུབ་ཀྱི་སྤྱོད་པ་ལ་འཇུག་པའི་དཀའ་འགྲེལ།）云：

「忍有三相。《攝正法經》曰：安受苦忍、諦察法忍、耐怨害忍」[83]

---

81 德格版，經，經典，ཁ།卷，第二卷，231背頁；對勘本版，書號46，628頁。漢譯大藏經內並無此譯。類似此文的漢譯來源：《大莊嚴法門經》（T.17.818.830a.14）：「文殊師利言，云何瞋恨？女言，瞋恨者能滅百劫所作善業，是名瞋恨。又問，云何非瞋恨？女言，若於一切煩惱境中無所障礙，名無瞋恨。」

82 德格版，論，中觀，འ།卷，第六品，第205句偈頌文，214正頁；對勘本版，書號60，542頁。漢譯來源：法尊法師譯《入中論》。

83 德格版，論，中觀，ལ།卷，第六品，112正頁；對勘本版，書號61，1218頁。漢譯大藏經內並無此譯。類似此譯的經文，由玄奘大師所譯的《攝大乘論釋》（T.31.1597.356c.14）云：「忍三品者：一、耐怨害忍。二、安受苦忍。三、諦察法忍。」

第一、安受苦忍。如不得不離開家鄉的時候，自願忍受遠離家鄉的痛苦及極度的失落。如果無法忍受這種痛苦的時候，《入行論》曾這麼說：

「若事尚可為，云何不歡喜？
若已不濟事，憂惱有何益？」[84]

如果可以解決痛苦起源的話，有什麼因緣讓我們不歡喜？因為一旦馬上解決的話，就不會有痛苦了。如果無法解決的話，不歡喜又有何幫助？就像不歡喜「虛空乃遮觸分的事實」，是毫無用處的。

第二、諦察法忍。如針對法義的伺及思，就像辯論時，針對因明法義的思。

第三、耐怨害忍。受到仇敵等他人的傷害時，不起瞋恚，觀修忍辱。

瞋恚不只能立即摧毀內心的寧靜，令心不能安寧，也會破壞周遭的氛圍。了解瞋恚的過失後，應當依止忍辱。在發起瞋恚前，或正在發起時，應盡力思惟其害，並修學忍辱。忍之三相中，除了後者來自他方的傷害外，其他二者一直都能發生。像是忍受長期的聽課，專注一境地聽聞思惟，乃至行走的時

---

84 德格版，論，中觀，ཤ 卷，第六品，第10句偈頌文，15正頁；對勘本版，書號61，981頁。漢譯來源：如石法師譯《入菩薩行論》。

候，都會謹慎身業，或是忍受飢渴等，所以這兩種忍一直在發
生。

思惟忍辱利益。《決示如來大悲經》（ དེ་བཞིན་གཤེགས་པའི་སྙིང་རྗེ་ཆེན་པོ་
ངེས་པར་བསྟན་པའི་མདོ) 云：

「菩薩遠離瞋恚之心為悅意歡喜一切有情。」[85]

《正法念處經》云：

「能忍之人，第一善心，能捨瞋恚，眾人所愛，眾人樂
見，人所信受，顏色清淨，其心寂靜。」[86]

《入行論》亦云：

「罪惡莫過瞋，難行莫勝忍。」[87]

論說，沒有任何其他罪業比瞋恚更能消滅善行、攪亂內
心；沒有任何真正的苦行比忍辱更能消滅煩惱的苦熱。

月稱阿闍黎的《入中論》云：

85　德格版，經，經典，ཤ卷，第二品，159背頁；對勘本版，書號57，418頁。漢
　　譯大藏經內並無此譯。

86　德格版，經，經典，ཤ卷，45正頁；對勘本版，書號71，104頁。漢譯來源：
　　《正法念處經》（T.17.721.357c.29）。

87　德格版，論，中觀，ཤ卷，第六品，第2句偈頌文，14背頁；對勘本版，書號
　　61，980頁。漢譯來源：如石法師譯《入菩薩行論》。

「忍招違前諸功德，忍感妙色善士喜，
善巧是理非理事⋯⋯」[88]

論說修學忍辱的利益，如感得相好莊嚴、令善士歡喜，以及明確何爲是理、何爲非理，精通學處。在此的「理」字應理解爲「正確的理由」。

忍辱的修行完全來自內心。如《入行論》云：

「頑者如虛空，豈能盡制彼？
若息此瞋恚，則同滅眾敵。
何需足量革，盡覆此大地？
片革墊靴底，即同覆大地。」[89]

頑固眾生有如虛空，不能全部滅盡。但是，若能令此瞋恚消滅，則同消滅所有外敵。比如，爲了讓雙足不被荊棘所傷害，若要使用柔軟皮革鋪滿大地，則不能有如此足夠皮革，還不如用皮革裹住腳底，等同將皮革鋪滿大地。瞋恚的過失及其對治忍辱應當如何修的內容，在佛子寂天的《入行論》中極爲詳細，應當了知。

88 德格版，論，中觀，འ卷，第三品，第 8 句偈頌文，203正頁；對勘本版，書號 60，517 頁。漢譯來源：法尊法師譯《入中論》。

89 德格版，論，中觀，ལ卷，第五品，第 12-13 句偈頌文，10 背頁；對勘本版，書號 61，971 頁。漢譯來源：如石法師譯《入菩薩行論》。

如何修行忍辱作爲瞋恚的對治呢？透過了解瞋恚不但不能解決問題，反而帶來更大的傷害，所以瞋恚實不合理。就像縱然報復，也不能將別人對己造成的傷害抹滅，如此一來，報復又有何意義？吉祥月稱的《入中論》云：

「若已作害而瞋他，瞋他已作豈能除？
是故瞋他定無益。」[90]

此外，「不想要繼續痛苦」與「報復」是互相矛盾的。復仇只會將麻煩擴大，不只自己及親友會受到傷害，最終恐怕連自己的性命都得賠上，這個後果是個能親眼目睹的事實。爲了治療疾患，醫生以尖銳刀具對我們進行手術的痛苦我們都能忍受。同樣地，爲了徹底消滅將來的痛苦，更必須以忍辱面對當下的微苦，並知道「報復並非合理」而遮擋瞋恚。

治療瘋癲之症時，醫生因爲知道「此病非患者能自主控制」而不起情緒；同樣地，受到傷害時，也應如努力持續醫治瘋癲之症般，應想「仇家也是隨著無法操控的煩惱，不能自主才這麼做的」。將「煩惱」與「具煩惱之人」區分之後，不對此人生氣，卻求遠離煩惱，而遮擋瞋恚。如聖者提婆的《四百論》云：

90　德格版，論，中觀，ᠬ卷，第三品，第 4 句偈頌文，203 正頁；對勘本版，書號 60，517 頁。漢譯來源：法尊法師譯《入中論》。

「若鬼執離瞋，醫者不生惱。
能仁觀煩惱，非惑繫眾生。」[91]

月稱的《四百論釋》云：

「此非有情過，此是煩惱咎，
智者善觀已，不瞋諸有情。」[92]

他人打傷我們的時候，如果要對直接的害源生氣的話，我們應該對棍棒或利器生氣。如果要對間接的害源生氣的話，傷害來自瞋恚的動機，我們應該對他人心中的瞋恚生氣。總之無論直接或間接理由，都不應對使用棍棒者生氣。《入行論》云：

「棍杖所傷人，不應瞋使者，
杖復瞋使故，理應憎其瞋。」[93]

同樣地，傷害的行為就像幼童的愚昧，不該對其瞋恚，因為那正如同對火的炙熱生氣一般。也不應該因有情偶爾犯過而

---

91 德格版，論，中觀，ঙ卷，第五品，第9句偈頌文，6正頁；對勘本版，書號57，793頁。漢譯來源：法尊法師譯《四百論》。

92 德格版，論，中觀，ཡ卷，第五品，96背頁；對勘本版，書號60，1163頁。漢譯大藏經內並無此譯。

93 德格版，論，中觀，ལ卷，第六品，第41句偈頌文，16正頁；對勘本版，書號61，983頁。漢譯來源：法尊法師譯《入中論》。

生氣，因爲那正如同對被煙霧偶然遮住的天空生氣一般。如《入行論》云：

> 「設若害他人，乃愚自本性，
> 瞋彼則非理，如瞋燒性火。
> 若過是偶發，有情性仁賢，
> 則瞋亦非理，如瞋煙蔽空。」[94]

以上說到多種消滅最勝仇敵——瞋恚——的方法。若以妙觀察慧好好伺察，便能以多理門遮止多類瞋恚發起，且以多理門生起忍辱。

丙四、說悲

悲的性質爲，緣其他眾生後，念：「彼等爲何不能遠離痛苦及苦因？願彼等遠離痛苦及苦因，以無害爲業」的心所。比如看到可憐眾生被苦所害，心念「爲何彼等不能遠離此苦」的愛心，以及心念「願被苦因所害的眾生能夠遠離此苦因」的愛心。教典又說「欲救悲心」（སྐྱོབ་འདོད་ཀྱི་སྙིང་རྗེ།），即是在爾等愛心的基礎之上，心念「我要令彼等眾生遠離痛苦」的悲心。《聖攝諸福三摩地經》云：

---

94 德格版，論，中觀，ཤ卷，第六品，第39-40句偈頌文，16正頁；對勘本版，書號61，983頁。漢譯來源：法尊法師譯《入中論》。

「令一切有情脫離一切痛苦者，為悲。」[95]

悲的梵文叫「karuṇā」。「ka」是安樂；「ruṇā」是滅。看到他人的痛苦會產生不忍，能夠減滅自己的安樂，因此說到悲心或「karuṇā」為「滅樂」。

悲的作用為：不損害眾生。如稱友阿闍黎的《大乘阿毘達磨集論釋》云：

「無害亦屬無瞋的悲心具有無害作用。」[96]

《阿毘達磨俱舍論》云：

「慈乃無瞋性……悲亦如是」[97]

雖然慈與悲兩者在五十一心所中，都共屬無瞋性，但此二的差異是：悲是緣眾生苦後，願求彼等離苦的行相；慈是緣眾生樂後，願求彼等得樂的行相。

悲的因是：我與眾生在欲求離苦得樂的這點上都是相同

---

95 德格版，經，經典，ཀ 卷，第二品，119 正頁；對勘本版，書號 56，311 頁。漢譯大藏經內並無此譯。

96 德格版，論，唯識，ཁ 卷，第一卷，126 正頁；對勘本版，書號 76，1286 頁。漢譯大藏經內並無此譯。

97 德格版，論，阿毘達磨，ཀུ 卷，第八品，77 正頁；對勘本版，書號 79，866 頁。漢譯與藏譯稍有不同，漢譯原文：《阿毘達磨俱舍論》（T.29.1558.150b.15）：「慈悲無瞋性」。

的，因此不該捨棄他人。或，將眾生視為自己的親友、思惟眾生被諸苦所逼、思惟利害眾生將會獲取樂苦等道理。《般若二萬頌》云：

「當於一切有情起如父母、如兄弟、如姊妹、如男女、如親族心」 [98]

經論談及多種悲因，如需將諸有情視為父母等親友。

為何經論說到需將有情視為自己的親友？為能緣取與自己不親不疏的「中間有情」，以及緣取傷害自己的仇敵，而發起悲心，故做此言。一般而言，對自己的親友都會自然發起悲憫，如因母親死去的緣故，兒女們當然會極度難過等，但這種悲憫不需經由訓練而能自然生起。在訓練思惟悲心的時候，視中間有情為親友的要義是因為，令我等能夠對中間有情發起不忍彼等受苦之心，如果沒有這種不忍之心，就不能發起緣中間有情的悲心。

寂天佛子的《入行論》說到另一種修學悲心的不共法門。這與將有情視為親友的想法無關，而是將重點擺在自他兩者都是相同地追求離苦、相同地追求得樂，進而生起自他相換的想法，詳細內容可從此書得知。

---

98 德格版，經，二萬，第卷，第 38 品，348 正頁；對勘本版，書號 27，793 頁。
漢譯來源：《大般若波羅蜜多經》（T.7.220.259a.17）。

悲心之果，誠如《正法念處經》云：

「所謂悲心，一切人愛，令人生信，安慰生死怖畏眾生，心不安隱令得安隱，於無救者為作救護。」[99]

《自性平等廣相三摩地經》（ རང་བཞིན་མཉམ་པ་ཉིད་རྣམ་པར་སྤྲོས་པ་ཏིང་ངེ་འཛིན་རྒྱལ་པོའི་མདོ ）云：

「此故禁行常寧靜，利自亦能利眾生，慈心悲心應常修！」[100]

教典說，善行分五：一、勝義善。二、本質善。三、相應善。四、意樂善。五、隨屬善。因為上述十一善心所的本質皆善，故屬本質善。本質善是因為不需要依賴其他的相應意樂，僅因自己本身的存在就足以成為善法。勝義善指的是法性，因為緣法性而觀修的話，將會淨除一切罪障，故名為善，卻非真善。相應善是與信等十一善心所相應的心及心所。意樂善如悲心等意樂所發起的身語之業。隨屬善謂善隨眠等。

---

99 德格版，經，經典，ཤ卷，第二十二品，50背頁；對勘本版，書號71，116頁。漢譯來源：《正法念處經》（T.17.721.360a.3）。

100 德格版，經，經典，ད卷，第三十八品，150正頁；對勘本版，書號55，361頁。漢譯大藏經內並無此譯。與此類似的經文來源：《月燈三昧經》（T.15.639.611b.22）：「住於寂靜空閑林，既能自利亦利他，為求解脫速施作，常樂修習慈悲心。」

乙五、六根本煩惱

第四種心所類別為六根本煩惱：一、貪。二、瞋。三、慢。四、煩惱無明。五、煩惱疑。六、煩惱見。如《心心所攝文》云：

「六根本煩惱：貪瞋以及慢，

無明以及疑，煩惱見等也。」

一般煩惱的性質為：令具斯補特伽羅的心續不能平息作用的心所。《大乘阿毘達磨集論》云：

「謂若法生時相不寂靜，由此生故身心相續不寂靜轉，是煩惱相」[101]

佛子稱友阿闍黎的《大乘阿毘達磨集論釋》也云：

「應知極不寂靜相謂煩惱之總性相，此復有六相：散故極不寂靜、顛倒故極不寂靜、掉舉故極不寂靜、痴故極不寂靜、放逸故極不寂靜、不羞愧故極不寂靜。」[102]

---

[101] 德格版，論，唯識，ཚི卷，第二品，78背頁；對勘本版，書號76，199頁。漢譯來源：《大乘阿毘達磨集論》（T.31.1605.676b.3）。

[102] 德格版，論，唯識，ཧི卷，第二卷，187背頁；對勘本版，書號76，1438頁。漢譯大藏經內並無此譯。

第一、貪。見到有漏事物的悅意本質後，極想追求爾等的心所。如看見並緣取可愛的身、食、衣、財等時，不想離開爾等的執著欲望。其他煩惱形同乾布上的灰塵，容易淨除，但貪形同油布上的灰塵，極難淨除。同理，執著並貪持某境的緣故，不只會引發其他煩惱，也會增強想要看、觸其境的貪欲，這是種極難分離的心所。

貪的作用為：生起自果痛苦。《大乘阿毘達磨集論》云：

「何等為貪？謂三界愛為體，生眾苦為業。」[103]

貪與愛染無異。愛染又分三：欲愛染、滅愛染、有愛染。初者為想要得到安樂、不想離開安樂的貪。次者如畏懼痛苦後，想著：「唉，為什麼我不能死？為何不能消失？為何要有我？」而欲求自滅。後者如欲執蘊體的貪心。當這種愛增強、力量變得很強大的時後，稱之為「取」。貪的當下對治有不淨觀，將在講述正念住觀修的章節再做解說。

第二、瞋。緣取瞋境三者的其中一者後，產生的不忍、怨氣，以及帶有害欲的心所。這是緣取不悅意仇敵等，而產生的一種極為粗烈之心。譬如，某人惡言時，內心立即生起無法忍受的感覺。《大乘阿毘達磨集論》云：

---

103 德格版，論，唯識，利卷，第一品，49正頁；對勘本版，書號76，127頁。漢譯來源：《大乘阿毘達磨集論》（T.31.1605.664b.24）。

「何等為瞋？謂於有情、苦，及苦具，心恚為體，不安
隱住、惡行所依為業。」[104]

瞋境三者為：有情、自續痛苦、利器及荊棘等苦源。

經說瞋的起源為「恚心九基」。龍樹阿闍黎的《寶鬘論》
云：

「害心我伴仇，三時非理疑，
損害他人心，皆從九因起⋯⋯」[105]

論中說到瞋的九因：疑心（某有情）過去害我、現在正在
害我、將來會要害我等三。疑心（某有情）過去害我親友、現
在正在害我親友、將來會要害我親友等三。疑心（某有情）過
去幫助我的仇敵、現在正在幫助我的仇敵、將來會幫助我的仇
敵等三，共九種疑心。

瞋的作用及過患，如《正法念處經》云：

「若起瞋恚，自燒其身。其心噬毒，顏色變異，他人所
棄，皆悉驚避。眾人不愛，輕毀鄙賤。」[106]

---

104 德格版，論，唯識，氦卷，第一品，49 正頁；對勘本版，書號 76，127 頁。漢
　　譯來源：《大乘阿毘達磨集論》（T.31.1605.664b.24）。

105 德格版，論，本生，司卷，第五品，第 31 偈頌文，123 正頁；對勘本版，書號
　　96，327 頁。漢譯來源：仁光法師譯《寶鬘論》。

106 德格版，經，經典，司卷，44 背頁；對勘本版，書號 71，103 頁。漢譯來源：
　　《正法念處經》（T.17.721.357c.22）。

生氣的人無法行善、面孔變得猙獰、會被他人厭惡、無法和其他所有人和睦相處、令所有人反感、身語意三門轉為汙穢等；以上諸多過失，都是親眼可見的事實。《入行論》云：

「若心執灼瞋，意即不寂靜，
喜樂亦難生，煩躁不成眠。
縱人以利敬，恩施來依者，
施主若易瞋，反遭彼弒害。
瞋令親友厭，雖施亦不依。
若心有瞋恚，安樂不久住。
瞋敵能招致，如上諸苦患。」[107]

論說，瞋生劇苦，有如疾苦。只要心中有瞋，絕不能生起令內心平息痛苦的歡喜，也不能使身體安康；睡亦不眠、心不安穩。若是被瞋操控住，就連對自己施予資財或幫助的恩人也會去加害，使親友厭倦、為己操心難受；即便惠施他人，但恩澤卻不令他人歡喜接受。總之，但凡被瞋所操控，定無有安樂之可能，所以應想「我一定不能給予瞋心機會」，而遮止瞋恚。在忍辱篇章時也做了廣泛解說。

第三、慢。緣取自身優勢，如財富、功德等某種德相後，

---

107 德格版，論，中觀，啊卷，第六品，第 3-6 句偈頌文，14 背頁；對勘本版，書號 61，980 頁。漢譯來源：如石法師譯《入菩薩行論》。

產生驕傲行相的心所。緣取自己的財富種族，或小至聲音好聽、力量強大等所產生的驕傲，彷彿從山頂俯瞰，覺得他人卑微，而自己高高在上的想法，或是鄙視他人於低處、自己處於高處的行相。

慢的作用為：阻礙對他方的尊重，以及阻礙功德的增上，且係產生痛苦的所依。如同經論說，慢的對治為「觀界別」，應當思惟自己有多少真相仍然未知，並懂得尊重比自己更博學多聞者。《大乘阿毘達磨集論》云：

> 「何等為慢？謂依止薩迦耶見，心高舉為體；不敬、苦生所依為業。」[108]

經說「依止薩迦耶見」是因為，「慢」的產生，都得依賴自己心續中的俱生我想，故做此說。

慢可分七：一、慢。二、過慢。三、慢過慢。四、我慢。五、增上慢。六、卑慢。七、邪慢。

一、慢：驕傲地認為「比起這位卑微的人，我是優秀者」。

二、過慢：驕傲地認為「比起同輩，我更出色」。

三、慢過慢：驕傲地認為「相較比己更強的人，我更超越於他」。

---

108 德格版，論，唯識，ㄹ卷，第一品，49正頁；對勘本版，書號76，128頁。漢譯來源：《大乘阿毘達磨集論》（T.31.1605.664b.26）。

四、我慢：緣蘊體後，想「這就是我」的高傲。

五、增上慢：未得功德之前，卻認為已得功德的自我滿足。

六、卑慢：緣取比自己差距甚多的領先者，驕傲地認為「我只比他差一點點……」。

七、邪慢：將非功德處視為功德，生起傲慢。

《寶鬘論》云：

「謂我無作為，輕毀自己者，
名為卑劣慢。」[109]

該論說，輕視自己，認為「我活下去還有什麼意義？」如此為卑劣慢。

第四、無明。一般而言，誠如「未見」、「不明白」的說法般，無明就是在「明白」的前面加上否定詞，而稱為無明、未見、不知、不明。像是閉上眼睛後，眼前呈現一片昏暗，無法見到外在色法，而無法知道境相為何的無知。

無明的性質為：以愚昧行相趨入己境的心所。《大乘阿毘達磨集論》云：

---

109 德格版，論，本生，刊卷，第五品，第12偈頌文，122背頁；對勘本版，書號96，326頁。漢譯來源：仁光法師譯《寶鬘論》。

> 「何等無明？謂三界無知為體。於諸法中邪決定、疑、
> 雜生起所依為業。」[110]

　　無明又分為「不知道」以及「顛倒執識」兩種心所。阿闍黎無著兩兄弟主張無明是以不知道的心所為主，法稱阿闍黎等卻主張無明是顛倒執愚，但二者一致認為無明的對治即是了解諸法實相的智慧。《攝決擇分》云：

> 「無明者，以不明實相為體。見若不能如實證悟，以執取顛倒事物為體。」[111]

　　《釋量論》亦云：

> 「是明逆品故，心所所緣故，
> 說邪緣無明，故餘不應理。」[112]

　　無明的作用為：由彼產生其他煩惱，由煩惱生業，由業生苦故，是一切煩惱及過失的所依。《釋量論》亦云：

---

110 德格版，論，唯識，ཚེ卷，第一品，49正頁；對勘本版，書號76，128頁。漢譯來源：《大乘阿毘達磨集論》（T.31.1605.664b.27）。

111 德格版，論，唯識，ཚི卷，精通處與非處品，84正頁；對勘本版，書號74，201頁。漢譯來源：於《瑜伽師地論》中，末學找不到相似譯文。

112 德格版，論，量，ཅེ卷，成量品，第215句偈頌文，115背頁；對勘本版，書號97，519頁。漢譯來源：法尊法師譯《釋量論》。

「一切諸過失，薩迦耶見生，

無明彼彼貪，從彼起瞋等。

由此說眾過，其因為愚癡。」[113]

吉祥月稱的《入中論》亦云：

「慧見煩惱諸過患，皆從薩迦耶見生」[114]

更詳細的內容將在「生起煩惱的因緣」章節中再做解說。

第五、煩惱疑。緣四諦或業果等法後，所產生猶豫二邊的心所。例如：「我是不是無常」的二邊惑。或如趕路時，對所行之路是否正確的疑惑，將會成為彼行的阻礙，煩惱疑也會障礙看到真相。《大乘阿毘達磨集論》云：

「何等為疑？謂於諦猶豫為體。善品不生所依為業。」[115]

疑的作用是：障礙如實取捨。並非所有疑都是煩惱，如：「此人是不是扎西？」「明天天氣怎麼樣？」「這個房子是不

---

113 德格版，論，量，ཤེ 卷，自義品，第 224 句偈頌文，103 正頁；對勘本版，書號 97，489 頁。漢譯來源：法尊法師譯《釋量論》。

114 德格版，論，中觀，ཨ 卷，第六品，第 120 句偈頌文，210 正頁；對勘本版，書號 60，532 頁。漢譯來源：法尊法師譯《入中論》。

115 德格版，論，唯識，རི 卷，第一品，49 背頁；對勘本版，書號 76，128 頁。漢譯來源：《大乘阿毘達磨集論》（T.31.1605.664b.29）。

是次仁的房子？」等疑惑並非一定屬於煩惱。

　　第六、煩惱見。分為五類：一、薩迦耶見。二、邊見。三、邪見。四、見取見。五、戒禁取見。

　　一、薩迦耶見。緣自相續我及我所其中一者後，所生「此是獨立我」或「此是獨立我所」行相的煩惱慧。像是被他人詆毀或是被他人稱讚的時候，想著「為何他人這麼對我」、從心深處現起的赤裸裸「我想」（或「我所想」）。因為是將壞聚蘊體視為我或我所的緣故，稱「壞聚見」。[116]《大乘阿毘達磨集論》云：

> 「何等薩迦耶見？謂於五取蘊等隨觀執我及我所、諸忍、欲、覺、觀、見為體，一切見趣所依為業。」[117]

　　論中所說忍、欲、覺、觀、見等名相，詞義依序如下：不畏顛倒義故忍，趣入顛倒義故欲，區分顛倒義故覺，執取顛倒義故觀，緣取顛倒義故見。

　　二、邊見。將薩迦耶見的所緣境執取為常邊或斷邊其中一者的煩惱慧。《大乘阿毘達磨集論》云：

> 「何等邊執見？謂於五取蘊等隨觀執或斷或常，諸忍欲

---

116 譯者註：梵文字義音譯「薩迦耶」為「壞聚」的意思。

117 德格版，論，唯識，꽃卷，第一品，49背頁；對勘本版，書號76，128頁。漢譯來源：《大乘阿毘達磨集論》（T.31.1605.664c.1）。

覺觀見為體，障處中行出離為業。」[118]

此論說，此見令墮常邊或斷邊，並起遠離常、斷二邊中道的主要障礙。邊見又分為：常邊見及斷邊見兩者。

三、邪見。緣業因果、作用等存在法後，否定爾等存在的煩惱慧。邪見的作用是：不令行善、斷除善根、趣入惡行、持造惡業念等，顛倒取捨。《大乘阿毘達磨集論》云：

「何等邪見？謂謗因、謗果，或謗作用，或壞實事，或邪分別，諸忍、欲、覺、觀、見為體。斷善根為業，及不善根堅固所依為業，不善生起為業。」[119]

四、見取見。緣餘惡見及其起源蘊體其中一者後，認為：「此乃最勝」的煩惱慧。《大乘阿毘達磨集論》云：

「何等見取？謂於諸見及見所依五取蘊等，隨觀執為最、為勝、為上、為妙，諸忍、欲、覺、觀、見為體。執不正見所依為業。」[120]

---

118 德格版，論，唯識，ཏི卷，第一品，49背頁；對勘本版，書號76，128頁。漢譯來源：《大乘阿毘達磨集論》（T.31.1605.664c.3）。

119 德格版，論，唯識，ཏི卷，第一品，49背頁；對勘本版，書號76，129頁。漢譯來源：《大乘阿毘達磨集論》（T.31.1605.664c.10）。

120 德格版，論，唯識，ཏི卷，第一品，49背頁；對勘本版，書號76，128頁。漢譯來源：《大乘阿毘達磨集論》（T.31.1605.664c.5）。

論中「爲最」等詞義如下：驕傲地認爲最好故稱「爲最」，沒有比此更好故稱「爲勝」，比其他都好故稱「爲上」，沒有比此相等故稱「爲妙」。

五、戒禁取見。緣取由惡見動機所生惡戒、惡禁、身語惡行，以及由該戒禁行所生蘊體後，認爲其爲解脫因或最勝行的煩惱慧。《大乘阿毘達磨集論》云：

> 「何等戒禁取？謂於諸戒禁及戒禁所依五取蘊等，隨觀執為清淨、為解脫、為出離，諸忍、欲、覺、觀、見為體。勞而無果所依為業。」[121]

上述五見，加上貪瞋慢無明疑等五非見，皆稱根本煩惱的原因是：沒有任何隨煩惱不從此十中之一者所生。或是因爲令心煩惱的主因，故名根本煩惱。

乙六、二十隨煩惱

第五種分類爲二十隨煩惱：一、忿。二、恨。三、覆。四、惱。五、嫉。六、慳。七、誑。八、諂。九、憍。十、害。十一、無慚。十二、無愧。十三、惛沉。十四、掉舉。十五、不信。十六、懈怠。十七、放逸。十八、忘念。十九、不正知。二十、散亂。如《心心所攝文》云：

---

121 德格版，論，唯識，刊卷，第一品，49背頁；對勘本版，書號76，128頁。漢譯來源：《大乘阿毘達磨集論》（T.31.1605.664c.8）。

「隨惱二十為，忿恨以及覆，

惱嫉慳與誑，諂憍害無慚，

無愧惛掉舉，不信懈放逸，

忘念不正知，散亂共二十。」

一、忿。靠近「恚心九基」其中一者時，想要傷害爾等的瞋類心所。《大乘阿毘達磨集論》云：

「何等為忿？謂於現前不饒益相，瞋之一分心怒為體；

執杖憤發所依為業。」[122]

瞋與忿的差異為何呢？瞋指雖然並未趨近忿境，但僅由心裡想著就產生難以壓抑的深層怒氣，有如火焰。忿必須是在趨近忿境時，瞋忿才增上廣大，如同火上澆油般，並以肢體做出傷害的行為。

二、恨。不放棄復仇欲望的瞋類心所。持續此心念，將會記恨在心。《大乘阿毘達磨集論》云：

「何等為恨？謂自此已後，即瞋一分、懷怨不捨為體；

不忍所依為業。」[123]

---

122 德格版，論，唯識，ㄆ卷，第一品，50背頁；對勘本版，書號76，130頁。漢譯來源：《大乘阿毘達磨集論》（T.31.1605.665a.3）。

123 德格版，論，唯識，ㄆ卷，第一品，50背頁；對勘本版，書號76，130頁。漢譯來源：《大乘阿毘達磨集論》（T.31.1605.665a.4）。

三、覆。他人以利益心舉報過失時，想要覆藏過失的癡類心所。其作用為：直接令悔，間接令身心不得安樂。《大乘阿毘達磨集論》云：

> 「何等為覆？謂於所作罪他正舉時，癡之一分隱藏為體；悔不安住所依為業。」[124]

四、惱。他人說己過失時，不僅不生懺悔心，反起忿恨，因瞋恨而欲出惡語的心所。其作用為：做出惡口等眾多不正當的行為，而引生痛苦。《大乘阿毘達磨集論》云：

> 「何等為惱？忿恨居先，瞋之一分，心戾為體；高暴麤言所依為業、生起非福為業、不安隱住為業。」[125]

五、嫉。自耽著利養後，於他人圓滿不能忍受，從心深處發起的不安瞋類心所。《大乘阿毘達磨集論》云：

> 「何等為嫉？謂耽著利養、不耐他榮、瞋之一分、心妒為體；令心憂慼不安隱住為業。」[126]

---

124 德格版，論，唯識，ཚི卷，第一品，50背頁；對勘本版，書號76，130頁。漢譯來源：《大乘阿毘達磨集論》（T.31.1605.665a.6）。

125 德格版，論，唯識，ཚི卷，第一品，50背頁；對勘本版，書號76，131頁。漢譯來源：《大乘阿毘達磨集論》（T.31.1605.665a.7）。

126 德格版，論，唯識，ཚི卷，第一品，50背頁；對勘本版，書號76，131頁。漢譯來源：《大乘阿毘達磨集論》（T.31.1605.665a.11）。

　　嫉又分二：一、嫉妒與己相等的圓滿。二、嫉妒比己較勝的圓滿。嫉妒令心狹窄，故稱爲「嫉」。

　　六、慳。耽著利養後，無法放棄的執著欲望；爲貪類心所。其作用爲：依此心不願減少物資，發起極大不喜。「不捨」謂即使是不需要的資具也不願減少，囤積資具。如《大乘阿毘達磨集論》云：

> 「何等爲慳？謂耽著利養於資生具貪之一分，心吝爲體；不捨所依爲業。」[127]

　　七、誑。耽著利養後，並以欺騙他人的想法，想要表達未有功德爲己有；爲貪類或癡類心所。其作用爲：成辦邪命。《大乘阿毘達磨集論》云：

> 「何等爲誑？謂耽著利養貪癡一分，詐現不實功德爲體；邪命所依爲業。」[128]

　　八、諂。耽著利養故，欲欺騙他人、不想讓他人知道自己的過失；爲貪類或癡類心所。其作用爲：障礙獲取正法教授。

---

127 德格版，論，唯識，ཚི卷，第一品，50背頁；對勘本版，書號76，131頁。漢譯來源：《大乘阿毘達磨集論》（T.31.1605.665a.11）。

128 德格版，論，唯識，ཚི卷，第一品，50背頁；對勘本版，書號76，131頁。漢譯來源：《大乘阿毘達磨集論》（T.31.1605.665a.13）。

《大乘阿毘達磨集論》云：

> **「何等為諂？謂耽著利養、貪癡一分、矯設方便、隱實過惡為體；障正教授為業。」**[129]

第九、憍。見己的有漏圓滿等相，如無病等，生歡喜心後，所起驕傲的貪類心所。《大乘阿毘達磨集論》云：

> **「何等為憍？謂或依少年無病長壽之相，或得隨一有漏榮利之事，貪之一分，令心悅豫為體；一切煩惱及隨煩惱所依為業。」**[130]

憍的作用，如《發覺淨心經》（ལྷག་པའི་བསམ་པ་བསྐུལ་བའི་མདོ།）云：

> **「此憍是諸放逸本。」**[131]

經說，憍爲「放逸、煩惱，以及諸隨煩惱等所依」的作用者。

十、害。無有慈愛於他者，反欲損惱他的瞋類心所。《大

---

129 德格版，論，唯識，རི།卷，第一品，50背頁；對勘本版，書號76，131頁。漢譯來源：《大乘阿毘達磨集論》（T.31.1605.665a.15）。

130 德格版，論，唯識，རི།卷，第一品，51正頁；對勘本版，書號76，131頁。漢譯來源：《大乘阿毘達磨集論》（T.31.1605.665a.16）。

131 德格版，經，寶積，ཅ།卷，第二十五品，144背頁；對勘本版，書號43，399頁。漢譯與藏譯稍有不同，漢譯原文：《發覺淨心經》（T.12.327.48b.27）：「此是憍慢放逸本。」

乘阿毘達磨集論》云：

> 「何等為害？謂瞋之一分，無哀無悲無愍為體；損惱有
> 情為業。」[132]

無哀等詞義如下：自己發起害他欲，故名「無哀」。想要令他發起傷害行為，故名「無悲」。看到或聽到他人起害行時，隨喜此行，故名「無愍」。其作用為：損惱傷害。

十一、無慚。以自己或教義方面的理由，無有羞愧於惡行；三毒隨一的心所。無慚亦是慚心所的反方。《大乘阿毘達磨集論》云：

> 「何等無慚？謂貪瞋癡分。於諸過惡不自羞為體；一切
> 煩惱及隨煩惱助伴為業。」[133]

十二、無愧。以從他人方面的理由，無有羞愧於惡行；三毒隨一的心所。無愧亦是愧心所的反方。《大乘阿毘達磨集論》云：

> 「何等無愧？謂貪瞋癡分。於諸過惡不羞他為體；一切

132 德格版，論，唯識，ཐི卷，第一品，51正頁；對勘本版，書號 76，132 頁。漢譯來源：《大乘阿毘達磨集論》（T.31.1605.665a.19）。

133 德格版，論，唯識，ཐི卷，第一品，51正頁；對勘本版，書號 76，132 頁。漢譯來源：《大乘阿毘達磨集論》（T.31.1605.665a.20）。

煩惱及隨煩惱助伴為業。」[134]

十三、惛沉。雖緣某境，但身心沉重、無法堪任，為無精打采的癡類心所。其作用為：增上所有煩惱。《大乘阿毘達磨集論》云：

「何等惛沉？謂愚癡分，心無堪任為體；障毘缽舍那為業。」[135]

十四、掉舉。緣五欲等悅意相後，令心不能寂靜，而向外散亂的貪類心所。其作用為：障礙心於所緣的專注。《大乘阿毘達磨集論》云：

「何等掉舉？謂貪欲分，隨念淨相心不寂靜為體；障奢摩他為業。」[136]

十五、不信。於可信境所生的心不認可、心不清淨、心不希望的癡類心所。其作用為：懈怠所依。《大乘阿毘達磨集

---

134 德格版，論，唯識，ཤི卷，第一品，51正頁；對勘本版，書號76，132頁。漢譯來源：《大乘阿毘達磨集論》（T.31.1605.665a.22）。

135 德格版，論，唯識，ཤི卷，第一品，51正頁；對勘本版，書號76，132頁。漢譯來源：《大乘阿毘達磨集論》（T.31.1605.665a.24）。

136 德格版，論，唯識，ཤི卷，第一品，51正頁；對勘本版，書號76，132頁。漢譯來源：《大乘阿毘達磨集論》（T.31.1605.665a.25）。

論》云：

> 「何等不信？謂愚癡分，於諸善法，心不忍可、心不清
> 淨、心不希望為體；懈怠所依為業。」[137]

十六、懈怠。依賴睡眠等令心不喜行於善法的癡類心所。
其作用為：衰退善法。誠如《正法念處經》云：

> 「煩惱根唯一，所謂懈怠是，
> 若有一懈怠，彼人不得法。」[138]

《大乘阿毘達磨集論》云：

> 「何等懈怠？謂愚癡分，依著睡眠倚臥為樂，心不策勵
> 為體；障修方便善品為業。」[139]

懈怠可分三：一、推延懈怠。二、耽著劣事。三、自輕退
屈。

一、推延懈怠：對善法的怠慢心，打從心底不願當下行

---

137 德格版，論，唯識，ཞི 卷，第一品，51 正頁；對勘本版，書號 76，132 頁。漢
  譯來源：《大乘阿毘達磨集論》（T.31.1605.665a.27）。

138 德格版，經，經典，ཁ 卷，第四品，128 正頁；對勘本版，書號 68，340 頁。
  漢譯來源：《正法念處經》（T.17.721.19b.29）。

139 德格版，論，唯識，ཞི 卷，第一品，51 正頁；對勘本版，書號 76，132 頁。漢
  譯來源：《大乘阿毘達磨集論》（T.31.1605.665a.29）。

善，或推遲行善至明後天。

二、耽著劣事：耽著世間繁瑣不關緊要等事，不喜善法。

三、自輕退屈：怠慢行善，並認為「此善行乃我所不能」而看輕自我。譬如，想「像我如此如何能利眾生？」而生沮喪。

《入行論》云：

「懈怠耽劣事、自輕而退怯。」[140]

十七、放逸。住於怠性，令心不護煩惱及其過惡、置之不理的三毒隨一心所。《大乘阿毘達磨集論》云：

「何等放逸？謂依懈怠及貪瞋癡，不修善法，於有漏法心不防護為體；憎惡損善所依為業。」[141]

十八、忘念。憶念煩惱所緣，令心不能明善、忘失善法的心所。其作用為：令心渙散而緣取煩惱所緣。《大乘阿毘達磨集論》云：

「何等忘念？謂諸煩惱相應念為體；散亂所依為業。」[142]

140 德格版，論，中觀，ལ卷，第七品，第 2 句偈頌文，20 正頁；對勘本版，書號 61，992 頁。漢譯來源：如石法師譯《入菩薩行論》。

141 德格版，論，唯識，རི卷，第一品，51 正頁；對勘本版，書號 76，132 頁。漢譯來源：《大乘阿毘達磨集論》（T.31.1605.665b.1）。

142 德格版，論，唯識，རི卷，第一品，51 正頁；對勘本版，書號 76，133 頁。漢譯來源：《大乘阿毘達磨集論》（T.31.1605.665b.3）。

十九、不正知。明不知三門行屬何種性，卻仍行動的煩惱慧。其作用爲：罪及犯戒的所依。《大乘阿毘達磨集論》云：

「何等不正知？謂諸煩惱相應慧爲體，由此慧故，起不正知身語心行，毀所依爲業。」[143]

二十、散亂。令心外散，不能專注所緣的三毒隨一心所。《大乘阿毘達磨集論》云：

「何等散亂？謂貪瞋癡分，心流散爲體。此復六種。謂自性散亂、外散亂、內散亂、相散亂、麤重散亂、作意散亂。」[144]

六散亂爲何呢？自性散亂指五根識。外散亂指心常渙散及掉舉。內散亂指粗細惛沉及貪著三摩地味。相散亂指，心想：「如果別人相信我是修禪定者該有多好！」而做出的修善之相。麤重散亂指我想的我慢。作意散亂指生起「放棄勝道及勝定，應入劣道」的作意。六散亂僅有散亂之名，卻不一定都是隨煩惱的散亂；至於粗細沉掉及散亂等細節，將會在講述「奢

---

143 德格版，論，唯識，৯卷，第一品，51背頁；對勘本版，書號 76，133 頁。漢譯來源：《大乘阿毘達磨集論》（T.31.1605.665b.4）。

144 德格版，論，唯識，৯卷，第一品，51背頁；對勘本版，書號 76，133 頁。漢譯來源：《大乘阿毘達磨集論》（T.31.1605.665b.6）。

摩他」時解說。

為何將忿至散亂的二十心所稱為「隨煩惱」呢？因為它們會伴隨、接近與己類相似的根本煩惱，而令心煩惱的緣故。

有關根本煩惱與隨煩惱是否彼此相應，如《大乘阿毘達磨集論》云：

> 「何等相應故？謂貪不與瞋相應。如瞋，疑亦爾，餘皆得相應，如貪，瞋亦爾，謂瞋不與貪慢見相應，慢不與瞋疑相應。無明有二種：一、一切煩惱相應無明。二、不共無明。不共無明者，謂於諦無智。見不與瞋疑相應，疑不與貪慢見相應，忿等隨煩惱更互不相應。無慚無愧於一切不善品中恒共相應。惛沉、掉舉、不信、懈怠、放逸，於一切染污品中恒共相應。」[145]

論說貪與瞋彼此並不相應，理由是，所執相違的兩種心所無法同時成為同個心王的眷屬。貪與疑不相應的理由是，心若成疑則不能住一方，緣其境而生的貪則不合理。其餘的根本煩惱如慢、無明、見等，非與貪所執相違，故可相應。瞋不與慢、見相應的理由是，若起瞋則不起驕傲；起瞋不能以見思惟。慢不與瞋相應是因為，所執相違的二心所無法在同時間內

---

145 德格版，論，唯識， འི 卷，第二品，79 正頁；對勘本版，書號 76，199 頁。漢譯來源：《大乘阿毘達磨集論》（T.31.1605.676b.16）。

成為一心王的眷屬。慢不與疑相應是因為，若起二邊心，不能
起驕傲心。

主張阿賴耶識者認為，無明可分一切煩惱相應無明及不共
無明兩類。後者因不（與根本煩惱）相應而係「不共」，亦即
對真相愚癡的第六意識無明不與其他根本煩惱相應；或因沒有
所依而不共，亦即此無明只與染污識相應。然而大多佛學阿闍
黎都主張，無明與其他五根本煩惱相應。

見與瞋疑兩者並不相應的理由，可從上述疑也不與貪、
慢、見相應的理由得知。忿等瞋類隨煩惱不與如慳等貪類隨煩
惱相應的理由是，有如貪瞋般，所執不同。無慚與無愧兩者都
可以與所有的惡心相應，是因為，若能緣己或他、羞於行惡的
話，將不造惡行。惛沉、掉舉、不信、懈怠、放逸等與其他煩惱
相應的理由是，心不明顯、心向外散、心不清澄、不喜行善、不
守犯惡悉皆止息的話，煩惱不應生起。然而，有些《大乘阿毘
達磨集論》的注釋論著說，《大乘阿毘達磨集論》是為了配合
小乘宗義，才說惛沉及掉舉與所有其他煩惱相應。其意趣是：
單以不堪任性及不寂靜性而言，二者的確遍佈一切煩惱故。

乙七、四不定

第六種分類為四不定：一、眠。二、悔。三、尋。四、
伺。如《心心所攝文》云：

「眠及悔及尋，伺為四不定。」

一、眠。由身體沉重、無力、疲累、惛相等作意為因，將根識趨境的作用往內收攝的心所。分善眠、惡眠、無記眠有三。《大乘阿毘達磨集論》云：

> 「何等睡眠？謂依睡眠因緣，是愚癡分、心略為體；或善、或不善、或無記、或時、或非時、或應爾、或不應爾，越失可作所依為業。」[146]

「時」指第三座時的睡眠[147]；「非時」指其他時段。「應爾」指身體強壯、欲求行善。「不應爾」指雖在睡眠時段，卻被禁止不被允許的睡眠。「愚癡分」及「越失可作所依」僅指煩惱眠，並非所有睡眠。佛子稱友阿闍黎的《大乘阿毘達磨集論釋》云：

> 「『愚癡分』謂從三摩地區分差別相。『善』等實詞無疑否定癡性……『越失可作所依』應知為隨煩惱性。」[148]

---

146 德格版，論，唯識，ཏྲ卷，第一品，51背頁；對勘本版，書號76，134頁。漢譯來源：《大乘阿毘達磨集論》（T.31.1605.665b.17）。

147 譯者註：一天分四座時段的第三段。

148 德格版，論，唯識，ཏྲ卷，7背頁；對勘本版，書號76，971頁。漢譯大藏經內並無此譯。

二、悔。由應做或不應做其一之想，或因他人迫使去做等緣由，而發起的不情願的心所。《大乘阿毘達磨集論》云：

> 「何等惡作[149]？謂依樂作、不樂作、應作、不應作，是愚癡分心，追悔為體；或善、或不善、或無記、或時、或非時、或應爾、或不應爾，能障心住為業。」[150]

雖然悔可分善、惡、無記等三種，但《大乘阿毘達磨集論》中說，悔為愚癡分，這是針對煩惱悔而說。誠如佛子稱友阿闍黎的《大乘阿毘達磨集論釋》云：

> 「『愚癡分』謂被隨煩惱所攝。」[151]

三、尋：依思或慧，觀某境之粗相心所。

四、伺：依思或慧，觀某境之細相心所。《大乘阿毘達磨集論》云：

> 「何等為尋？謂或依思或依慧，尋求意言令心麤轉為體。何等為伺？謂或依思或依慧，伺察意言令心細轉為

---

149 譯者註：玄奘大師譯成「惡作」；從藏文直譯為悔。

150 德格版，論，唯識，ཚི卷，第一品，52正頁；對勘本版，書號76，134頁。漢譯來源：《大乘阿毘達磨集論》（T.31.1605.665b.19）。

151 德格版，論，唯識，ཏི卷，8正頁；對勘本版，書號76，972頁。漢譯大藏經內並無此譯。

體。如是二種，安不安住所依為業。」[152]

　　論說尋伺的作用乃「安不安住」，其義為：尋伺兩者各有善、不善、無記三類的緣故，善尋伺產生悅意果實，安住於樂之中；不善尋伺產生不悅意果實，則無法安住於樂之中。

　　上述四種心所隨著助伴、動機等因素，能轉成善、不善、無記等性，故說不定。如《大乘阿毘達磨集論》所言般，無著阿闍黎的著作《瑜伽師地論》也談及了有關前述五十一心所的論述。此論云：

> 「彼助伴者。謂作意、觸、受、想、思、欲、勝解、念、三摩地、慧、信、慚、愧、無貪、無瞋、無癡、精進、輕安、不放逸、捨、不害、貪、恚、無明、慢、見、疑、忿、恨、覆、惱、嫉、慳、誑諂、憍害、無慚、無愧、惛沉、掉舉、不信、懈怠、放逸、邪欲、邪勝解、忘念、散亂、不正知。惡作、睡眠、尋伺。如是等輩，俱有相應心所有法，是名助伴。同一所緣，非同一行相，一時俱有，一一而轉，各自種子所生，更互相應，有行相、有所緣、有所依。」[153]

152 德格版，論，唯識，ཚི卷，第一品，52 正頁；對勘本版，書號 76，134 頁。漢譯來源：《大乘阿毘達磨集論》（T.31.1605.665b.22）。

153 德格版，論，唯識，ཚི卷，第二品，5 正頁；對勘本版，書號 72，681 頁。漢譯來源：《瑜伽師地論》（T.30.1579.280b.13）。

又如《大乘阿毘達磨集論》及《瑜伽師地論》般，世親阿闍黎在他的《大乘五蘊論》中，一一講述五十一心所之後，說道：

「五是遍行，五是別境，十一是善，六是煩惱，餘是隨煩惱，四是不決定。」[154]

無著兄弟的許多相關著作中皆提出了與《心心所攝文》內容相同的論述。《大乘五蘊論》有如無著《大乘阿毘達磨集論》初品——廣說五蘊——之略義。另一部解說極為廣泛的論典，藏文大藏經丹珠爾中的《五蘊釋》則有如《大乘阿毘達磨集論》的入門學冊。因此我等認為，若為了解《大乘阿毘達磨集論》所說的五蘊論，應以世親阿闍黎的《大乘五蘊論》及《五蘊釋》兩部著作當作主要的參考材料。

甲三、《阿毘達磨俱舍論》所說四十六心所論

世親阿闍黎《阿毘達磨俱舍論》的心所論述為何呢？此論云：

154 德格版，論，唯識，ཤེ卷，12 正頁；對勘本版，書號 77，38 頁。漢譯來源：《大乘五蘊論》（T.31.1612.848c.10）。

「心所且有五,大地法等異。」[155]

此論直接指出心所的六種類別:一、地法。二、善地法。三、煩惱地法。四、不善地法。五、小煩惱地法。六、附帶不定心所。前五種類別爲定心所。

乙一、十大地法

一、十大地法:一、受。二、想。三、思。四、欲。五、觸。六、慧。七、念。八、作意。九、勝解。十、三摩地。《阿毘達磨俱舍論》云:

「受想思觸欲,慧念與作意,
勝解三摩地,遍於一切心。」[156]

根據《大乘阿毘達磨集論》及其自釋,以及《大乘五蘊論》,欲、慧、念、勝解、三摩地等被歸類爲「別境」,並非「地法」。但此宗認爲上述十心隨諸心行。因爲與所有心隨

---

155 德格版,論,阿毘達磨,ㄍ卷,第二品,第 23 句偈頌文,4 背頁;對勘本版,書號 79,10 頁。漢譯來源:《阿毘達磨俱舍論》(T.29.1558.19a.7)。

156 德格版,論,阿毘達磨,ㄍ卷,第二品,第 24 句偈頌文,4 背頁;對勘本版,書號 79,10 頁。漢譯來源:《阿毘達磨俱舍論》(T.29.1558.19a.14)。遍行心所的主張皆有不同。《阿毘達磨俱舍論》的「十大地法」與《正法念處經》的內容吻合。如上已言,《大乘阿毘達磨》承許「五遍行」心所。在《大乘阿毘達磨》的「五遍行」心所之上,上座部的《攝阿毘達磨義論》又添加了受根、念,共有七遍行。

行、成為其眷屬，故名「地法」。

慧等性質如《阿毘達磨俱舍論》云：

> 「慧謂於法能有簡擇。念謂於緣明記不忘。作意謂能令
> 心警覺。勝解謂能於境印可。三摩地謂心一境性。」[157]

問：與疑相應的心王眷屬中，若存有慧，豈不與「慧具斷疑作用」的說法相違？

答：與疑相應的心王眷屬中，雖存有慧，但是慧力弱、疑力大，如同與鹽海混合的河川。同理，與瞋相應的心王眷屬中仍存有欲，與散亂相應的心王眷屬中仍有三摩地，與忘念相應的心王眷屬中仍存有念，與不信相應的心王眷屬中仍存有勝解等，都是建立在爾力強弱的基礎上立論的。

乙二、十大善地法

第二類、十大善地法：一、信。二、不放逸。三、輕安。四、捨。五、慚。六、愧。七、無貪。八、無瞋。九、不害。十、精進。《阿毘達磨俱舍論》云：

> 「信及不放逸，輕安捨慚愧，

---

157 德格版，論，阿毘達磨，ㄍㄨ卷，第二品，64 背頁；對勘本版，書號 79，161 頁。漢譯來源：《阿毘達磨俱舍論》（T.29.1558.19a.20）。

二根及不害，勤唯遍善心。」[158]

上論中「無慚」指不懂得尊敬功德及具德者，「無愧」指不把殺生等罪行視為畏行；無慚與無愧的正相反者便被安置為「慚」與「愧」。其他則與《大乘阿毘達磨集論》內容相同。但其他宗派與《大乘阿毘達磨集論》所說相同，將因己及因他的理由防護罪行、不令罪行發生，分別安立為慚與愧。「二根」指無貪及無瞋；不損惱他人為不害，歡喜行善為精進。毘婆沙宗將此十者取名為「善地法」，是因為爾等心所於所有善心眷屬中存在之緣故。

乙三、六大煩惱地法

第三類、六大煩惱地法：一、癡。二、放逸。三、懈怠。四、不信。五、惛沉。六、掉舉。此六者於所有煩惱心的眷屬中存在，故許為六大煩惱地法。《阿毘達磨俱舍論》云：

「癡逸怠不信，惛掉恒唯染」[159]

---

158 德格版，論，阿毘達磨，ㄣ卷，第二品，第 25 句偈頌文，5 正頁；對勘本版，書號 79，10 頁。漢譯來源：《阿毘達磨俱舍論》（T.29.1558.19a.29）。

159 德格版，論，阿毘達磨，ㄣ卷，第二品，第 26 句偈頌文，5 正頁；對勘本版，書號 79，10 頁。漢譯來源：《阿毘達磨俱舍論》（T.29.1558.19c.3）。

乙四、二大不善地法

第四類、二大不善地法：一、無愧。二、無慚。《阿毘達磨俱舍論》云：

「唯遍不善心，無慚及無愧。」[160]

這裡所指的無慚、無愧與《大乘阿毘達磨集論》的內容所述稍有不同，此處二者的性質為何呢？《阿毘達磨俱舍論》云：

「無慚愧不重，於罪不見怖。」[161]

無慚指不尊敬功德及具德者的心所。無愧指不把殺生等罪行視為畏行的心所。這二心所為所有不善心的眷屬，故名「不善地法」。

乙五、十小煩惱地法

第五類、十小煩惱地法：一、忿。二、恨。三、諂。四、嫉。五、惱。六、覆。七、慳。八、憍。九、誑。十、害。

---

160 德格版，論，阿毘達磨，ㄆㄧ卷，第二品，第26句偈頌文，5正頁；對勘本版，書號79，10頁。漢譯來源：《阿毘達磨俱舍論》（T.29.1558.20a.9）。

161 德格版，論，阿毘達磨，ㄆㄧ卷，第二品，第32句偈頌文，5正頁；對勘本版，書號79，11頁。漢譯來源：《阿毘達磨俱舍論》（T.29.1558.21a.5）。

《阿毘達磨俱舍論》云：

「忿覆慳嫉惱，害恨諂誑憍，
如是類名為，小煩惱地法。」[162]

　　十者只與無明相應，不會與其他根本煩惱相應，因與其相
應的範圍不大，且僅屬顛倒真相的謬念、修道所斷的緣故，以
所斷而言為「小」。又只與意識相應，不與根識相應的緣故，
以起源所依而言為「小」，故名「小煩惱地法」。

乙六、八不定心所

　　第六類、八不定心所：一、尋伺二者中的尋。二、伺。
三、悔。四、眠。五、瞋。六、貪。七、慢。八、疑。《俱舍
滿增注》云：

「尋伺以及悔，眠及貪瞋等，
我慢以及疑，我說八不定。」[163]

　　《阿毘達磨俱舍論》也談及尋伺差異，論云：

162 德格版，論，阿毘達磨，􏿽卷，第二品，第27句偈頌文，5正頁；對勘本版，
　　書號79，10頁。漢譯來源：《阿毘達磨俱舍論》（T.29.1558.20a.16）。

163 德格版，論，阿毘達磨，􏿽卷，第二品，141背頁；對勘本版，書號81，355
　　頁。漢譯大藏經內並無此譯。

「尋伺心麤細。」[164]

尋以粗相趨境，伺以細相趨境。毘婆沙宗認為，當一個心王的眷屬中擁有尋伺兩個心所的時候，尋不會以極粗相趨境，伺也不會以極細相趨境，好比將酥油放置陽光底下的冰水中，酥油不會因為陽光而過熱，也不會因為冰水而過冷。經部認為，詮釋境性質的動機為尋，詮釋境特徵的動機為伺。唯識派認為，尋的作用為尋找境，伺的作用為決定境。

根據《阿毘達磨俱舍論》，此八心所之所以稱為「不定」是因為，爾等心所並非決定係屬前五類別心所的緣故。前述四十六心所的性質及作用，多與《大乘阿毘達磨集論》所說內容相同，所以在此不做更多的說明。

另有五個《大乘阿毘達磨集論》中說到的心所，《阿毘達磨俱舍論》中卻未提及，五者為：一、無癡善。二、根本煩惱見。三、不正知。四、忘念。五、散亂。論典說，善慧為無癡善；煩惱慧為見；與煩惱心王、心所相應之慧為不正知；煩惱念為忘念；煩惱定為散亂。所以我等認為，《阿毘達磨俱舍論》之所以在四十六心所之外，沒有列出上述五種心所，是因為這些心所依其性質分別可以另行歸類。無癡善、根本煩惱

---

164 德格版，論，阿毘達磨，ㄐㄩ卷，第二品，第33句偈頌文，5正頁；對勘本版，書號79，11頁。漢譯來源：《阿毘達磨俱舍論》（T.29.1558.21b.16）。

見、不正知三者屬慧性，忘念及散亂分屬念性及定性，故該論並未將這五者從四十六心所獨立出來。

乙七、與一心相應的心所

在一個心王的眷屬中，會有四十六個心所中的幾個心所呢？

一個心王的眷屬中，最多會有二十三個心所。例如：與悔相應的善心，其眷屬有：十大地法、十大善地法、尋伺二者，以及悔，共二十三。最少會有十個心所。如：二禪不蓋無記的心王眷屬中，只有十大地法而已。以殊勝初禪正等至（བསམ་གཏན་དང་པོའི་དངོས་གཞི་ཁྱད་པར་ཅན།）而言，在十大地法之外會再增加伺，共十一。欲界不蓋無記的心王眷屬中，有十大地法及尋伺兩者，共十二個心所。

甲四、《雜事品》所說二十四隨煩惱

《阿毘達磨俱舍論》的註釋等在解說隨煩惱時附帶在《雜事品》說了二十四隨煩惱。如阿闍黎佛子稱友所著《阿毘達磨俱舍論釋──明義論》云：

> 「爾等亦從《雜事品》所起，故不應想：『經典所言應屬《雜事品》所道，並非僅有思等而已。』爾等如下：

不喜、伸懶腰、內心沮喪、內心昏聵、不被食之暖所攝[165]、做異想、不作意、取身粗重、暴躁性、嘲弄性、具臭者、無臭者、不住自性者[166]、欲念、害念、近念、境念、不害念、具欺念、具種族傲慢念、哀傷、痛苦、意不樂、心亂。」[167]

甲五、《阿毗達磨大毗婆沙論》所說心所

我等察覺到，在舉世聞名的《阿毗達磨大毗婆沙論》——亦即世親阿闍黎《阿毗達磨俱舍論》的依據——中所說的心所數目與《阿毗達磨俱舍論》稍有不同。《阿毗達磨大毗婆沙論》將心所歸類七大類別，共有五十七或五十八心所。[168] 然而，根據目前僅存的《阿毗達磨大毗婆沙論》藏譯手稿，在有關「相應行」的論述中，因短缺譯文的緣故，無法獲得定論。

此外，《阿毗達磨法蘊足論》中對於心所的論述也與《阿毗達磨俱舍論》相同。如，跟隨一切心的十大地法、十大不善地法、跟隨一切煩惱的十大煩惱地法，共三十。於爾等之外，

---

165 譯者註：無法攝取食物的營養。

166 譯者註：不能好好正常思考。

167 德格版，論，阿毗達磨，ɕ|卷，第五品，135 正頁；對勘本版，書號80，1160頁。漢譯來源：漢譯大藏經內並無此譯。

168 《印度宗義學類詞典》書號7，115頁。

再加五蓋（貪欲、緣色貪、緣無色貪、害心、疑）、五見、與觸有關的五法、與根有關的五法（心滿意足、心不歡喜、滿足、沮喪、捨），以及五行（尋、伺、識、無慚、無愧）。在此之外，再加與受、想、行、愛等個別相關諸法，做此定論。

甲六、《攝事分》所說心所

《律雜事》中說到「隨[169]煩惱」，以其令心近隨煩惱而轉，故名。至於隨煩惱的數目有多少呢？在聖無著的《攝事分》中論及相關內容與解釋，但其談到的隨煩惱有許多並未列在《阿毘達磨俱舍論》及《大乘阿毘達磨集論》提及的心所裡面。

在聖無著的《攝事分》所說的隨煩惱為：一、貪。二、瞋。三、癡。四、忿。五、恨。六、覆。七、熱惱。八、嫉。九、慳。十、誑。十一、諂。十二、無慚。十三、無愧。十四、慢。十五、過慢。十六、慢過慢。十七、我慢。十八、增上慢。十九、劣慢。二十、邪慢。二十一、憍。二十二、放逸。二十三、傲。二十四、引起鬥訟違諍的憤發。二十五、隨煩惱力，為顯己德，假現威儀的矯。二十六、隨煩惱力，甜言蜜語的詐。二十七、隨煩惱力，為顯己想的現相。二十八、

---

169 譯者註：比起中文的「隨」字，藏文的原意是「近」，離煩惱更加接近的意思。

現行遮逼、有所乞求的研求。二十九、為求更多利益所引發的以利求利。三十、不敬。三十一、於利他的順言無法堪忍的惡說。三十二、引導令他人做出非利益事的惡友。三十三、耽著財利的惡欲。三十四、想從大人處求廣大利養恭敬的大欲。三十五、隨煩惱力，顯不實德，欲令他知的希欲。三十六、於罵反罵的不忍。三十七、於瞋反瞋的不忍。三十八、於打反打的不忍。三十九、於揭露己短者反揭露彼短的不忍。四十、於自諸欲深生貪愛的耽嗜。四十一、於他諸欲深生貪著的耽嗜。四十二、於諸境界深起耽著的貪。四十三、於諸惡行深生耽著的非法貪。四十四、於自他諸財寶深生耽著的貪。四十五、薩迦耶見。四十六、諸行中發起常見的有見。四十七、發起斷見的無有見。四十八至五十二、五蓋。五十三、非時睡纏之所隨縛的薑薈。五十四、非處思慕的不樂。五十五、心不調柔、舉身舒布的頻申。五十六、於飲食量不善通達的食不知量。五十七、於聞思修中放逸為先的不作意。五十八、於所緣境，深生繫縛，猶如美睡隱翳其心的不應理轉。五十九、輕蔑自己的心下劣。六十、為性惱他的抵突。六十一、譏嫌他者的諱訕。六十二、欺誑師長及同法者的不純直。六十三、令身語意業皆不清潔的不和軟。六十四、於戒見等不同分的不隨順同分而轉。六十五、心懷愛染，反覆攀緣的欲尋思。六十六、反覆想著他者如何愛己的恚尋思。六十七、反覆想著如何害他的害尋思。

六十八、隨煩惱力，反覆想著親戚的親里尋思。六十九、隨煩惱力，反覆想著家鄉人的國土尋思[170]。七十、隨煩惱力，令心長時不作意的不死尋思。七十一、詆毀他者的輕蔑相應尋思。七十二、隨煩惱力，反覆惦記著施主家勢的家勢相應尋思。七十三、愁。七十四、歎。七十五、苦。七十六、心不悅。七十七、心亂。如《攝事分》云：

> 「隨煩惱者，謂貪不善根、瞋不善根、癡不善根，若忿、若恨，如是廣說諸雜穢事。當知此中能起一切不善法貪，名貪不善根。瞋、癡亦爾。若瞋恚纏，能令面貌慘裂奮發，說名為忿。內懷怨結，故名為恨。隱藏眾惡，故名為覆。染污驚惶，故名熱惱。心懷染污，不憙他榮，故名為嫉。於資生具深懷鄙悋，故名為慳。為欺罔彼，內懷異謀，外現別相，故名為誑。心不正直，不明不顯，解行邪曲，故名為諂。於所作罪，望己不羞，故名無慚。於所作罪，望他不恥，故名無愧。於他下劣，謂己為勝；或復於等謂己為等，令心高舉，故名為慢。於等謂勝，於勝謂等，令心高舉，故名過慢。於勝謂勝，令心高舉，名慢過慢。妄觀諸行為我我所，令心高舉，故名我慢。於其殊勝所證法中，未得謂得，令心高舉，名增上慢。於多勝中，謂己少劣，令心高舉，名

---

170 譯者註：藏文為家鄉人尋思，並非尋思「家鄉」或「國土」。

下劣慢。實無其德，謂己有德，令心高舉，故名邪慢。心懷染污，隨恃榮譽，形相疏誕，故名為憍。於諸善品不樂勤修，於諸惡法心無防護，故名放逸。於諸尊重及以福田，心不謙敬，說名為傲。若煩惱纏，能令發起執持刀杖、鬥訟違諍，故名憤發。心懷染污，為顯己德，假現威儀，故名為矯。心懷染污，為顯己德，或現親事，或行軟語，故名為詐。心懷染污，欲有所求，矯示形儀，故名現相。現行遮逼，有所乞匃，故名研求。於所得利，不生喜足，說獲他利，更求勝利，是故說名以利求利。自現己德，遠離謙恭，於可尊重而不尊重，故名不敬。於不順言，性不堪忍，故名惡說。諸有朋曛，引導令作非利益事，名為惡友。耽著財利，顯不實德，欲令他知，故名惡欲。於大人所，欲求廣大利養恭敬，故名大欲。懷染污心，顯不實德，欲令他知，名自希欲。於罵反罵，名為不忍。於瞋反瞋，於打反打，於弄反弄，當知亦爾。於自諸欲，深生貪愛，名為耽嗜。於他諸欲，深生貪著，名遍耽嗜。於勝於劣，隨其所應，當知亦爾。於諸境界深起耽著，說名為貪。於諸惡行深生耽著，名非法貪。於自父母等諸財寶，不正受用，名為執著。於他委寄所有財物，規欲抵拒，故名惡貪。妄觀諸行為我我所，或分別起，或是俱生，說名為見。薩迦耶見為所依止，於諸行中發起常見，名為有見。發起斷見，名無有見。當知五蓋，如前定地已說其相。不如所欲，非時睡纏之所隨縛，故名薑瞢。非處思慕，說名

不樂。麤重剛強，心不調柔，舉身舒布，故曰頻申。於
所飲食不善通達，若過、若滅，是故名為食不知量。於
所應作而便不作，非所應作而更反作，如所聞思修習法
中，放逸為先，不起功用，名不作意。於所緣境，深生
繫縛，猶如美睡隱翳其心，是故說名不應理轉。自輕蔑
故，名心下劣。為性惱他，故名抵突。性好譏嫌，故名
誹訕。欺誑師長、尊重、福田及同法者，名不純直。
身、語二業皆悉高疏，其心剛勁，又不清潔，名不和
軟。於諸戒、見、軌則、正命，皆不同分，名不隨順同
分而轉。心懷愛染，攀緣諸欲，起發意言，隨順隨轉，
名欲尋思。心懷憎惡，於他攀緣，不饒益相，起發意
言，隨順隨轉，名恚尋思。心懷損惱，於他攀緣惱亂之
相，起發意言，餘如前說，名害尋思。心懷染污，攀緣
親戚，起發意言，餘如前說，是故說名親里尋思。心懷
染污，攀緣國土，起發意言，餘如前說，是故說名國土
尋思。心懷染污，攀緣自義，推託遷延，後時望得，起
發意言，餘如前說，是故說名不死尋思。心懷染污，攀
緣自他，若劣、若勝，起發意言，餘如前說，是名輕蔑
相應尋思。心懷染污，攀緣施主往還家勢，起發意言，
隨順隨轉。是名家勢相應尋思。愁、歎等事，如前應
知。」[171]

---

171 德格版，論，唯識，㐀卷，第二品，193 背頁；對勘本版，書號 74，1224 頁。
漢譯來源：《瑜伽師地論》第八十九卷（T.30.1579.802b.17）。

《攝事分》又云：

「由可愛事無常轉變，悲傷心慼，故名為愁。由彼發言咨嗟歔欷，故名為歎。因此拊膺，故名為苦。內懷冤結，故名為憂。因茲迷亂，故名為惱。又以喪失財寶、無病、親戚等事隨一現前，創生憂惱，說名為愁。由依此故，次乃發言哀吟悲冤，舉身煩熱，名歎、苦位。過此愁歎身煩熱已，內燒外靜，心猶未平，說名憂位。過初日已，或二、三、五、十，日、夜、月，由彼因緣，意尚未寧，說名為惱。」[172]

甲七、心所的質體有與施設有的差異

論述心所的典籍中說，依據「自己性質的獨立性而有」或是「依其他心所或及其作用所施設而有」，可將心所區分為質體有及施設有。關於質體有與施設有的差異，雖然有很多種說法，但主要的解釋誠如《攝決擇分》所言，施設有的意思是「爾法的認知需要經由他法的認知」；質體有的意思是「爾法的認知不需要經由他法的認知」。《攝決擇分》云：

「略說實有及假有相。謂若諸法不待所餘不依所餘施設

---

172 德格版，論，唯識，ㄐ卷，第二品，175 正頁；對勘本版，書號 74，1179 頁。
漢譯來源：《瑜伽師地論》第八十八卷（T.30.1579.793c.19）。

> 自相，應知略說是實有相。若有諸法待於所餘依於所餘
> 施設自相，應知略說是假有相，非實物有。」[173]

質體有可依描述之詞彙分類為：一、由理成立的質體有。二、具有作用能力的質體有。三、堅固不變的質體有。四、獨立自主的質體有。第一者係一切法。第二者係一切事物。第三者係一切常法。第四者係質體與施設兩者中的質體有。

施設有可依描述之詞彙分類為：一、依支分的施設有。二、依時位的施設有。三、明未有的施設有。四、其他類的施設有。第一者係質體有心所與施設有心所兩者中的施設有心所。第二者，如瓶子無常，根據當下行相所施設。第三者，如由心施設並不存在的兔子角。第四者，如依賴他者的行相而認知的補特伽羅。

總之，不需依賴其他的施設處，自己的本質就能獨立自主地顯示於識，故為質體有。需要依賴某一施設處，才能顯示於識、成為識境，就是施設有。

在上、下阿毘達磨的宗義裡，上部阿毘達磨，也就是無著阿闍黎的《大乘阿毘達磨集論》主張質體有包括：五十一心所裡面的五遍行、五別境；十一善心所中的信、輕安、慚、

愧、無瞋善、無貪善，以及精進等七善；除了見以外的五根本煩惱；共有二十二者，皆是質體有。施設有包括：十一善心所中無癡善、不放逸、捨、不害等四善；根本煩惱見；二十隨煩惱；四不定；共二十九者，皆是施設有。

許多上部阿毘達磨的經典雖說隨煩惱為施設有，但有些聲聞派者認為隨煩惱應為質體有。如阿闍黎地親所著作的《五蘊釋》云：

「說聲聞相者等雖許隨煩惱住質體之中，但唯識者因論識故，隨煩惱等從六煩惱之支分而生，係施設有不住質體，應當了知。」[174]

這些施設有的心所於何處被施設呢？

只有慧是無癡、煩惱見、不正知三者的施設處。三善及精進是不放逸、捨的施設處。無瞋是不害的施設處。瞋是忿、恨、惱、嫉、害五者的施設處。貪是慳、憍、掉舉三者的施設處。癡是覆、惛沉、不信、懈怠四者的施設處。貪及癡是諂誑兩者的施設處。三毒是無慚、無愧、散亂三者的施設處。三毒及懈怠是不放逸的施設處。煩惱念是隨煩惱所攝的忘念的施設處。癡是隨煩惱所攝的眠及悔的施設處。慧是善及不蓋無

---

174 德格版，論，唯識，剎卷，69背頁；對勘本版，書號77，842頁。中文來源：漢譯大藏經內並無此譯。

記的施設處。思與慧是尋伺的施設處。透過《大乘阿毘達磨集論》所述的心所性質的介紹，自然可知各心所於何處被施設的道理。

《攝決擇分》將「施設有」取名為「世俗有」，如此論云：

「問：是諸善法幾世俗有幾實物有？答：三世俗有。謂不放逸、捨，及不害。所以者何？不放逸、捨是無貪無瞋無癡精進分故，即如是法離雜染義建立為捨，治雜染義立不放逸，不害即是無瞋分故無別實物。」[175]

此論又云：

「問：是諸煩惱幾世俗有幾實物有？答：見世俗有是慧分故，餘實物有別有心所性。」[176]

此論又云：

「復次隨煩惱幾世俗有幾實物有？謂忿恨惱嫉害是瞋分故皆世俗有。慳憍掉舉是貪分故皆世俗有。覆誑諂惛沉睡眠惡作是癡分故皆世俗有。無慚無愧不信懈怠是實物有。放逸是假有。如前說。忘念散亂惡慧是癡分故一切

---

175 德格版，論，唯識，ཤ卷，60背頁；對勘本版，書號74，143頁。漢譯來源：《瑜伽師地論》第六十五卷（T.30.1579.602b.22）。

176 德格版，論，唯識，ཤ卷，62背頁；對勘本版，書號74，147頁。漢譯來源：《瑜伽師地論》第六十五卷（T.30.1579.603a.27）。

皆是世俗有。尋伺二種是發語言心加行分故及慧分故俱
是假有。」[177]

《攝決擇分》所說與《大乘阿毘達磨集論》稍有不同。
《攝決擇分》認為十一善的無癡，以及隨煩惱的無慚、無愧、
不信、懈怠等，都是質體有。這麼論述的原因是基於「上述這
些心所的力量比其他更為強大」的理由。

下部阿毘達磨典籍又是如何解說心所的質體有及施設有的
呢？

《阿毘達磨俱舍論》中定心所的五種類別，加上八不定
共四十六心所，再加上《雜事品》所言的二十四心所，共有七
十，皆為質體有。無癡善、根本煩惱見、《阿毘達磨俱舍論》
所言的煩惱地法中的不正知、忘念、散亂、不如法的作意、邪
勝解，共有七者，皆為施設有。

雖然論典說，只有善慧是無癡；只有煩惱慧是見；只有與
煩惱者的心王心所相應的慧是不正知；只有煩惱念是忘念；只
有煩惱定是散亂；只有煩惱作意是不如法作意；只有煩惱勝解
是邪勝解。然而，仔細思惟的話，不害及害兩者應該被安立為
施設有，這是很明顯的。無瞋是不害的施設處，瞋是害的施設

---

177 德格版，論，唯識，ཞི卷，65 背頁；對勘本版，書號 74，154 頁。漢譯來源：
《瑜伽師地論》第六十五卷 （T.30.1579.604a.29）。

處。如《阿毘達磨俱舍論》云：

「慈悲無瞋性。」[178]

論說無瞋爲慈悲，不害爲愛，害爲希望有情得苦。

《雜事品》所言的心不悅、哀傷、痛苦，以及意不樂，共有四者，受是爾四的施設處。懈怠是沮喪的施設處；煩惱慧是不作意的施設處；瞋是心亂的施設處，故說六十一質體有心所，以及十六施設有心所。至於是否需要如此主張，仍有待觀察。[179]

甲八、他論對於心所的論述
乙一、《正法念處經》所說心所

《正法念處經》將心所分爲二：一、集類心所。二、零散心所。集類心所又分爲四類：一、十與心俱生。二、十煩惱大地。三、十煩惱小地。四、十善。

十與心俱生爲：一、受。二、想。三、思。四、觸。五、

---

178 德格版，論，阿毘達磨，⿰⿱卷，第八品，第29句偈頌文，24背頁；對勘本版，書號79，57頁。漢譯來源：《阿毘達磨俱舍論》（T.29.1558.150b.15）。

179 由這種心所的質體有、施設有的論述，所引發的疑慮是來自欽文殊的《俱舍論釋──現莊嚴論》。資料來源：《俱舍論釋──現莊嚴論》，西藏文獻精藏文集，第二十三本，116頁。

作意。六、欲。七、勝解。八、念。九、三摩地。十、慧。
《正法念處經》介紹了該十種心所及其性質，此經云：

> 「又觀十種大地之法。何等為十。一者受。二者想。三
> 者思。四者觸。五者作意。六者欲。七者解脫。八者
> 念。九者三昧。十者慧。」[180]

此經又云：

> 「若受知受」[181]

此經又云：

> 「如是之法，一緣而生，猶如日光。如是之法，共心而
> 生，有增減相應相。云何名想？知差別相應，故名為
> 想。云何名思？意緣三種，善不善無記，復有三種，謂
> 身口意思，所依止而無相貌。云何名觸？三種和合而生
> 於觸，起三種受，故名為觸。天子當知。云何三觸生三
> 種受？謂苦受、樂受、不苦不樂受。云何名作意？攝取
> 於法，故名作意。云何名欲？憶念所作，故名為欲。云
> 何名信？以能信故。云何精進？精進謂喜。若攀緣處，

---

180 德格版，經，經典，ᄳ卷，第十九品，302 背頁；對勘本版，書號 68，736
　　頁。漢譯來源：《正法念處經》（T.17.721.192a.13）。

181 德格版，經，經典，ᄳ卷，第四品，129 背頁；對勘本版，書號 68，343 頁。
　　漢譯來源：《正法念處經》（T.17.721.20a.24）。

> **心不迷亂，是名為念。云何名三昧？若心一緣，是名三昧。云何名慧？分別觀法，是名為慧。」**[182]

此論附帶說明信與精進的性質。

第二、十煩惱大地為：一、不信。二、懈怠。三、忘念。四、散亂。五、邪慧。六、非理作意。七、邪勝解。八、掉舉。九、無明。十、放逸。此經簡略介紹的時候，在「不信」後雖說「悔」，但在廣說時，將「懈怠」擺在「不信」後面。此處的排序法是按照廣說的內容。《正法念處經》介紹了這十種心所及其性質，此經云：

> **「何等為十？一者不信。二者悔。三者不念。四者亂心。五者愚癡。六者不善觀。七者邪見解脫。八者不調**

---

182 德格版，經，經典，ᨵ卷，第四十一品，244 背頁；對勘本版，書號 69，575 頁。漢譯與藏譯稍有不同，漢譯原文：《正法念處經》（T.17.721.192a.17）：「如是之法，一緣而生，猶如日光。如是之法，共心而生，有增減相應相。云何名想？知差別相應，故名為想。云何名思？意緣三種，善不善無記，復有三種，謂身口意思，所依止而無相貌。云何名觸？三種和合而生於觸，起三種受，故名為觸。天子當知。云何三觸生三種受？謂苦受、樂受、不苦不樂受。云何名作意？攝取於法，故名作意。云何名欲？憶念所作，故名為欲。云何解脫？能辯了故，亦名為信，以能信故，亦名為力，以能持故。云何名念？若攀緣處，心不迷亂，是名為念。云何名三昧？若心一緣，是名三昧。云何名慧？分別觀法，是名為慧。」

伏。九者無明。十者放逸。是名十法煩惱大地。」[183]

此經又云：

「云何十種不善大地？云何不信？不信解脫；若不信於
解脫之法，故名不信。云何懈怠？捨離精進，故名懈
怠。云何不念？以忘失法，故名不念。云何亂心？其心
不正，故名亂心。云何愚癡？無方便心，故名愚癡。云
何不善觀？不正觀察，思惟非法，不行正道，不淨見
淨，故名不善觀。云何邪見？取顛倒法，堅著不捨，故
名邪見。云何不調伏心？不寂靜故，名不調伏。云何無
明？迷於三界。故名無明。云何放逸？不作善業，故名
放逸。是名十種煩惱大地，甚可鄙惡。」[184]

---

183 德格版，經，經典，ㅋ卷，第四十一品，245 正頁；對勘本版，書號 69，576
頁。漢譯與藏譯稍有不同，漢譯原文：《正法念處經》（T.17.721.192b.2）：
「何等為十？一者不信。二者懈怠。三者不念。四者亂心。五者愚癡。六
者不善觀。七者邪見解脫。八者不調伏。九者無明。十者放逸。是名十法煩
惱大地。」此《正法念處經》雖言「十煩惱大地」，但是否要像《阿毘達磨俱
舍論》般，因為隨諸惑行故稱為「大」，仍待觀察。

184 德格版，經，經典，ㅋ卷，第四十一品，245 正頁；對勘本版，書號 69，576
頁。漢譯來源：《正法念處經》（T.17.721.192b.7）。譯者註：《正法念處經》
的譯者瞿曇般若流支的譯詞與玄奘大師的譯詞有明顯的出入，像是玄奘大師
的譯詞「忘念」，被般若流支翻為「不念」；玄奘大師的譯詞「散亂」，被般
若流支翻為「亂心」；玄奘大師的譯詞「掉舉」，被般若流支翻為「不調伏」
等。為了避免讀者混淆，這裡有關心所的譯詞以玄奘大師的譯詞為主。

　　第三、十煩惱小地為：一、忿。二、恨。三、示。[185]四、惱。[186]五、誑。[187]六、諂。七、嫉。八、慳。九、慢。十、大慢。

　　《正法念處經》介紹這十種心所及其性質，此經云：

「何等為十？一者瞋。二者恨。三者不悔。四者堅。五者幻。六者諂曲。七者嫉妒。八者慳。九者憍慢。十者大慢。是名十種染地法也。」[188]

此經又云：

「云何名瞋？其心麤惡故名為瞋。云何名恨？其心結縛，轉成怨結，故名為恨。云何不悔？樂作眾惡，作已歡喜，故名不悔。云何名堅？作諸惡業，執著不捨，是名為堅。云何名幻？誑眾生故，故為十二入之所誑惑，

---

185 譯者註：藏文直譯為「示」，般若流支翻為「不悔」。

186 譯者註：玄奘大師將此詞譯為「惱」，般若流支翻為「堅」。

187 譯者註：玄奘大師將此詞譯為「誑」，般若流支翻為「幻」。

188 德格版，經，經典，킨卷，第四十一品，245背頁；對勘本版，書號69，577頁。漢譯來源：《正法念處經》（T.17.721.192b.18）。

故名為幻。」[189]

此經又云：

「云何諂曲？心不正直，堅著生死，故名諂曲。云何名
妒？於他熱惱，故名為妒。云何名慳？懼己物盡，而生
貪惜，故名慳。」[190]

除了慢及大慢兩者外，此經對於其他八心所的性質都做了
清楚的介紹。

第四、十善爲：一、無貪。二、無瞋。三、慚。四、愧。
五、信。六、輕安。[191] 七、不放逸。八、精進。九、捨。十、
不害。《正法念處經》介紹這十個心所及其性質，此經云：

「復有十種善大地法。何等為十？所謂不貪、不瞋、有

---

189 德格版，經，經典，ㅈ卷，第四十一品，245 背頁；對勘本版，書號 69，575
頁。漢譯與藏譯稍有不同，漢譯原文：《正法念處經》（T.17.721.192b.22）：
「復有十種善大地法。何等為十？所謂不貪、不癡、有慚、有愧、有信、調
伏、不放逸、精進、捨、離不生侵惱，是名十種善大地法。如是十法，各各
異相。謂不貪者，一切善法之根本也，猶如梁柱。不癡善根，亦復如是。慚者
自守正直。愧者愧於他人。信者於一切法，其心清淨。調伏者，身心調善，離
於惡法，依清涼法。不放逸者，勤修善法。捨者於作不作，因緣之中，其心捨
離。不侵惱者，不惱眾生。」

190 德格版，經，經典，ㅈ卷，第四十一品，247 背頁；對勘本版，書號 69，582
頁。漢譯來源：《正法念處經》（T.17.721.193b.12）。

191 譯者註：玄奘大師將此詞譯為「輕安」，般若流支翻為「調伏」。

慚、有愧、有信、輕安、不放逸、精進、捨、離不生侵
惱，是名十種善大地法。如是十法，各各異相。謂不貪
者，一切善法之根本也，猶如梁柱。不瞋善根，亦復如
是。慚者自守正直。愧者愧於他人。信者於一切法，其
心清淨。輕安者，身心調善，離於惡法，依清涼法。不
放逸者，勤修善法。捨者於作不作，因緣之中，其心捨
離。不侵惱者，不惱眾生。」[192]

又說精進的性質，如此經云：

「精進謂歡喜。」[193]

有關輕安的性質，此經又云：

「身法心法，如實調伏，柔軟輕樂，修行不亂，是名猗
覺分。」[194]

在四十個集類心所中，除了慢與大慢之外，其他心所的作

---

192 德格版，經，經典，ᄌྀ卷，第四十一品，247背頁；對勘本版，書號69，582
頁。漢譯來源：《正法念處經》（T.17.721.193b.18）。

193 德格版，經，經典，ᄌྀ卷，第四十一品，245正頁；對勘本版，書號69，582
頁。在漢譯《正法念處經》裡尚未找到這段譯文，但類似其義的譯文來源：
《正法念處經》（T.17.721.191c.17）：「復修精進，是名精進覺分。念此法
已，希欲心生，念如是義，而生歡喜，是名喜覺分。」

194 德格版，經，經典，ᄌྀ卷，第四十一品，244正頁；對勘本版，書號69，573
頁。漢譯來源：《正法念處經》（T.17.721.191c.20）。

用及性質，此經都清楚地說明了。

其他《正法念處經》所談及，卻未歸入上述類別的零散心所如下：一、貪。二、瞋。三、尋。四、伺。五、煩惱疑。六、憍。七、無慚。八、無愧。九、惛沉。十、眠。十一、覆。十二、邪見。十三、悔。十四、畏。十五、懼。十六、傲。十七、意倦。十八、不滿足。十九、沮喪。二十、傷心。二十一、不饜足。二十二、不忍。二十三、憎惡。二十四、動心。二十五、昏聵。二十六、殘暴。二十七、滿足。二十八、哀傷。二十九、不欲。三十、自大。三十一、瘋癲。三十二、邪慢。三十三、我慢。三十四、增上慢。三十五、貪婪。三十六、自信。三十七、忍。三十八、少欲。三十九、和藹。四十、饜足。四十一、尊重。四十二、祈願。四十三、慈。四十四、悲。四十五、喜。四十六、信。四十七、溫柔想。四十八、佈施。四十九、持戒。五十、正直。五十一、正見。五十二、隨喜。五十三、正知。

綜合上述，《正法念處經》解說了四十個集類心所，以及五十三個零散心所，共九十三心所。

乙二、《攝阿毘達磨義論》所說五十二心所

上座部論師阿耨樓陀（གནས་བརྟན་པའི་སློབ་དཔོན་མ་འགགས་པ།）以巴利文著作了《攝阿毘達磨義論》，此論的第二品中涉及了心所的概

論。論云：

> 「心相應心所，同生與同滅，
> 所緣同事物，有五十二法」[195]

此論主張以四門相應，四門為：一、生。二、滅。三、所緣。四、事物。這裡的「事物」指相同的所依或增上緣。另外，有關心所的分類，論云：

> 「十三通一切，十四為不善，
> 淨有二十五，故說五十二。」[196]

此論將心所歸為三大類別。一、與其他心所相應的共十三心所。二、十四不善心所。三、二十五善心所。

一、第一類又分為兩類：七個「遍一切心」的心所，以及六個「雜心所」。關於遍一切心的七心所，此論云：

> 「觸、受、想、思、一境性、命根、作意，此等七法名
> 『遍一切心心所』。」[197]

---

195 瓦拉納西西藏大學出版，上冊，112頁。漢譯與藏譯稍有不同，漢譯原文：葉均譯《攝阿毘達磨義論》：「心相應心所，同生與同滅，同所緣所依，有五十二法。」

196 瓦拉納西西藏大學出版，上冊，112頁。在本文中並無附上數目，為了讓讀者更能容易了解而加上數目。漢譯來源：葉均譯《攝阿毘達磨義論》。

197 瓦拉納西西藏大學出版，上冊，116頁。漢譯來源：葉均譯《攝阿毘達磨義論》。

這裡所說的「命根」，是指控制與己俱生的法，並趨入其法的心所。

六個雜心所爲何呢？此論云：

「尋、伺、勝解、精進、喜、欲，此等六法名爲『雜心所』。」[198]

喜心所的性質是，令與己相應的心王貪、喜其所緣的心所。作用：令身心增長、滿足身心。喜可分爲五種雜喜。

二、十四不善心所。此論云：

「癡、無慚、無愧、掉舉、欲、見、慢、瞋、嫉、慳、悔、惛沉、睡眠、疑，此等十四法名爲『不善心所』。」[199]

三、善心心所。此類有：（一）十九個遍一切善心所；（二）三個離貪心所；（三）兩個無量心所；（四）慧根，共二十五。

（一）遍一切善心所有十九者，此論云：

---

198 瓦拉納西西藏大學出版，上冊，117 頁。漢譯來源：葉均譯《攝阿毘達磨義論》。

199 瓦拉納西西藏大學出版，上冊，137 頁。漢譯與藏譯稍有不同，漢譯原文：葉均譯《攝阿毘達磨義論》「癡、無慚、無愧、掉舉、貪、見、慢、瞋、嫉、慳、惡作、昏沉、睡眠、疑，此等十四法名爲『不善心所』。」

> 「信、念、慚、愧、無貪、無瞋、中捨性、身輕安、心輕
> 安、身輕快性、心輕快性、身柔軟性、心柔軟性、身適
> 業性、心適業性、身練達性、心練達性、身正直性、心正
> 直性，此等十九法，名為『遍一切淨（善）心所』。」[200]

平等而住為捨。身輕快是去除身的粗重性，並平息身不堪
能性的心所。心輕快是去除心的粗重性，並平息心不堪能性的
心所。身柔軟是去除身頑硬性的心所。心柔軟是去除心頑硬性
的心所。身適業是去除身不堪能性的心所。心適業是去除心不
堪能性的心所。身練達是去除疾病的心所。心練達是去除不信
的心所。身正直是去除身諂諂的心所。心正直是去除心諂諂的
心所。

（二）離貪心所三者為何呢？ 此論云：

> 「正語、正業、正命，此三法名為『離心所』。」[201]

正語為遠離語惡行的心所。正業為遠離身惡行的心所。正
命為遠離邪命的心所。爾等的作用為：慚於行惡、於惡起畏。

（三）二無量，以及（四）慧根是什麼呢？此論云：

---

200 瓦拉納西西藏大學出版，上冊，153 頁。漢譯來源：葉均譯《攝阿毘達磨義
論》。

201 瓦拉納西西藏大學出版，上冊，171 頁。漢譯來源：葉均譯《攝阿毘達磨義
論》。

> 「悲、喜二法，名為『無量心所』。若與慧根一起，則
> 此等一切共二十五法，當知為『淨（善）心所』。」[202]

如前述，悲的性質是「希望他者遠離痛苦」，其作用爲「不忍他者遭受痛苦」。喜的性質是「看到他者快樂後，令心澄明歡樂」的心所。喜的作用爲：看到他者圓滿受用後，不但不會嫉妒，反令心澄明。慧根性質是「了知如所有性及盡所有性之實相」的心所。慧根的作用爲：看到並抉擇別境。

以上介紹了上座部派所說的五十二心所的性質、作用，以及爾等起因。更詳細的內容在《攝阿毘達磨義論》及其註釋中皆有說明，應當了知。

乙三、《寶鬘論》所說五十七種罪惡起源

龍樹阿闍黎根據經典說出了五十七種在家及出家眾同應斷除的所捨，這些罪行的起源中，有些被《阿毘達磨俱舍論》及《大乘阿毘達磨集論》歸類爲心所，有些卻沒有被列入。五十七種罪惡起源，如《寶鬘論》云：

> 「次知微細罪，諸事應斷除，

---

202 瓦拉納西西藏大學出版，上冊，174頁。漢譯來源：葉均譯《攝阿毘達磨義論》。

所說五十七，應精進了知。」[203]

　　論中五十七種應斷除的罪行起源一一介紹如下：一、忿。
二、恨。三、覆。四、惱。五、詔。六、誑。七、嫉。八、
慳。九、無慚。十、無愧。十一、不尊重師長等的慢。十二、
以瞋發起的怒紋等身語惡行。十三、憍。十四、放逸。十五、
七種慢共算為一。十六、為求利養而嚴謹根門的矯。十七、為
求利養而善言的詐。十八、為求他人之物而讚美其物的現相。
十九、為求利養當面指責他人過於慳吝等的研求。二十、讚美
自己已經獲得的物品而以利求利。二十一、反覆敘述他人過
失。二十二、對他人的不歡喜。二十三、貪執惡劣的懈怠。二
十四、隨貪瞋的障礙，區分自他的別異想。二十五、毫無伺察
「此為善、此為惡」的無見心。二十六、隨懈怠力，衰退相
應善法的崇敬心。二十七、當他人拜師時，自己裝作像似佛陀
的模樣，做出了如此不該行為的卑劣者。二十八、由現起的較
小纏執——欲界貪——所生起的執著。二十九、由現起的較強
纏執——五欲之貪——所生起的遍執。三十、貪執自己擁有的
物質。三十一、貪執他有物質的不如法貪。三十二、貪愛某男
女後，想要讚美彼等的動機——不如法貪執。三十三、自己本

---

203 德格版，論，本生，珂卷，第五品，第 2 偈頌文，122 正頁；對勘本版，書號
　　96，325 頁。漢譯來源：仁光法師譯《寶鬘論》。

無功德卻裝有其德的裝。三十四、極爲貪圖某物，不懂知足的大貪。三十五、希望他人知道「無論從什麼方面，我都是具德者」的欲。三十六、無法忍受他人的傷害及自己的痛苦。三十七、不尊重阿闍黎及師長行的不如法行爲。三十八、當他人美言時，想「管他是善是惡」的不尊重的不樂善諫。三十九、與貪執親友有關的妄念。四十、爲了得到某境，美言其惡境的功德，對其境的貪執。四十一、不疑死亡畏懼的不死之想。四十二、想「怎麼做才能獲得他人功德，受到他人敬供」的求追隨欲。四十三、某男女貪愛他人後，對其男女的貪愛。四十四、無論某人對我是否有利，想要傷害他人的思。四十五、心不歡喜的不堅定意。四十六、被欲所染的意。四十七、令身無力從善的懶倦。四十八、隨煩惱力身形與身色的轉變。四十九、食過多故，令身不適的不欲食。五十、沮喪故，心極度的低沉。五十一、求五欲德的欲。五十二、害心。五十三、惛沉。五十四、眠。五十五、掉舉。五十六、悔。五十七、疑。

　　五十七心所中，第十五者──七種慢共算爲一。十六至二十爲五邪命。五十一至五十七爲五蓋：一、五欲之欲。二、害心。三、惛沉及睡眠。四、掉舉與悔。五、疑。

　　以上未被列入無著阿闍黎的《大乘阿毘達磨集論》及世親

的《阿毘達磨俱舍論》的心所爲：（身語）惡行[204]、五邪命、敘述過失[205]、不歡喜[206]、別異想、無見[207]等。

乙四、《法集論》所說四十種心所

《法集論》（Dharmasamgraha ཆོས་ཡང་དག་པར་བསྡུས་པ།）廣傳爲龍樹阿闍黎的著作。根據此論，心所共有四十。論云：

> 「與心相應的四十行為：受、想、思、欲、觸、慧、念、作意、勝解、三摩定、信、不放逸、輕安、捨、慚、愧、無貪、無瞋、無害、精進、癡、放逸、懈怠、不信、惛沉、掉舉、無慚、無愧、忿、恨、諂、嫉、惱、覆、慳、誑、憍、害、尋、伺等。」[208]

除了悔、眠、瞋、貪、慢、疑外，其他同於《阿毘達磨俱舍論》所說的心所。

---

204 譯者註：第十二者。

205 譯者註：第二十一者。

206 譯者註：第二十二者。

207 譯者註：第二十五者。

208 《法集論》雖未列入為丹珠爾之中，但此論後由梵文翻譯成英文及藏文。

乙五、吉祥月稱的《五蘊品類論》所說心所

《五蘊品類論》（ཕུང་པོ་ལྔའི་རབ་བྱེད།）廣傳為月稱阿闍黎的著作。根據此論，心與心所的相應五門為，所依、所緣、所見、時間、質體。心所共有四十。四十為：一、思。二、觸。三、作意。四、欲。五、勝解。六、信。七、精進。八、念。九、定。十、慧。十一、尋。十二、伺。十三、放逸。十四、不放逸。十五、厭倦。十六、歡喜。十七、輕安。十八、不輕安。十九、害。二十、不害。二十一、慚。二十二、愧。二十三、捨。二十四、解脫。二十五、根本善。二十六、根本不善。二十七、根本無記。二十八、遍合。二十九、束縛。三十、細增。三十一、隨煩惱。三十二、遍纏。三十三、有漏。三十四、瀑流。三十五、結合。三十六、近取。三十七、繩結。三十八、蓋障。三十九、知。四十、忍。

從根本善至忍之間，有些心所仍有內部分支，所以加起來共有百多個心所。如《五蘊品類論》云：

「與心相應者：思、觸、作意、欲、勝解、信、精進、念、定、慧、尋、伺、放逸、不放逸、厭倦、歡喜、輕安、不輕安、害、不害、慚、愧、捨、解脫、根本善、根本不善、根本無記、遍合、束縛、細增、隨煩惱、遍纏、有漏、瀑流、結合、近取、繩結、蓋障、知、忍，

示名為『相應心』。」[209]

思、觸、作意、欲、勝解、信、精進、念、定、慧、尋、伺、放逸、不放逸、輕安、害、不害、慚、愧、捨等內容，可由上下阿毘達磨典籍所說的心所論而了解。

厭倦為何呢？厭倦是「因為看到生老病死的輪迴過患，對輪迴產生厭倦」的心所。其作用是：為斷煩惱因。此論云：

「相應於某心所之法，見輪迴患故，於輪迴發起厭倦，同隨斷惑，故稱『厭倦』。」[210]

歡喜為何呢？如毘婆沙宗所許般，歡喜是「與輕安心所之樂質體異的意受安樂行相」的心所。此論云：

「心歡喜為歡喜心，與意樂別異為歡喜。」[211]

根據上部阿毘達磨觀點，在意識心王的眷屬中，感受安樂能夠有利色根，故立為「樂」；意識感受安樂本身，故立為

209 德格版，論，中觀，ཤ།卷，245 正頁；對勘本版，書號 60，1549 頁。漢譯大藏經內並無此譯。

210 德格版，論，中觀，ཤ།卷，255 背頁；對勘本版，書號 60，1573 頁。漢譯大藏經內並無此譯。

211 德格版，論，中觀，ཤ།卷，255 背頁；對勘本版，書號 60，1573 頁。漢譯大藏經內並無此譯。

「喜」。所以樂喜兩者爲質體一。

不輕安爲何呢？障礙隨心所欲令心安住善緣，令心於所緣不能明澄、被掉舉及惛沉其一所攝的心所。此論云：

> 「不輕安的身心爲粗重性。粗重謂不明澄，以及掉舉惛沉性。」212

解脫爲何呢？解脫是斷除煩惱的心所。此論云：

> 「解脫謂遠離心之染垢，斷除煩惱，故說解脫之從心所生之法。何法遠離心之染垢，爾爲解脫。」213

根本善爲何呢？自果諸善之所依，不需依賴相應及動機，本身就是善法的心所。又分，無貪根本善、無瞋根本善、無癡根本善三者。此論云：

> 「根本善有三：無貪、無瞋、無癡。」214

根本不善爲何呢？爾爲身語惡業的動機，且具大力毀滅善

---

212 德格版，論，中觀，ঝ卷，255背頁；對勘本版，書號60，1574頁。漢譯大藏經內並無此譯。

213 德格版，論，中觀，ঝ卷，256正頁；對勘本版，書號60，1575頁。漢譯大藏經內並無此譯。

214 德格版，論，中觀，ঝ卷，256正頁；對勘本版，書號60，1575頁。漢譯大藏經內並無此譯。

根的不善心所。此又分三，貪、瞋、癡三者。此論云：

> 「根本三善的正反者為根本不善，即是貪、瞋、癡。」[215]

根本無記為何呢？自果諸無記業的所依，非善也非惡的心所。此心所又分，無記愛染、無記無明、無記見。此論云：

> 「根本無記有三，愛染、無明、慧。」[216]

遍合為何呢？與爾結合故，於境生起勝貪，或，爾住自續之中，將會結合諸多痛苦的心所。此心所又分，隨貪遍合、瞋遍合、慢遍合、無明遍合、見遍合、執勝遍合、疑遍合、嫉遍合、慳遍合共九者。此論云：

> 「遍合為九遍合。如是，隨貪遍合、瞋遍合、慢遍合、無明遍合、見遍合、執勝遍合、疑遍合、嫉遍合、慳遍合。」[217]

束縛為何呢？令三界凡夫有情無能自主，束縛苦苦等的心

---

215 德格版，論，中觀，ᠽᠢ卷，256 正頁；對勘本版，書號 60，1575 頁。漢譯大藏經內並無此譯。

216 德格版，論，中觀，ᠽᠢ卷，256 正頁；對勘本版，書號 60，1576 頁。漢譯大藏經內並無此譯。

217 德格版，論，中觀，ᠽᠢ卷，256 背頁；對勘本版，書號 60，1576 頁。漢譯大藏經內並無此譯。

所。此心所又分，貪束縛、瞋束縛、癡束縛三者。此論云：

> 「束縛謂束縛三相：貪束縛、瞋束縛、癡束縛三者。爾
> 等令使極為束縛於三界中，故為束縛。」[218]

細增為何呢？爾性為輪迴的能引業及能生業二者的根本，極難了證，由所緣門及相應門兩者增上的心所。此心所又分，貪細增、瞋細增、慢細增、無明細增、見細增、疑細增，共六。或，欲界貪細增、有之貪細增、瞋細增、慢細增、無明細增、見細增、疑細增，共七。此論云：

> 「所謂細增，此有六細增根本：貪細增、瞋細增、慢細
> 增、無明細增、見細增、疑細增。由六細增又分欲界貪
> 及有貪二相，共有七相。」[219]

隨煩惱為何呢？接近能引業及能生業為本的六細增煩惱，令自續煩惱的心所。此心所又分，誑、憍、害、惱、恨、諂，共六染。論中「等」字的十纏：無慚、無愧、嫉、慳、掉舉、煩惱悔、惛沉、煩惱眠、忿、覆。共有十六心所。另外，《雜事品》的二十四隨煩惱也包括於此。此論云：

---

218 德格版，論，中觀，ㄗ卷，259 正頁；對勘本版，書號 60，1582 頁。漢譯大藏經內並無此譯。

219 德格版，論，中觀，ㄗ卷，259 正頁；對勘本版，書號 60，1582 頁。漢譯大藏經內並無此譯。

「由隨煩惱力而說六細增，爾為身語意煩惱因，故稱煩惱。具煩惱者皆為具隨煩惱者。此外，何法從心所生涵蓋煩惱行蘊，爾等令心隨煩惱轉，故為隨煩惱。何為爾等？謂誑、憍、害、惱、恨、諂等多相，如阿毘達磨典籍所說。」[220]

遍纏為何呢？一直緊繫凡人之心，其作用是障礙善法的心所。此心所又分，惛沉、煩惱眠、掉舉、悔、嫉、慳、無慚、無愧、忿、覆，共有十纏。此論云：

「遍纏謂十遍纏：惛沉、眠、掉舉、煩惱悔、嫉、慳、無慚、無愧、忿、覆……遍佈諸心而住，故稱遍纏，障礙行善。」[221]

有漏為何呢？由六處傷患漏[222]墮於輪迴之中的煩惱心所。此心所又分，欲界有漏、有有漏、無明有漏。此論云：

「有漏謂有漏三者：欲界有漏、有有漏、無明有漏。」[223]

---

220 德格版，論，中觀，ས་卷，261背頁；對勘本版，書號60，1588頁。漢譯大藏經內並無此譯。

221 德格版，論，中觀，ས་卷，262正頁；對勘本版，書號60，1590頁。漢譯大藏經內並無此譯。

222 譯者註：像是傷口破洞，令我等「漏下」或墮落於生死輪轉的過患。

223 德格版，論，中觀，ས་卷，263正頁；對勘本版，書號60，1591頁。漢譯大藏經內並無此譯。

　　瀑流爲何呢？沖流我等於輪迴大海的各界、各道的煩惱心所。此心所又分，欲界瀑流、有瀑流、見瀑流、無明瀑流四者。此論云：

「瀑流謂瀑流四者：欲界瀑流、有瀑流、見瀑流、無明瀑流。」[224]

　　結合爲何呢？令凡夫識結生至輪迴各界、各道，或令凡夫識結合於境的煩惱心所。此心所又分，欲界結合、有結合、見結合、無明結合四者。如《五蘊品類論》云：

「應知此四爲結合四者。」[225]

　　近取爲何呢？令凡夫識趨近輪迴的煩惱心所。此心所又分，欲界近取、見近取、戒禁取近取、言我近取，共四者。如《五蘊品類論》云：

「近取謂四近取：欲界近取、見近取、戒禁取近取、言我近取。」[226]

224 德格版，論，中觀，ᄍ卷，263正頁；對勘本版，書號60，1592頁。漢譯大藏經內並無此譯。

225 德格版，論，中觀，ᄍ卷，263正頁；對勘本版，書號60，1592頁。漢譯大藏經內並無此譯。

226 德格版，論，中觀，ᄍ卷，263正頁；對勘本版，書號60，1592頁。漢譯大藏經內並無此譯。

　　繩結為何呢？障礙不散亂意性的煩惱心所。此心所又分，貪執受用的身繩結、害眾生的身繩結、執取戒或禁行為最勝的身繩結、執取「此為最勝見」的劣見為勝的現執身繩結。如《五蘊品類論》云：

> 「繩結謂四繩結：貪心繩結、害心繩結、戒禁取繩結、『執此為實』的現執身繩結。」[227]

　　例如綁緊繩結，有礙打開繩結般，爾等心所也會令心散亂，障礙令心專注的禪定。

　　蓋障為何呢？蓋障禪定、解脫、三摩地、等持的欲界不善心所。此心所又分，欲界欲、害心、惛沉及眠、掉舉及悔、疑，共五者。如《五蘊品類論》云：

> 「蓋障謂五蓋障：欲界欲、害心、惛沉、眠、掉舉、悔、疑。蓋障被欲界所攝、極其不善、障善故蓋。」[228]

　　五者的算法如下：一、視對治想為一。二、瘋於食或能生因、不歡喜、伸懶腰、不知食量、沮喪等，皆算為一。三、同令心低沉故，惛沉及眠兩者算為一。四、同為奢摩他對治、知

---

227 德格版，論，中觀，ᄶ卷，263背頁；對勘本版，書號60，1593頁。漢譯大藏經內並無此譯。

228 德格版，論，中觀，ᄶ卷，264正頁；對勘本版，書號60，1594頁。漢譯大藏經內並無此譯。

食量及親友、知境、知不死，以及憶念之前的嬉笑、遊戲、娛樂等，皆算爲一。五、同樣令心不能平息，故掉舉與悔兩者爲一。或者是，欲界欲及害心障礙戒，惛沉及眠障礙慧，掉舉及悔障礙定，疑障礙定及慧。

知爲何呢？有漏慧，或去除爾之所斷疑的決定性慧，兩者之一。此心所又分，知法、知後、知他心、知世俗、知苦、知集、知滅、知道、知盡、知不生，共十者。如《五蘊品類論》云：

> 「知謂知十：知法、知後、知他心、知世俗、知苦、知集、知滅、知道、知盡、知不生。」[229]

忍爲何呢？作爲爾之所斷正對治的無漏心所。此心所又分，知苦法忍、知苦後忍、知集法忍、知集後忍、知滅法忍、知滅後忍、知道法忍、知道後忍，共八者。如《五蘊品類論》云：

> 「云何爲忍？謂現觀八忍：知苦法忍、知苦後忍、知集法忍、知集後忍、知滅法忍、知滅後忍、知道法忍、知道後忍。」[230]

---

229 德格版，論，中觀，श्री 卷，264 正頁；對勘本版，書號 60，1594 頁。漢譯大藏經內並無此譯。

230 德格版，論，中觀，श्री 卷，265 正頁；對勘本版，書號 60，1597 頁。漢譯大藏經內並無此譯。

甲九、總結諸論所說心所的數量

心所的總數雖然不能就此決定，但在此將前引諸論典有關內容做一總結。

無著菩薩的《大乘阿毘達磨集論》及世親菩薩的《阿毘達磨俱舍論》共同提及的心所共有四十六種，加上《大乘阿毘達磨集論》所說的無癡善、根本煩惱見、隨煩惱中的忘念、不正知、散亂五者，共五十一種。

上述五十一種心所，加上《雜事品》所說的「不喜」等二十四心所，共七十五種。再加上《正法念處經》所說的定數心所中的三者：十煩惱大地的非理作意、邪勝解，以及十煩惱小地中的「示」，共七十八種。

再加上巴利典籍《攝阿毘達磨義論》所說的十六者：七「遍一切心心所」中的命根、六「雜心所」中的喜、「十四不善」中的惛沉、「二十五善心心所」中的身輕快性、心輕快性、身柔軟性、心柔軟性、身適業性、心適業性、身練達性、心練達性、身正直性、正語、正業、正命，以及喜無量，共九十四種。

再加上《寶鬘論》所說的十八者：「惡行」、研求、為求利養而嚴謹根門的矯、詐、以利求利、現相、敘述過失、不歡喜、無見、相應善法崇敬心的衰退、卑劣者、自己本無功德卻

裝有其德的裝、無法忍受、不樂善諫、傷害他人的思、染意、身色的轉變、不欲食，共一百一十二種。

再加上《攝事分》所說的五者：惡友、不應理轉、不和軟、不隨順同分而轉、歎，共一百一十七種。

再加上吉祥月稱《五蘊品類論》所說的兩者：對輪迴的厭倦以及繩結兩者，共有一百十九種。

以上外加的心所，都與《大乘阿毘達磨集論》所說的心所不同。雖然我等認為可以如此總結心所的數目，但仍待細微觀察。

吉祥月稱《五蘊品類論》所言三者——解脫、知、忍——與《大乘阿毘達磨集論》所言的心所並無別異，只是名稱不同而已，因為其性可被受、想、慧、欲、勝解等其一所攝，所以沒有獨立計算。同樣地，根本善、根本不善、根本無記、遍合、束縛、細增、隨煩惱、遍纏、有漏、瀑流、結合、近取、蓋障等，也在《大乘阿毘達磨集論》及《阿毘達磨俱舍論》兩本論典中出現，但並未獨立出來，列入心所的總數目中。

同理，《正法念處經》、巴利典籍《攝阿毘達磨義論》、《寶鬘論》、《攝事分》、吉祥月稱《五蘊品類論》等所說心所，雖在此處未列入心所的總數中，但可根據該心所的性質及論典的前後文，觀察並了解是否能被阿毘達磨論典的五十一心所，或是《雜事品》的二十四心所等所含攝。

　　諸多佛教的經論記載了心所的數目品項、心所各自的體性及作用、心所彼此之間的因果關係等，對此做了詳細的觀察。一般外在的種種身語行為，主要源自內心的動機，而該動機又主要依賴著各自心所的作用，所以想要改善內心的人們，至少要概略地了解主要心所的體性和作用，這是很關鍵的一點。因此，諸多經論對心所的論述做出了廣泛的詮釋。

第九品
論述粗細心及
死亡次第

甲一、共乘論典對於粗細心的論述

前述心與心所概稱的心識，分為多種粗細的層次。以人類的心識來講，活著時的心識為粗，死時的心識為細。再者，活著時的心識，以一晝夜為例，醒時的心識為粗，夢時的心識為細，熟睡時沒夢的心識更細。醒時的根識與意識二者之間，根識為粗，意識為細。

此外，心又可分為，欲界心、色界或禪界心、無色界心三者所攝的心識；在三者中，無色界的心識是最細微的。在無色界的心識中，非想非非想的心識是最細微的，越下界的心識則是越粗分。在佛教典籍中，談到了令心專注一境──三摩地的修法，以及如何使心變得更加細微，而能獲得上界心的方法。

根據無上咒宗，心識的粗細是由其心識的坐騎氣的粗細性加以區別的。以下將詳述。

根據般若乘，則是基於認知心識的難度、是否依賴爾之不共增上緣的色根、其境粗細、其識所緣及所見的明顯度等，來區分心識的粗細層次。

容易認知的心識為粗，不容易認知的心識為細，其理由是，如受想行識四者中，受蘊比起其他後三蘊為更粗，因為所謂「身體有某種快樂感受」，心識容易體現出「受」的緣故。又像是「此人好有學問」的「想」法，因執取「種種（特徵）」

的緣故，想蘊比行、識二蘊更為粗分。想「令我安樂」的相應行，因執取境的特徵，比識更為粗分。識僅執取境性，比起受等前三者更難被心識所體現。如《俱舍滿增注》云：

「非色中謂我等。受乃粗流故，無身亦能了知，極為簡單，故做廣說如『我的手』等。言『第二，想為極粗』者，謂較於行與識的第二者，此作用極易了解；想執男女等相。比起識，云何為行？行是粗分，貪等遍行極顯了知。較於所有，細微者乃識，識為究竟，隨同循序趨入平寂故，次序有如已敘之理。」[1]

論中說明了五蘊中的粗細差異。

樂、苦、捨諸受之粗細差別又是如何呢？三受中，苦受、樂受為粗，捨受為細。某人的苦樂相連到該人的利害，比較容易體現在心識上，所以其受為粗；某人的捨受無關該人的利害，相較前兩者較不容易明顯體現在心識上，所以捨受為細。《俱舍滿增注》云：

「意識與意樂根、意不樂根、意非樂非不樂根等三受相應，凡具受者不知生死，故言『死生唯捨受』。言『其他受為顯』者，謂意樂、意不樂性相者，遍計爾等生起

1　德格版，論，阿毘達磨，剣卷，第一品，51背頁；對勘本版，書號81，126頁。漢譯大藏經內並無此譯。

故，行利害故。」[2]

諸受之中，依賴眼等五色根的受等，雖然本身並不是色，卻依賴色法，故爲粗分；意識眷屬的受等本身不是色，又因依賴意根，故爲細微。《阿毘達磨俱舍論釋——明義論》云：

「粗受等爲依賴五根受等四者，非色故，本身不具足粗分。細微者從意所生，所依亦非色。」[3]

此中說到，由是否依賴增上緣色根而去區別粗細差異。

如何從境的粗細區別粗細心識呢？《攝決擇分》云：

「正智唯細，行細義故。」[4]

論中明顯說到，「細義」者謂難悟之內義；這個的具境[5]正智也是細微的。也間接說到，因爲境容易知道，其具境心識也是粗分。

如何根據內部所緣、所見的明晰度，區別醒時與睡時心

2　德格版，論，阿毘達磨，引卷，第三品，327 正頁；對勘本版，書號 81，811頁。漢譯大藏經內並無此譯。

3　德格版，論，阿毘達磨，引卷，第一品，39 正頁；對勘本版，書號 80，93頁。漢譯大藏經內並無此譯。

4　德格版，論，唯識，引卷，第三十三品，6 正頁；對勘本版，書號 74，758頁。漢譯來源：《瑜伽師地論》（T.30.1579.698a.22）。

5　譯者註：了知或執取其境的識，就是此境的「具境」。

識的粗細差別呢？開始入睡時，不能自主、令心往內收攝的心所會讓根識的等無間緣能力衰退。首先是根識停止作用，然後，粗分意識會逐漸消失，最終令意識保持在一種所緣、所見模糊的狀態。這種睡時心識比起醒時心識更為細微。在睡時心識中，做夢時的心識為粗，熟睡時的心識為細，而且其識的所緣、所見更為模糊不清、更加細微。

凡人隨涎疾、膽疾、風疾等死去的時候，四大能力衰退、體溫逐漸降低，乃至停止根識，最終只剩意識。意識逐漸從粗變細，直到最細微的心現起的同時，才是真正的死亡。在基位時，細微死亡心識才是最細微的心識。

一般死亡心識的眷屬受只有捨受。毗婆沙宗雖許死亡心識有善、不善、無記等三種類別，但中觀及唯識等上部論師們主張，死亡心識僅屬無記。《阿毗達磨俱舍論》云：

「死生唯捨受」[6]

在樂受、苦受、捨受三者中，一般細微死亡心識的眷屬受，僅屬捨受。《阿毗達磨俱舍論自釋》云：

「若漸命終後唯捨四，謂在欲界漸命終時，身命意捨於

6　德格版，論，阿毗達磨，ㄕ卷，第三品，第42句偈頌文，8背頁；對勘本版，書號79，18頁。漢譯來源：《阿毗達磨俱舍論》（T.29.1558.56a.22）。

最後滅，此四必無前後滅義。如是所說，應知但依染無
記心而命終者，若在三界善心死時，信等五根必皆具
有。」[7]

此論說，毘婆沙派主張依染不善命終、無記心而命終、善
心命終。然而《瑜伽師地論》云：

「云何善心死？猶如有一將命終時，自憶先時所習善
法，或復由他令彼憶念。由此因緣，爾時信等善法現行
於心，乃至麤想現行。若細想行時，善心即捨唯住無記
心。所以者何，彼於爾時，於曾習善亦不能憶，他亦不
能令彼憶念。云何不善心死？猶如有一命將欲終，自憶
先時串習惡法，或復由他令彼憶念，彼於爾時貪瞋等俱
諸不善法現行於心，乃至麤細等想現行，如前善說。」[8]

論說，雖然之前再如何串習善法，但細微死亡心識的時
候，心處無記狀態。

以三界區別粗細心識的話，欲界心因為具有樂、苦、捨
三受，以及尋、伺兩者，故為粗分。比起欲界心，初禪心因遠
離苦受，故為細微。二禪心因遠離尋伺兩者，比初禪心還細。

7　德格版，論，阿毘達磨，ཁུ卷，第二品，60背頁；對勘本版，書號79，150頁。
　　漢譯來源：《阿毘達磨俱舍論》（T.29.1558.17a.15）。

8　德格版，論，唯識，ཚི卷，第二品，8正頁；對勘本版，書號72，687頁。漢
　　譯來源：《瑜伽師地論》（T.30.1579.281b.15）。

三禪心因遠離喜，比二禪心還細。四禪心因遠離樂受，只有捨受，所以比三禪心還細。四無色心因遠離色法想，皆屬細微。第一無色界心緣取遍虛空，第二無色界心緣取遍意識，第三無色界心緣取毫無所有，最終無色界——有頂天之心的所緣、所見因不明顯，故爲最細微心識。《阿毘達磨俱舍論自釋》云：

「此更微細故曰微微，次如是心入滅盡定；有頂天為細微。」[9]

總之，在欲界心、四色界心、四無色界心中，前者爲粗，後者爲細。經論說到如何依奢摩他將散亂緣外的粗識往內收攝，遠離惛沉、掉舉等粗患，令心變得越來越細微。

甲二、無上密續對於粗細心的論述
乙一、總說

印度佛教思想中，有一部分極爲重要的心理學要義來自無上咒乘的典籍，尤其是密集金剛的經論，如：龍樹阿闍黎的《五次第》、提婆聖者的《攝行炬論》、龍覺阿闍黎的《菩提安立次第論》、吉祥那洛巴的《五次第明攝論》等。上述典

9　德格版，論，阿毘達磨，ⓘ卷，第八品，79背頁；對勘本版，書號79，871頁。漢譯與藏譯稍有不同。漢譯原文：《阿毘達磨俱舍論》（T.29.1558.151b.22）：「此更微細故曰微微，次如是心入滅盡定。」

籍中談及許多心理學的要義，是大小乘共同經論上未曾出現過的。這些要義包括，心識具有爾之坐騎氣；心識在究竟細微的時候，因為心氣性質為一，有色、識二法為一的性質；許多心識的作用可以從「坐騎氣」上做出解釋；以外境與內心的關聯而言，也是因為氣的作用，連結外四大及內四大等；諸如此類都有詳細的論述。在此簡略說明無上咒乘所說的心理學。

無上咒的典籍中將「識」區分為兩種：一、暫時性的心識。二、原始性的心識。暫時性的心識，如，依賴色根所生的眼識、耳識等根識；依賴意根的粗識，如對過去、現在、未來的憶念；根本煩惱及隨煩惱；見等[10] 三心。

暫時性的心識只有在爾等所依──粗分色身──存在的時候存在，所依粗身壞去的時候，暫時性的心識也將逐漸消失。然而，最細微的俱生原始光明及其坐騎極細之氣兩者，如同水與濕般，永不分離。

無始以來，因為有了俱生原始心識，粗分心識從之現起。在細微死亡心識現起之前，粗分心識依賴著粗分持命氣而存在；死亡的時候，依賴粗分持命氣而有的粗分心識將會逐漸變細，所有心識將會融入並入住俱生原始的最細微心識，此時正是所謂的「死亡光明」。

10　譯者註：見白道、增紅道、得黑道等三。

　　此後，當粗風動搖的同時，心識再從俱生原始心識的所依
——細微持命氣——遠離今世的身軀，成辦中陰身。論說粗分
暫時性的心識皆由這個俱生原始的心識所現。

　　以人而言，死亡時不只呼吸停止，血液也停止流入腦內，
頭腦停止所有作用。以一般醫學的角度，此時會被認證為已死
的狀態。無上咒乘主張，在這之後，會逐漸現起見智、增智、
得智，最終融入到現起的極細微死亡光明的心識。此時，一切
根識皆已消失，平時各種粗識所見也隨之消失，沒有了境相。

　　這種粗細心識的次第解說，誠如吉祥那洛巴的《五次第明
攝論》云：

「實相有兩種，由身心住法，
粗細及最細，次第共無二。」[11]

　　以一般心識而言，根識為粗；八十分別心[12]、根本煩惱及
隨煩惱為細；四空時的心識極細；四空中的第四空——死亡光
明的心識才是最細微的。以意識而言，八十分別心為粗，基時
前三空——見識、增識、得識為細，第四空死亡光明的心識為

11　德格版，論，續釋，ༀ卷，第 2 句偈頌文，276 正頁；對勘本版，書號 26，1747
　　頁。漢譯大藏經內並無此譯。

12　譯者註：八十分別心（ཀུན་རྟོག་བརྒྱད་བཅུ།）的「分別心」（རྟོག་པ།）通常被稱為「自性
　　遍分別心」（རང་བཞིན་ཀུན་རྟོག）或「遍分別心」（ཀུན་རྟོག）。

最細。隨著與個別心識性質爲一的所依之氣的粗細不同或動搖力的大小，產生了粗細心識的差異。有關識者乃爲氣之坐騎的內容，誠如龍樹阿闍黎的《五次第》云：

> 「此爲識坐騎。」[13]

論說，氣使識動搖。「氣使識動搖」是因爲，如果識不依賴氣的話，識將失去趨向於境、從境返回的能力，唯有與氣同住，才能趨向其境。誠如提婆聖者的《攝行炬論》云：

> 「然而，彼具有見，故與風界一同巡視。」[14]

論說，見增得三者雖非色法，但因具境，故爾三與氣一同趨入、返回。總之，識坐騎氣後，以氣趨入境的同時，是爲「識趨入境」的解釋。其中又分「心散於境」及「心不散於境」兩類。

心氣爲一後，如何在境上產生作用呢？提婆聖者的《攝行炬論》云：

> 「細微明點，以及見心識等，因不具色法，故如酥油融

---

[13] 德格版，論，續釋，**उ**卷，第一次第，第3句偈頌文，45正頁；對勘本版，書號18，129頁。漢譯大藏經內並無此譯。

[14] 德格版，論，續釋，**उ**卷，第四品，79正頁；對勘本版，書號18，215頁。漢譯大藏經內並無此譯。

合於酥油，圓滿出世一切作用。」[15]

論說「酥油融合於酥油」的緣故，意味著心氣兩者體性為一後，方能於境產生作用。粗氣逐漸融入、轉為細微的時候，能依心識的所緣、所見也會同樣地逐漸轉為細微。如吉祥密集金剛的《授續金剛鬘》云：

「次第衰氣等，如前增增上，
融入自體性，復捨持趣行。」[16]

論說，死亡的時候，前氣逐漸融入後氣；「復捨持」謂融入直至持命氣為止。提婆聖者的《攝行炬論》也云：

「如是謂住身一切時，最終住於不壞矣……」[17]

最終死亡時，氣融入胸部的極細不壞氣中，趣入無實物光明。

以無上咒乘一般的說法而言，相續的地水火風四者中，前者融入後者的同時，氣的動搖會變得越來越弱，最終，動搖

15　德格版，論，續釋，चि卷，第四品，79 正頁；對勘本版，書號 18，216 頁。漢譯大藏經內並無此譯。

16　德格版，經，續，चि卷，第六十八品，第 69-70 句偈頌文，276 背頁；對勘本版，書號 81，915 頁。漢譯大藏經內並無此譯。

17　德格版，論，續釋，चि卷，第三品，70 背頁；對勘本版，書號 18，195 頁。漢譯大藏經內並無此譯。

自性分別心之氣及自性分別心會融入第一者「見」，同時自性分別心也會隨著消失。此後，逐漸現起第三空及第四空光明，這都是因為動搖前前者的氣變得越來越弱的緣故。出生時，從光明氣中，氣流動搖，現起了「得」，之後再現起「增」及「見」等，這些都是由前前者的氣變得越來越強大的緣故。「見」的氣變得極強之後，就會現起自性分別心等。

乙二、如見等三及八十分別心

在吉祥密集金剛典籍中，說有極細微心的「三見」：一、見。[18] 二、見增。三、見得。見自性有三十三者，增自性有四十者，得自性有七者，故立「八十自性分別心」的論述。同樣地，吉祥密集金剛的《授續金剛鬘》說了「八十八妄念」，這些都是依賴著爾等的坐騎氣——持命氣的細微動搖所產生的細微心識。

有關這些分別心隨著自己的坐騎氣所動搖的內容，如龍覺阿闍黎的《五次第明義論》（ རིམ་ལྔའི་དོན་གསལ་བྱེད། ）云：

「為能答覆敵方，示『何故遠離氣之識不應知境？此乃

18　譯者註：此譯的「見」字曾被翻成「明」（ སྣང་བུན་ལ་བའི་སྣང་བ། 如明暗）、「相」（ སྣང་བའི་སྣང་བུ་བྱེ་རྣམ། 如行相）、「顯」（ ཡུལ་བློ་ལ་འཆར་ཚུལ་གྱི་སྣང་བ། 境顯現於識）等諸多不同用詞。後經編輯者格西們討論後，決定譯為「見」（ ཡུལ་ཅན་གྱིས་ཡུལ་སྣང་བ། 由識見境），最後一者更符合藏文原意。

是識之坐騎』。此字謂氣。直接義為，識坐騎氣後，令
識知境。」[19]

何為八十分別心呢？首先說「見」三十三者。如龍樹阿闍
黎的《五次第》云：

> 「自性顯光芒，即作廣解說，
> 離貪及中性，同樣巨大性，
> 意之趣行返，同愁苦等三。
> 寂靜念畏懼，中畏及極畏，
> 愛以及中愛，極愛與近取，
> 不善與飢渴，受以及中受，
> 極受及剎那，知者持知處，
> 妙慧及知慚，悲及三愛心，
> 疑及累積性，嫉妒等稱揚，
> 三十三自性，有情之自證。」[20]

逐一解說如下。一至三、「離貪」謂不欲境行相，其中有
大中小三品。四至六、「愁苦」謂遠離悅意境、令心哀苦，其
中有大中小三品。七、「寂靜」謂心住寂靜，令心調伏。八、

19 德格版，論，續釋，訶卷，第一品，211正頁；對勘本版，書號18，1333頁。
　漢譯大藏經內並無此譯。

20 德格版，論，續釋，訶卷，第二次第，第7-11句偈頌文，48正頁；對勘本版，
　書號18，137頁。漢譯大藏經內並無此譯。

「念」謂掉舉或令心變得粗魯。九至十一、「畏懼」謂相遇不悅意者，令心畏懼，其中有大中小三品。十二至十四、「愛」謂貪著於境，其中有大中小三品。這裡的「愛」並非喜相，而是因「由境生惱」故而取名的「愛」。此與增性四十的「貪」不相同。十五、「取」謂完全執取五欲境。十六、「不善」謂存懷二心於善業，或殺戮己意。十七、「飢」謂欲食。十八、「渴」謂欲飲。十九至二十一、「受」謂樂苦捨三受，其中由境分大中小三品。二十二、知者。二十三、知道。二十四、所知之境，也就是了知此三者。二十五、「妙慧」謂伺察合理及不合理。二十六、「慚」謂依自己或法的理由，羞於造罪。二十七、「悲」謂欲離痛苦。二十八至三十、「愛心」謂完全守護所緣、願所緣、相遇悅意境等大中小三品。三十一、「疑」謂心不住決定性。三十二、「累積」謂收集資具之心。三十三、「嫉妒」謂心亂於他人圓滿。「意趨行」及「返」遍佈一切的緣故，故不計算於此數之中。

接著說「增」自性四十者。如《五次第》云：

「貪及執及喜，中喜及極喜，
高興及極悅，慚以及掉舉，
滿足及交媾，親吻及吸吮，
堅固精進慢，作用劫盜力，
愉俱生粗暴，姿美及憎惡，

善明句真諦，不實及決定，
不近取施者，勸導及勇士，
無慚誑惡毒，不溫順歪曲。
何為四十相，皆極空剎那。」[21]

逐一解說。一、「貪」謂心貪未得事物。二、「執」謂心貪已得事物。三至五、見悅意境後產生的心喜，其中有大中小三品。六、「高興」謂成辦所追求事的心安樂。七、「極悅」謂反覆體驗高興心。八、「慚」謂思未發生之事。九、「掉舉」謂看到悅意事物，令心散亂。十、「滿足」謂心證其境，令心滿足。十一、交媾欲。十二、親吻欲。十三、吸吮欲。十四、「堅固」謂不變相續之心。十五、「精進」行善法。十六、「慢」思高處。十七、「作用」或業謂圓滿常作之事。十八、「劫盜」謂欲盜財。十九、「力」謂摧毀他聚。二十、「愉」謂串習善道的心。二十一至二十三、「俱生」謂依傲慢力，欲行不善的大中小三心。二十四、「粗暴」謂無故想要與聖者們爭論。二十五、「姿美」謂見到悅意事物所產生的傲慢或貪愛欲。二十六、「憎惡」謂記恨心。二十七、「善」謂欲行善業。二十八、「明句」謂欲令他了解而說。二十九、「真諦」謂並非為轉他意而說之欲。三十、「不實」謂為轉他意而

說之欲。三十一、「決定」謂極為堅定的誓言。三十二、「不近取」謂不想全面執取境。三十三、「施者」謂想要佈施資具。三十四、「勸導」謂想要勸說其他懈怠者。三十五、「勇士」謂想要從煩惱敵中獲取勝利。三十六、「無慚」謂以自己或法的理由，不羞愧於不善的趣入。三十七、「誑」謂刻意欺騙他人。三十八、「惡毒」謂熟爛惡見。三十九、「不溫順」謂與他較量。四十、「歪曲」謂不正直。

接著是「得」自性七者。《五次第》云：

「中貪之剎那，忘念及錯亂，
不說及厭倦，懈怠以及疑。」[22]

一、「中貪」謂非欲亦非不欲境。二、「忘念」謂衰退念。三、「錯亂」謂執陽燄為水等妄念。四、「不說」謂不欲說。五、「厭倦」謂心厭倦。六、「懈怠」謂不喜行善。七、「疑」謂心懷二意。

為何將「遍分別心」（ཀུན་རྟོག）[23]分成三種類別呢？

遍分別心隨著氣力趨向於境的力度可分大中小三者，進而區分三種粗細層次，這都是因為有見增得三者的緣故。在返回

22　德格版，論，續釋，ཏི 卷，第二次第，第 24-25 句偈頌文，49 背頁；對勘本版，書號 18，138 頁。漢譯大藏經內並無此譯。

23　譯者註：八十分別心（ཀུན་རྟོག་བརྒྱད་ཅུ）的「分別心」的異名之一。

次第[24]時，從光明現起得，從得現起增，從增現起見。此後，之所以「自性遍分別心」（རང་བཞིན་ཀུན་རྟོག）[25] 現起，是因爲氣力變得極爲強大的緣故。在遍分別心中，有三十三者由見所起，有四十者由增所起，有七者由得所起，故說遍分別心是見三等之果。

「見三等的自性」指的是「見三等的性相」。其性相是如何體現出見三等名相的呢？這種方式不如「腹鼓是瓶子的性相」般，爲體性一的體現方式，而是更像透過烏鴉得知該房有烏鴉般，性質異的體現方式。因爲動搖自性分別心之氣有強中弱三者，以此推類，動搖爾因見之氣亦有強中弱三者。

分別心分爲三種類別並非因爲對境執取的方式不同，而是由於氣讓遍分別心動搖的力度，有著強中弱三種，這也是因爲見三等存在的緣故。自性遍分別心有善、不善、無記三種，也有分別心及非分別心兩者，[26]所以不應僅屬「混合聲義而執取」的分別心。

---

24 譯者註：趨入次第為，見融入增，增融入得，得融入光明。返回次第為，從光明現起得，從得現起增，從增現起見。

25 譯者註：八十分別心（ཀུན་རྟོག་བརྒྱད་བཅུ）的「分別心」的異名之一。

26 譯者註：密學中說的八十分別心中，亦可分為量學中說的非分別心及量學中說的分別心兩種。

乙三、細微與最細微的心氣的論述

什麼是細微心氣及最細微心氣呢？見增得及其坐騎氣為細微，俱生原始之心及其坐騎氣為最細微。

一般來說，見增得三者為極細微心識的原因是，爾等增上緣為細微意根，爾等坐騎氣為細微持命氣。其氣以極小動搖，令粗分影像消滅，如是所生的細微意分別心，被安立為極細微心識。

細微心氣的行徑一致，性質無二，「明境分」為識，「動搖分」為氣。迦濕彌羅學者拉卡世米（lakṣimī ལ་ཀྵི་）所著作的《五次第論疏》（རིམ་པ་ལྔའི་འགྲེལ་པ།）中說，譬如明眼瘸子及雙足瞎子一者幫助另一者，方能抵達目的地般，令心趨行至境是由識的坐騎氣；「能見到境」是由識的作用。如上冊已說，這兩者永遠不可能分離。《五次第》云：

> 「說心三種相：見以及見增，
> 同樣及見得。」[27]

見增得三者中，「見」的性質是什麼呢？爾的現起時間為動搖遍分別心至遍分別心融入之間；爾之所見內相為，如秋天

---

27 德格版，論，續釋，ᠨ卷，第二次第，第31句偈頌文，49正頁；對勘本版，書號18，139頁。漢譯大藏經內並無此譯。

清澈的天空遍佈了月光般，所見一片白色，除此外不現其他粗
分二相，這種意識為見。見的詞義：動搖遍分別心之氣融入
後，所見如同月光，故稱為「見」。此見又被稱為「空」，因
為遠離八十遍分別心及其氣之緣故。提婆聖者的《攝行炬論》
云：

> 「云何見之性相？謂其性無有所見、無有身語。有如月
> 輪之光照遍離染秋天天空，依自性故，於明顯所見，緣
> 取一切事物，故稱為『見』，此為勝義菩提心，為智之
> 見初空。」[28]

見增智[29] 的性質：爾的現起時間為動搖遍分別心至遍分別
心融入之間；爾之所見內相為，如秋天清澈的天空遍佈了日光
般，所見一片紅色，除此外不現其他粗分二相，這種意識為見
增。見增的詞義：如同日光般，所見極為明顯，故稱為「見
增」。此增又被稱為「極空」，因為遠離見及其氣的緣故。《攝
行炬論》也云：

> 「云何見增之性相？謂遠離所持能持，其性無所見、無
> 有身語。有如秋時日輪之光照遍，極為明顯，其性無有

---

28 德格版，論，續釋，ㄅ1卷，第四品，77背頁；對勘本版，書號 18，212 頁。漢
　　譯大藏經內並無此譯。

29 譯者註：「增」的異名。

污垢，且緣取一切事物，為第二普賢菩提心。」[30]

得智性質：爾的現起時間為動搖遍分別心至遍分別心融入之間；爾之所見內相為，如秋天清澈的天空遍佈了晝夜交界的濃密黑闇般，所見一片黑色，除此外不現其他粗分二相，這種意識為得。爾的詞義：如同晝夜交界的黑闇般，所見極不明顯，與光接近，故稱「近得」。此見又被稱為「大空」，因為遠離增及其氣的緣故。因為不明顯的緣故，又被稱為「無明」實為「近得」的異名。《攝行炬論》也云：

> 「云何見得？如虛空性，無有事物，亦無色體身語。又如遍降晝夜交界之黑闇，細微無我，無有命勤流動，無心無動。依語種子、言為『成就諸門』者，係見得無明性相，亦是『大空』，說為第三識。」[31]

得黑道現起的時候，由於氣的遮止力變為強大的緣故，對於境的所見，誠如秋天清澈的天空遍佈了晝夜交界的濃密黑闇般，現起黑相。此時，心的前段雖仍有念，因逐漸衰退具境的念力，轉為無念。

---

30 德格版，論，續釋，⁴l卷，第四品，77背頁；對勘本版，書號18，212頁。漢譯大藏經內並無此譯。

31 德格版，論，續釋，⁴l卷，第四品，78正頁；對勘本版，書號18，213頁。漢譯大藏經內並無此譯。

有關最細微的俱生原始心識，誠如提婆聖者的《加持自我次第論》（ བདག་བྱིན་གྱིས་བརླབ་པའི་རིམ་པ། ）云：

「地融入於水，水融入於火，
火住微明點，氣亦融入心，
由心所心轉，心所入無明，
後成光明空，三有皆消失。」[32]

光明之因——得智及其坐騎氣——融入後，現起光明的同時，也是近得的後段無念消失之際，絲毫沒有粗分二相。如同秋天清澈的天空遠離其三能染——日、月、闇——後，呈現清晨天空的本色般，所見極為清晰。由爾坐騎俱生原始之氣所成的基時意識，正是基時最細微俱生原始心識的性質。此心具有產生所有功德、一切過失的潛能。無始以來，此心隨眾生相續，未曾間斷任何一剎那，於本性中無有染垢。一切染垢皆從非理作意所生，係暫時性故，此心能夠遠離其染垢。這個俱生原始的心識就是基時的最細微心識。

這種極細微的俱生原始心識以及其坐騎——與俱生原始心識性質無二——的極細微俱生原始之氣，這兩者極為細微、無二性質的氣心稱為「俱生原始的身心」，俱生原始心識的坐騎

32　德格版，論，續釋，ཨི卷，第20-21句偈頌文，112背頁；對勘本版，書號18，308頁。漢譯大藏經內並無此譯。

氣稱為「持命氣」。一般持命氣又分粗細兩者，俱生原始心識的坐騎氣為細微持命氣。

最細微心識所依的持命氣入住胸部，以人而言，位於兩胸的正中間且接近脊椎。中脈被左右二脈所繫，其結有上下二者，二結中間為不壞明點的所在處，此處稱為「胸部」。粗分持命氣在基時從鼻孔出入，雖住胸部脈輪之中，但並未入住前述胸部脈結獨帝裡面。細微持命氣與光明心識性質無二，光明心識的坐騎——極細微的不壞之氣，綻放五種光芒，並處於極細微的胸部脈輪之中央，也是脈結的獨帝裡面。《密集講續——四天女問經》（ འདུས་པའི་བཤད་རྒྱུད་ལྷ་མོ་བཞིས་ཞུས་པ། ）云：

「僅半量微勝，意物明點色，
常住心中間，綻放大光芒。」[33]

因為極細微持命氣的緣故，所以能令其他氣隨著融入，住入爾氣的俱生自源處。

乙四、心氣融入過程與死亡過程

如何令粗識融入轉為細微？又如何從細識生起粗識的呢？

有關前者，根據吉祥時輪之宗，具有六界之人類在死亡

---

33 德格版，經，續釋，རྙ卷，第一品，第18句偈頌文，278正頁；對勘本版，書號81，949頁。漢譯大藏經內並無此譯。

時，四大界依序融入。首先，水界令火界衰退後，地界融入水界，並且消失不見。此後，水界亦被風界乾枯後，風界逐漸融入空界，消失不見。此時，中脈脈結自己打開，左右二脈之氣停止流動，並入住、融於中脈，驟然停止一切見境之分別心，自性光明的心識遠離一切戲論，自然呈現虛空般的行相，這稱爲「現起死亡光明」。《成時輪法品大疏》（ དུས་འཁོར་སྒྲུབ་ཐབས་ལེའུའི་ འགྲེལ་ཆེན། ）云：

> 「言『由水』等，謂此人世間從胎生者，死時水令火相衰退。此故，由此三摩地力，水令火相衰退，此爲初者。此時，勤戒者應勤色身中央。從外無火故，地不再堅硬，如同鹽巴般，融化於水，注入水中。此後，風令諸水乾枯，於虛空中不見。如是疾衰界聚相後，心爲火邊及闇邊，遠離諸虛空界相、諸色境相，於中地安置阿賴耶識。」[34]

此中的「阿賴耶識」指的是光明心識。「心爲火邊及闇邊」的「闇」謂死時之得，「火」謂得後所現死亡光明。經論說，凡夫雖會體驗死亡光明，卻不能夠記住光明。又說，凡夫根識現起的時候，所現根識皆爲粗分，根識停止乃至動搖遍分

---

34 德格版，論，續釋，5卷，第一品，32背頁；對勘本版，書號6，757頁。漢譯大藏經內並無此譯。

別心之氣未融入之間的心識爲細微，遍分別心之氣融入乃至見三坐騎之氣未融入之間的心爲極細微，見三坐騎氣融入之心識爲最細微，亦是光明現起之時。

　　一般無上咒乘認爲，胎生六界的人類，在依循次第死亡的時候，粗識所依的四大等將會逐漸融入。哪部經論談及粗識的融入次第，以及何爲外相、內相的顯現呢？《密集後續》（གསང་འདུས་རྒྱུད་ཕྱི་མ།）云：

> 「相界具五相，金剛菩提說。
> 初者似陽焰，次者猶如煙，
> 三似螢火相，四者如燈火，
> 五為恆常現，無雲之天空，
> 堅固金剛道，歡喜虛空界。」[35]

什麼是融入次第呢？

　　色蘊開始進入融入次第的時候，地界作爲意識所依的能力逐漸變弱，地界能力衰退的同時，水界作爲意識所依的能力逐漸明顯。這種過程稱爲「地界融入於水界」，並非地界轉爲水界的性質，火風融入的內容也是如此。

　　此時，外相爲手足變細、駝背行走、失去光澤，「身體

---

35 德格版，經，續，ཤ卷，154背頁；對勘本版，書號81，599頁。漢譯大藏經內並無此譯。

將要融入地下」的感覺、雙目不明等。如同密集金剛續典所說般，此時在內相中會現起陽焰相。龍覺阿闍黎的《菩提安立次第論》云：

> 「應當精通色蘊從此入住光明的徵兆。咸肢變細，身體衰敗無力。融入似明鏡智時，出現眼翳。停止地界時，身體遍枯。停止眼根時，雙目變化、將會閉眼。停止色境時，身體衰退、無有光澤。」[36]

色蘊之後，受蘊進入融入狀態。此時，水界作爲意識所依的能力逐漸變弱的緣故，火界的能力變得越加明顯。其外相爲，身體水分變枯，如口乾、眼內水分微度乾枯、眼睛動晃的能力變弱等。根據密集金剛續典，其內相爲現起煙相。龍覺阿闍黎的《菩提安立次第論》云：

> 「受蘊融入時，集合風疾、膽疾、涎疾等，令身受失去感受。融入平等智時，無法憶念意受三相。水界融入時，自身體內的口水、血液、精液等皆爲乾枯。耳根融入時，外內聲音皆聽不能。聲境融入時，自身不能聽聲」[37]

---

36 德格版，論，續釋，ཏྲ 卷，第四品，130 正頁；對勘本版，書號 18，358 頁。漢譯大藏經內並無此譯。

37 德格版，論，續釋，ཏྲ 卷，第四品，130 正頁；對勘本版，書號 18，359 頁。漢譯大藏經內並無此譯。

受蘊之後，想蘊進入融入狀態。此時，火界作為意識所依的能力逐漸變弱，風界的能力變得越加明顯強大。其外相為，體溫收攝，與體溫有關的感受消失，哪怕是自己的親友也記不起，衰退記憶。根據密集金剛續典，其內相為螢火蟲或散開的火花相。《菩提安立次第論》云：

> 「想蘊融入時，無法憶念二足眾生。妙智融入時，連父母子友等人的名稱也不能記得。火界融入時，諸食不能消化。鼻根融入時，上風向上竄昇。香境融入時，無法聞到自身之香」[38]

想蘊之後，行蘊進入融入狀態。此時，風界作為意識所依的能力逐漸變弱。其外相為停止呼吸。其內相為燈火亮起相。螢火蟲相變得更細微時，只會現起一片微紅相。此時，心臟不再跳動，呼吸將會停止，這種情況被普遍認定為死亡。《菩提安立次第論》云：

> 「行蘊融入時，諸身作業不再運作。成業智融入時，不能憶念世間作用及目的。風界融入時，持命等十氣從己處移動。舌根融入時，舌頭變粗、變短，以及舌根變

---

38 德格版，論，續釋，ʐ[卷，第四品，130 背頁；對勘本版，書號18，359頁。漢譯大藏經內並無此譯。

青。味體融入時，六味衰退，失去味覺。」[39]

行蘊之後，粗識融入微識的次第又是什麼呢？八十自性分別心及其坐騎氣融入之後，首先現起稱為「空」的見，此時的所見為「類似月光照映無雲天空般」的影像。見融入後，現起稱為「極空」的見增，此時的所見為「類似日光照映清澈天空般」的紅色或紅黃影像。見增融入後，現起稱為「大空」的見得，此時的所見為「類似清澈天空被晝夜交界的黑暗籠罩般」的黑色影像，衰失記憶。在無有記憶、一片漆黑之後，現起稱為「遍空」的光明，此時所見為「遠離令使天空變色的月光、日光、黑相之後，有如清晨清澈天空」的影像，此為真正的「光明」。

典籍中的「氣融入於識」是指，令自性分別心直接動搖的氣流——成為心識坐騎——的能力停止後，此分別心能力轉為見的坐騎氣，才做「氣融入見」的解說，並非所有氣都要融入。僅剩俱生微氣作為意識之所依，且粗分氣流不能作為意識所依，在四大融入之時，正是心氣融入於見、見融入於增、增融入於得、得融入於遍空光明之際。

關於第二個問題，粗識如何由微識現起呢？誠如《密集講續

---

39 德格版，論，續釋，ヨ1卷，第四品，130背頁；對勘本版，書號18，359頁。漢譯大藏經內並無此譯。

——集遍智慧金剛》（ གསང་བ་འདུས་པའི་བཤད་རྒྱུད་ཡེ་ཤེས་རྡོ་རྗེ་ཀུན་ལས་བཏུས་པ། ）云：

> 「從光明所生之識稱為『心』、『意』、『識』。此為
> 諸法根本，由此生出污染煩惱分別心，以及清淨性分別
> 心兩者。由此有我、他、爾識之坐騎氣。由風生火、由
> 火生水、由水生地，由爾等生五蘊、六處、五境等，皆
> 與心氣混合。此後，隨著覺受三識性之極為明顯之相，
> 依見因力，生起清淨性。」[40]

氣從光明中稍微動搖，一開始現起得，之後增、之後見；
從燈火相至陽焰相之間，產生返回次第的四相。雖然結生於胎
後，四大立即存在，但隨著粗分四大作為意識所依的緣故，先
從風、火、水、地，依序生起，再生色蘊、眼等六處。

根據時輪典籍的觀點，胎生六界的人身是如何形成的呢？
由父母交媾所形成的精血混體的中間，入住著結束中陰、極細
微意識的光明，又被稱為「阿賴耶」。由如是精血識三者的胎
中混體，產生了有情的身體。這種胎中精血識三者的混體被母
胎的地界所持、被母胎的水界所攝、被母胎的火界所熟、被母
胎的風界所增。母胎的空界——母胎的空分，給予令此混體成
長的機會。因這種精血識三者混合聚體的地界令其體變得堅

---

40 德格版，經，續，ཟ྄卷，282背頁；對勘本版，書號81，963頁。漢譯大藏經
　　內並無此譯。

硬、由水界變得滋潤、由火界變得成熟、由風界——將來能夠轉為十氣的種子——身體變得茁壯，以及由空界給予令此肉體長大的空間。

上述在談及時輪觀點以前的內容，主要是以續王密集金剛的觀點為主，進而說明基時死亡次第如何形成、如何從粗到細，又如何從細現粗。這種說法不只針對輪迴生死，且在晝夜三時——醒時、夢時、熟睡時——也會有粗識轉為微識的過程。就連凡夫意識的一刹那內，也可以分三個時段：空時如睡時、快要現起意識之時如夢時，以及現起意識之時如醒時。

在基時，之所以存在完全脫離聲音、分別心、粗分的境識二相所污染的俱生原始之光明心，誠如佛智足（Buddhajñānapāda སངས་རྒྱས་ཡེ་ཤེས་ཞབས།）的《二次第真如修》（རིམ་པ་གཉིས་ཀྱི་དེ་ཉིད་བསྒོམ་པ།）云：

「法身極喜等虛空，死亡昏倒及熟睡，
哈欠交媾刹那間，將有覺受若極觀……」[41]

論說，凡夫在死亡、昏倒、熟睡、哈欠的時候，以及交媾感受遺漏所生安樂時，都會自然現起短暫、僅存刹那間的「類似俱生原始光明」的心識。

---

41 德格版，論，續釋，ཎ卷，15正頁；對勘本版，書號21，861頁。漢譯大藏經內並無此譯。

第十品
心如何趨入境

甲一、所現境與所趨境等心之境的論述

前已談及具境心的論述，現在要解說的是心如何趨入境。

境的性質為：心的所明。心的境分四：一、所現境。二、所取境。三、所耽境。四、所趨境。所現境與所取境同義，而且所有心識都有這兩種境。無分別識[1]的所現境及所取境為：某個無分別識透過明顯現起某法的行相後，將該行相轉為斯識之境。分別識的所現境及所取境為：某個分別識現起已境時，斯分別識的直接境之行相，也就是前述「聲義論」中的影像。分別識的直接境本身雖是非實物，但根據古老量學的某些專家觀點，有為法也可以成為分別識的直接境，這兩種說法並不矛盾。[2]總之，應當分辨分別識的所現境與直接境之間的差異。

所耽境為：執爾分別識的耽執境，或是某士夫的耽執境。又分兩種：一、分別識的所耽境。二、士夫的所耽境。前者如「執瓶為瓶的分別心之境」；後者如「士夫的耽執之境」。所耽與真相吻合的順諦識——如執聲為無常的分別識等——才會

1　譯者註：無分別識與無分別心同義，同理，分別識與分別心同義。在此的分別與無分別主要以量學論為主，此論中的分別心與咒乘的分別心不同。咒乘分別心與意識的粗細層次有關，但量學的分別或無分別主要以「是否混合聲總或義總」而去區分。

2　譯者註：誠如攝類學的基本常識「所知是常，但所知不一定是常」般，分別心的直接境本身並非實物，但該直接境不一定非實物。

有所耽境，除此外，所耽與眞相不吻合的非順諦識——如執聲為常的分別識——是沒有所耽境的。分別識的所耽境與所趣境同義。無分別識因為不耽執「彼為彼」，故不安置無分別識的所耽境。

所趣境存在於順諦識及補特伽羅之中。瓶子是執瓶眼識以及執瓶分別識兩者的所趣境。若主張能詮聲也有所耽境及所趣境的話，能詮聲的內容是能詮聲的所耽境及所趣境。

問：諸識都有四境嗎？有些識有四境，有些識有二境，有些有三境，各有不同。以執瓶分別識為例就有四境。執瓶分別識現起的「視瓶為瓶」的影像，是執瓶分別識的所現境及所取境；瓶子是執瓶分別識的所耽境及所趣境兩者。執黃眼識只具有三境，黃色就是執黃眼識的所現境、所取境，以及所趣境三者。以執兔角分別識為例，此識只有二境：執兔角分別識所現的兔角影像為斯分別識的所現境及所取境兩者；兔角雖是斯分別識的所耽境及所趣境，但斯識的所耽境及所趣境並非於名言中存在。

此外，境又有所執境、直接境、間接境、所緣境等。瓶子是執瓶眼識及執瓶分別識的所執境；聲無常是證聲無常比量以及證聲無常現量的所執境。同理，聲常是執聲為常分別識的所執境；兔角是執兔角分別識的所執境。如同順諦識所執取般，眞相亦是如此，所以順諦識的所執境是存在的。眞相不如非順

諦識所執取般，所以非順諦識的所執境是不存在的。

　　所謂「直接境與間接境」[3]指的是，某識會見到某境或現起某境的行相，爾境就是此識的直接境。雖是某識之境，但爾識卻不見其境或不現其境行相，此境為彼識的間接境。譬如，執瓶分別識直接了知瓶子，卻間接了知倒非瓶的緣故，瓶子為執瓶分別識的直接境，倒非瓶為執瓶分別識的間接境。同樣地，證聲無常的比量直接了知了聲為無常後，間接了知聲為非常的緣故，聲無常是彼比量的直接境，聲為非常是彼比量的間接境。

　　何謂「識的所緣境」呢？即是爾識的增減斷除處，或爾識的增益處。增減斷除處或增益處可根據當下的情況而安置。譬如，聲是證聲無常比量的增減斷除處，也是執聲為常的分別識的增益處，聲是彼二識的所緣。證聲無常的比量，以及執聲為常的分別識兩者，爾二識緣同個所緣後，在執取上卻成正相違。

　　一般而言，某識是否證悟爾境，要看此識是否獲得爾境的斷除義[4]，又如將橛子釘入乾地般，於境堅定的心識才能了

3　西藏量學中，薩迦班智達及其追隨者們不主張心識間接境的論述。依據阿闍黎法勝，以及寂護父子等印度量學的大學者們，恰巴、窘丹日熱，以及至尊宗喀巴父子等主張心識有間接境。

4　譯者註：斷除義指的是斷除對某個內容的增益執及減損執，不偏不倚地了知境義。

知其境；心識若像將橛子釘入泥地般不堅定，是無法了知其境的。

識是如何了知境的呢？眼識了知位於前方的瓶子爲「現識證悟」；從遠處現見山中有煙，進而了知有火的爲「因相證悟」或「比度證悟」。

甲二、根識是否具相的爭論

毘婆沙宗主張，眼識執取青黃等時，不需經由青黃行相，就能「無相」執取赤裸青黃。經部以上主張，心識現起青黃的行相，進而觀見青黃。毘婆沙宗認爲，境色法[5]等會映現於色根，但因心識並非色法，不可能現起色法的影像，所以主張心識不會現起青黃等境的行相。主張心識爲具相者的宗派之間，有兩種不同說法：一、根識所現境相雖是識的影像，但非爲識。二、此相因爲是識的「所取相」（གཟུང་རྣམ།），所以應係心識。

某些主張根識係具相者[6]認爲，於根識所現的境相稱爲「所取相」。以執色眼識爲例，此識可分兩部分：一、現起外

5　譯者註：既是色法也是境，故稱「境色法」。

6　譯者註：並非指向所有主張「根識爲具相者」的論師，只是某些主張此論的學者們。否則將與之前論述矛盾。上一段剛說：「主張心識爲具相者的宗派之間，有兩種不同說法：一、根識所現境相雖是識的影像，但非爲識。二、此相因爲是識的『所取相』，所以應係心識。」

在色法的部分。二、覺受爾性唯明唯觀的部分。前者稱爲眼識的「所取相」，這與執色眼識以及於執色眼識所現的色法行相沒有差異，所以眼識的所取相就是眼識。「於眼識現起行相」是指，由爾因力令爾成爲境相，卻不現起非爾的餘相。第二眼識明觀覺受的部分，稱爲「眼識能取相」（འཛིན་རྣམ།）。主張「自證分」者認爲，「眼識能取相」與「覺受眼識的自證現識」無有差異。

雖然毘婆沙部與經部共同認爲，所謂「執青眼識的所取相」中的「所取」是指青色，其中的「相」是指執青眼識成爲「具有所取青色的影像者」，然而經部又說，之所以眼識成爲具色相者，是因爲由爾因——外在色法——所生的緣故，這種說法與唯識的「由習氣力，令識成爲具相者」的主張不同。

主張有外境者認爲，如同在紙上蓋印的時候，映現在紙上的圖騰是從印章所給予般，執青眼識見到青色的時候，所現的似青影像也是由青色所給予的。如果這種「類似影像」並非由外境所給予的影像，如此一來，在沒有青色的地方也能會有執青眼識，將會存在如是過患。不主張外境存在者的學者們認爲，眼識所現起的類似青色影像並非由青色所給予，是由心續習氣成熟所現的影像，如夢中見到青色般。

根據毘婆沙宗，具足所依的色根赤裸地見到色等時[7]，境與識之間不需要所謂的「中間連結之相」，所以根識不見其境[8]。具足所依色根看到瓶子的時候，所見的自相瓶子就位於瓶子之處，並赤裸見到，此時，眼識會去執取色法或知道色法，所以區別了眼識的所見與所知兩者。

經部沒有區分所見與所知，正所謂「知色行相，故見色」，所以主張所見與所知並無不同。毘婆沙派反駁，果真如同經部所言，光是眼識就能見到色法的話，意識不被遮擋故，哪怕中間有牆壁等阻隔，也應能夠見到色法，將會存在如是過患。《阿毘達磨俱舍論》云：

> 「眼見色同分，非彼能依識，
> 傳說不能觀，被障諸色故。」[9]

如同前述毘婆沙宗的觀點，《阿毘達磨俱舍論釋——明義論》也云：

7　譯者註：「具足所依眼根」謂正在看某物時的眼根。眼根看到色法時，並非透過其他因緣看到色法，而是直接將色法的最真實行相透澈看見，這種說法為「赤裸地見到色法」。

8　譯者註：此宗認為，眼根見到色法，但眼識不見色法，可是眼識了知色法。

9　德格版，論，阿毘達磨，ꑴ卷，第一品，第 42 句偈頌文，3 背頁；對勘本版，書號 79，7 頁。漢譯來源：《阿毘達磨俱舍論》（T.29.1558.10c.6）。

「按你而言，說識無有遮止的緣故，若從有遮仍生心
識，則不能成。故眼睛見色，識卻不能。」[10]

毘婆沙宗又說，眼識不能見到細微塵及其聚集，而且眼識
也不能知道個個細微塵，但眼識卻能直接知道積累細微塵的和
合體。像是從遠處見到頭髮、沙子等時，雖未見到個個單位，
卻能直接看到累積眾多的和合體。祇多梨阿闍黎的《善逝教典
分別論》（བདེ་བར་གཤེགས་པའི་གཞུང་རྣམ་པར་འབྱེད་པ།）云：

「從根所生識，現識知微聚，
學者許此為，迦濕彌羅論。」[11]

祇多梨阿闍黎的《善逝教典分別論疏》（བདེ་བར་གཤེགས་པའི་གཞུང་
རྣམ་པར་འབྱེད་པའི་བཤད་པ།）又云：

「誠如經部等主張『具相心識為具境義者』，彼等如是
承許？或雖反對，卻許由根生識的現識慧不能具有境
相，如論言『無相根生識，直知微塵聚，根……』，故
境之似相介於中間，並非施設，而是直知微塵所積蘊
體。此言與他人『（直知）具支者』的主張不同，因為

<hr>

10 德格版，論，阿毘達磨，ཅུ卷，第一品，74背頁；對勘本版，書號80，177
頁。漢譯大藏經內並無此譯。

11 德格版，論，中觀，ཤི卷，第2句偈頌文，7背頁；對勘本版，書號63，884頁。
漢譯大藏經內並無此譯。

極微塵等不能被色根所見。既然如此，請問，（現識）
如何能夠見境等？個個微塵不能被色根所見，但與境的
種類相同的同俱他相卻是唯一的色根行境。雖然個個微
塵不能得見，不代表絕對不能見到微塵聚體，又如遠處
不能見到散落的頭髮，卻可緣取頭髮的總相。」[12]

　　毘婆沙宗主張，根識知境的時候，境識之間不會有相的介
入，識不需經過某相方能直知裸境。經部等主張，根識為具相
者。由根識所引的心識等，若能具相，更能容易知境，依據此
義，成立根識具相。又說，根識知境的時候，必須具相知境，
若無具相就能明顯知境，將會存在「其境將成明性」的過患。

　　主張具相者是如何解說心識具相知境的呢？有如看見染色
的純淨玻璃時，雖然同時見到顏色及玻璃兩者，但玻璃是以自
身的方式呈現，而顏色是以影像的方式呈現，令識知境，所以
根識會不斷地現起似境之相。經部等承許具相者共同認為，根
識會經由（類似色聲的）影像見到色聲。「眼識現起境相」是
指眼識成為了此境及此境相的具有者，而且，於眼識現起的境
相並非有別於眼識。菩提心要阿闍黎（བྱང་ཆུབ་སྙིང་པོ）的《智要總
集本釋》（ཡེ་ཤེས་སྙིང་པོ་ཀུན་ལས་བཏུས་ཀྱི་བཤད་སྦྱར）云：

> 「經部論師等主張，士夫見染色清淨玻璃時，眼睛現識
> 將持玻璃及顏色兩者。以影像門持取顏色，故士夫持取
> 二所取。此現識之相僅屬識相。又說，若無心識所見顏
> 色形狀之依據處，將不成微塵聚、成不觸性，故言二所
> 取。」[13]

　　如果經部論師主張心識為具相者的話，這與唯識論師的主
張又有何不同呢？在否定心識無相及成立心識具相的立場上，
經部及唯識兩者都持有相同的觀點，然而，與心識性質別異的
微塵積聚色法是否存在的論述上，卻持有不同說法。《智要總
集本釋》云：

> 「若識具相，此時，與瑜伽行有何差異？此差異為有無
> 聚色。意識衰退時，承許存在微塵聚色。」[14]

　　根據承許外境的宗義，青色與持青眼識兩者皆屬質體異。
青色為因，「由青所起、屬心識性的類似青色影像」為果，因
為具有類似青色影像，故稱「見青」，見青的意思也是如此。
光是這樣，就足以成立感受青色的說法。寂護阿闍黎的《中觀
莊嚴論》云：

13　德格版，論，中觀，ㄝ卷，42 正頁；對勘本版，書號 57，891 頁。漢譯大藏經
　　內並無此譯。
14　德格版，論，中觀，ㄝ卷，42 背頁；對勘本版，書號 57，892 頁。漢譯大藏經
　　內並無此譯。

「許識具相方，此二直別異，

彼似影像故，僅觀立覺受。」[15]

《中觀莊嚴論》又云：

「若誰不承許，境相所生識，

於彼知外境，此相亦不在。」[16]

凡是承許外境，就必須認可「由外境義相所生的根識」；若不承許外境，則不存在「明顯見到某者等同明顯見到外境的似相」。雖自傲成立「了知外境」的論述，但外境義相是無法被安置的。寂護阿闍黎本身爲隨瑜伽行中觀師，在如何安置名言的論述上與唯識相同，故做此說，應當了知。

甲三、對於相的顯現，能取所取等數的爭論

如前已述，根識知境的時候，根識會以具相知境。對此論述，有人反駁道，看到各式顏色的圖案時，有多少顏色就會產生多少行相，否則就不能算是類似境的行相，就無法如實了知其境。又說，因爲心識與行相性質無有別異，所以有多少行相

---

15 德格版，論，中觀，ས卷，第19句偈頌文，53背頁；對勘本版，書號62，897頁。漢譯大藏經內並無此譯。

16 德格版，論，中觀，ས卷，第20句偈頌文，53背頁；對勘本版，書號62，897頁。漢譯大藏經內並無此譯。

就該有多少心識，做此反駁。

其回覆有三，細節將在《佛法哲學總集》中說明。一、能取同數——當識現起各式境相時，也會生起相同數目的心識，有做此承許者。二、半卵對開——單一心識只會現起單一境相，有做此承許者。三、種種無二——單一心識可以現起各式境相，有做此承許者。

大多數的唯識論師及中觀論師承許種種無二的論述，也就是單一心識現起各式境相。他們主張，不需要兩個以上的眼識才能看到花紋的各種顏色，只靠單一執取花紋的眼識，就能同時執取各種顏色。

甲四、遮遣趨入及成立趨入的論述

為了能夠了解心如何趨入境，就要了解「以遮遣門趨入境」及「以成立或事物門趨入境」兩者及其之間的差異，這極為重要，在此略做說明。

以遮遣門趨入境的分別識，具有幾項特徵：一、因的特徵——並非是以位於前方的境（如外在境）作為所緣緣後而生，而是來自內在心識的串習及習氣所生。二、境的特徵——並非依賴個別自相義作為所現境，而是由義總或分別所造之法作為所現境。三、作用的特徵——混合境、時、性質而見其境、趨入其境。具有上述特徵的心識稱為「遮遣趨入」。

以遮遣趣入之理：譬如，執瓶分別識見到瓶子的時候，不會見到與瓶子的境、時、性質為一的所作性及無常等諸法，卻只會從爾法中見到單一的法。以瓶子為例，瓶子的特徵如：是無常、是所作性、是人為所造等，存在著不可計數的特徵。然而，執瓶分別心趣入瓶子的時候，只會遮遣瓶屬非瓶而趣入，不會遮遣瓶屬常、瓶屬無作性等，而趣入瓶屬無常、瓶屬所作性等境。所以，這種心識趣入其境的時候，會以遮遣的方式或是區分境的特徵後而趣入。這道理在量學大阿闍黎吉祥法稱所著的《釋量論自釋》中非常明顯地說到。此論云：

「『比量亦緣法，決定一法時，應緣一切法，遮遣無此過。』（他宗）現識見何法時，不需被餘量所趣入，不僅如此，比度亦以成立門了知事物，卻非以遮遣門了知。（自宗）爾時，了知一法時，與此法無別異之諸法皆可了知，將成不被餘量所趣入[17]，因為若決定有法，與有法性質為一之法不被決定，實不應理。此故，比度遮遣增益執時，僅遮遣單一增益執，並非遮遣其餘，故被他（量）所趣入。（他宗反問）若能決定未知之前，必須先有顛倒執，非耶？（他宗舉出不一定之例）譬如

---

17 譯者註：正量了知聲音本身的同時，如果與聲音性質為一的無常都能同時了解的話，就不需要其他正量趣入餘境，如聲為無常等。因為光是了知聲音的正量就能了知聲音是無常，就不需要以正因去推理聲音是否無常，進而生起認知聲為無常的比量了。

依暫時性因——由煙知火為例，不可能存在非火增益。此故，不應遮遣諸法。（自宗）如前已言，若知有法，與彼無有別異故，將知諸法。然而，若別異、無有相屬，則不能知。於彼（暫時因）之例，雖已見煙，然不決定爾性（是否有火）又是為何？僅是因為顛倒執。此人遠離『彼處有火』的執取、決定彼處為無（火處）性，如何不是顛倒？遠離增益及懷疑者，不需為了證悟（有無火）而後隨（比度）證悟，也不需崇敬隨轉隨遮。『故如是說因，是遮遣有境。餘則有法成，餘有何不成？』」[18]

此論又云：

「此復，依聲與因遮遣而證，卻非依成立事物之本性。如何能知？因有餘量及餘聲趨入……」[19]

以離分別根現識為例，就像執瓶眼識看到瓶子的同時，一定會看到與瓶子境、時、性質為一的所作性及無常等諸法。之所以會有如此的看法，因為無關「瓶子」的聲音，或是作意「此為瓶子」，而是因為此識相遇了其所緣境瓶子，且所緣境

18　德格版，論，量，ཤེ卷，第一品，275背頁；對勘本版，書號97，934頁。漢譯大藏經內並無此譯。

19　德格版，論，量，ཤེ卷，第一品，275正頁；對勘本版，書號97，932頁。漢譯大藏經內並無此譯。

呈現其相給予該根識的緣故。此故，成立趨入識等，不會混合其他境、時、性質等，個別自相境上有什麼，就會看到什麼，只會以這種方式趨入於境。《釋量論》云：

「義自性是一，體性是現事，
有何未見分，為餘量所觀。」[20]

上述的說法是以現識為主。

此外，如同在之前闡述分別與離分別差異時已論及般，無論任何一種心識趨入境時，若會區分其境的種類或整體、功德或特徵、異或非異、境或時等差別而趨入其境，皆係以遮遣趨入。吉祥月稱的《顯句論》也云：

「為能顯示五根識等皆為愚蠢故……」[21]

論說根識為愚性，相較起來，分別識較為聰明，說其差異。

「以遮遣門趨入」與「區分境的特徵後趨入」意思相同。譬如，執取樹木的分別識趨入樹木時，去除了樹木的其他特徵，如樹木為無常、所作性等，僅趨入的唯一境就是樹木返

20　德格版，論，量，ཧྲེ卷，自義品，第 43 句偈頌文，96 正頁；對勘本版，書號 97，473 頁。漢譯來源：法尊法師譯《釋量論》。

21　德格版，論，中觀，ཨ卷，第一品，25 背頁；對勘本版，書號 60，59 頁。漢譯大藏經內並無此譯。

體[22]。當心緣念瓶子的時候，會覺得由一個心識在同個時間內見到並執取了瓶口、瓶底、瓶腹等，這是因爲心識趨入的速度很快的緣故。可是，仔細檢視自己的分別心如何趨入境時，會發現執取「此是瓶口」的時候，並不執取「此是瓶底」或「此是瓶腹」；執取「此是瓶底」的時候，只會執取單一的境，並不會去執取其他。當心意念「此爲聚支瓶子的總相」時，並非執取各個支分爲何，這是很明顯的。總之，分別心趨入境時，並非由境事物之力呈現其相令識趨入，而是心識去朝向境的本身，尋找某個點後再來趨入，這個已尋獲的點或心識緣念的法才是趨入的對象，除此外，不會趨入其他法。《釋量論》云：

「盡其增益分，為遣除彼故，
其決定與聲，亦唯有爾許，
彼等境有異。」[23]

相反地，離分別識等不會區分境的特徵而趨入。一般而言，像是鏡子映現影像般，離分別心趨入境時，只是從境呈現其相後，從而趨入，並非從識去朝向境後執取或檢視而趨入。無論趨入任何境時，但凡此境的所有可見特徵或功德都

22　譯者註：樹木返體指的是樹木本身。

23　德格版，論，量，ཅེ།卷，自義品，第 50 句偈頌文，96 背頁；對勘本版，書號 97，474 頁。漢譯來源：法尊法師譯《釋量論》。

得成爲趨入的對象，故說「不會區分境的特徵而趨入」。《釋量論》云：

「故由見於法，見一切功德。」[24]

此外，「隨聲力趨入」（བརྡ་དབང་གིས་འཇུག་པ།）也被安立爲遮遣趨入。在量學中出現多次有關「聲」的詞彙，如，名聲兩者中的聲、將聲結合於某義、隨聲力趨入境等諸多論述。遮他論中的「分別心隨聲力趨入」的意思是，透過聲義爲聲總，識朝向境而趨入之識係遮遣趨入，反之，隨境相呈現之力令識趨入之識係成立趨入。

遮遣趨入的性質：區分境的特徵後趨入。此又分聲及識兩者。遮遣趨入之聲：所有的能詮聲。遮遣趨入之識：所有的分別心。至於有沒有遮遣趨入之補特伽羅則有兩類說法。遮遣趨入之識與分別心同義。

成立趨入的性質：不區分境的特徵後趨入。成立趨入之識：所有的離分別識。成立趨入之識與離分別識同義。

總之，聲與分別心皆屬遮遣趨入、遮他趨入、隨欲力趨入、隨聲力趨入、隨義總力趨入、區分境的特徵後趨入等，上述所說皆係同義。同樣地，以成立門趨入其境、依成立相力趨

---

24 德格版，論，量，ཤེ 卷，自義品，第 45 句偈頌文，96 背頁；對勘本版，書號 97，473 頁。漢譯來源：法尊法師譯《釋量論》。

入、依事物力趨入、不隨聲力趨入、明顯見其境而趨入、不區分境的特徵後趨入等，皆係同義。

執瓶現識會見到並趨入所有瓶上的所作性及無常等特徵，但執瓶分別會去區分瓶上的特徵，只會趨入「瓶爲倒非瓶」的唯一特徵；應當由此了知成立趨入及遮遣趨入的差異。《釋量論》云：

> 「於所見若知，是總義分別，
> 不增益餘分，除爾許行境。」[25]

此論（第一卷）又云：

> 「若謂諸言句，由事力而說，
> 不依樂說欲……」[26]

因爲佛教學者們說了聲音及分別會以遮遣門趨入，從此也能了知許多與「聲如何趨入境」相關的要義。就以「花白」爲牛的例子而言，因爲透過聲音將「牛駝峰及垂胡肉等[27]結合

---

25 德格版，論，量，ᢒ|卷，自義品，第 48 句偈頌文，96 背頁；對勘本版，書號97，474 頁。漢譯來源：法尊法師譯《釋量論》。

26 德格版，論，量，ᢒ|卷，自義品，第 65 句偈頌文，96 背頁；對勘本版，書號97，475 頁。漢譯來源：法尊法師譯《釋量論》。

27 譯者註：牛駝峰爲牛背上突出的峰，垂胡肉爲牛頸下的垂肉。

體」介紹爲「牛」的緣故，之後看到「黑俯首」[28]時自然會產生「這就是牛」的想法。外道勝論派談及爲何會產生這種想法的理由時，他們說，有個遍佈「花白」及「黑俯首」的他共義（ཁྱི་དོན་གཞན），也就是所謂的「僅牛」。這個「僅牛」是種有別於「花白」及「黑俯首」的常法。

較於勝論派，佛教自宗並不這麼認爲，這種想法之所以產生是因爲，緣取了「花白」及「黑俯首」後會自然發起「相似識」。「花白」及「黑俯首」兩者具有相同的牛的作用，所產生的效應也都相同，在這種基礎之上介紹（何爲）的緣故，事後看到另一方也能產生「這就是牛」的想法。

佛教的量學者們認爲，仔細思考的話，所謂的「共義識」（ཀྱི་དོ）就是相似識。隨著我等俱生的習氣，當我們看到種類相同的法時，就會產生這種相似識。同樣地，言「瓶子」的聲音及其義——瓶子——兩者之間，並無任何境上的關聯，只有由世間名言之力所建立的關聯而已。所以，「聲音詮釋其義」是極度依賴著說者的欲說動機。

排他論及聲境論，是佛教量學阿闍黎——陳那及法稱——的巔峰宗見，更是古老印度哲學思想的無上偉業。該廣泛內容將於《佛法哲學總集》中細說。

---

28 譯者註：俯首而行的黑牛。

甲五、以心趨入境的過程為例說明七種心

接下來，將以補特伽羅觀察境的方法為例，說明心識如何趨入其境。一般是依據「識如何趨入境之方法」將心識區分為七種類別，據說這是由恰巴阿闍黎——西藏的量學大學者——所創的分類法。

恰巴是如何將心識決定分為七種類別呢？

一般心識趨入境的方法分為兩大類：一、未區別正相違法，從此置為一方而趨入，如：疑，像是懷疑可能是無常，也可能是常，所以不做區別。二、將別異者置為一方而趨入。後者又分兩類：一、不相順實況而趨入，如顛倒識。二、相順實況而趨入。後者又分兩類：一、不損害反方增益執著的情況下趨入其境，如見而不定。二、損害反方增益執著的情況下趨入其境。後者又分兩類：一、趨入已知境，如已決識。二、趨入尚未得知之境。後者又分兩類：一、明顯看到自相而損害增益執，如現識。二、不明顯看到自相而損害增益執。後者又分兩類：一、跟隨正因，如比度。二、不跟隨正因，如伺察識。以上，非量者有五識，量識有二；總計因「識如何趨入境」而分為七識[29]。

---

[29]　恰巴所著的《驅意闇量論》，頁數 7。

　　補特伽羅的心識趨入其境的順序又是什麼呢？首先，因為對實相的不了解，於內續中產生了增益及減損等顛倒識。此後，強烈執取一方的顛倒分別被「應成」所推翻，產生疑識。此後，思惟正因三相等理由去除疑識，生起伺察識。光是如此仍不能滿足，還須再由妙觀察慧反覆思惟的緣故，生起了比量，方能於所立之宗發起堅固決定。光是決定其義仍不能滿足，還須長期串習，令其思惟轉為自心習慣，方能發起如是串習心續的已決識。正因三相之所以能夠成立，最終還得靠現識。不只如此，還得透過串習力，最終將正量所決定的內容遠離義總，成為明見其義的現識。所以，現識中不僅只有明顯見到其境的見而不定。以下依照上述粗略解說的順序，對七識做進一步的論述[30]。

乙一、顛倒識

　　解說顛倒識。七識中，以補特伽羅如何了解隱蔽分的順序而言，首先因為不了解實際境的狀況，產生了具有顛倒看法的非理作意。由這種作意加深了悅意及不悅意的增益執，產生了更為強烈的貪瞋。隨著貪瞋，令身語意行僅僅相應惡作，讓自他身陷入痛苦之中。所謂的「顛倒識」正是引發貪等煩惱，以

30　達賴喇嘛尊者說過，以這種方式介紹七識順序會較為容易理解。

及產生不欲痛苦的因及緣。爲了能夠遮擋痛苦等的初因識，首先得認清什麼是對眞相的不了解或顚倒執，再去遮擋，這點極爲重要。

那麼，什麼是正確的心識，以及顚倒識或對眞相的無知呢？這要看該識的背後有沒有量爲後盾、該識所執取的內容是否與實際情況相同。譬如，從遠處看到有道很強的光，這道光雖是來自冰雪，卻被執取爲來自玻璃的時候，這種執取心識就是顚倒識。靠近去看的緣故，剛才的執取識瞬間瓦解，認知此光係冰雪之光，這種心識就是正確的心識。先前心識的執取被其後的心識所損害，由此區分量及非量的差異。《釋量論》云：

「彼中何有量，彼於餘能害。」[31]

慧心要阿闍黎（ཡེ་ཤེས་སྙིང་པོ།, 八世紀左右）的《分別二諦文》（བདེན་པ་གཉིས་རྣམ་པར་འབྱེད་པའི་ཚིག་ལེའུར་བྱས་པ།）云：

「若受量所害，量我成不堅。」[32]

---

31 德格版，論，量，ཐེ卷，利他品，第99句偈頌文，143正頁；對勘本版，書號97，583頁。漢譯來源：法尊法師譯《釋量論》。

32 德格版，論，中觀，ཤ卷，第28句偈頌文，2背頁；對勘本版，書號62，757頁。漢譯大藏經內並無此譯。

顛倒識的性質：於爾之主境顛倒之識。如《入楞伽經》云：

「顛倒無所知。」[33]

顛倒指的是將有執取爲無、將無執取爲有、將非執取爲是、將是執取爲非的心識。顛倒識分爲，顛倒分別以及顛倒離分別兩者。執取半夜爲白日的分別、執取兔角的分別、執取聲爲常法等，都是顛倒分別。見雪山爲青的眼識、執取白螺爲黃的根識、見月爲二的根識、執取陽焰爲水的眼識、見樹木行走的根識等，皆是顛倒離分別。

乙二、疑識

解說疑識。以強烈一方偏執[34]——如執取聲爲常法——爲例，透過檢視這種顛倒執的境是否被量所害，或經他人以無誤的應成推理聲音應屬無常，以及聞思詮釋聲爲無常的典籍等，鬆弛「聲音絕對是常法」的執取，產生了「聲音可能是常」的不合義疑（དོན་མི་འགྱུར་གྱི་ཐེ་ཚོམ།）。再次仔細觀察聲爲常的執取是否被量所害，產生了「聲音也可能是常，也有可能是無常」的等分疑（ཆ་མཉམ་པའི་ཐེ་ཚོམ།）。再次針對其義做了更深入詳細的觀察，

---

33 德格版，經，經典，ཤ卷，第六卷，254正頁；對勘本版，書號49，654頁。漢譯來源：《入楞伽經》（T.16.672.609b.5）。

34 譯者註：一方偏執爲「執取錯誤單方」的顛倒執。

加上其他人以正確的成立語推理等途徑，產生了「聲音應該是無常」的合義疑（དོན་འགྱུར་གྱི་བེ་ཚོམ།）。

疑識的性質：依自力於爾境起猶豫二邊之識。以聲無常為例，「二邊識」指的是「是無常」的一邊，以及「不是無常」的第二邊。《攝決擇分》又云：

> 「疑者，猶豫二分不決定心所為性。」[35]

如上述，疑分三者：一、不合義疑，如念「聲在常與無常之間，應該是常」的心所。二、等分疑，如念「聲在常與無常之間，到底是哪個」的心所。三、合義疑，如念「聲在常與無常之間，應該是無常」的心所。

乙三、伺察識

解說伺察識。為了讓自續中的「聲音應該為無常」的合義疑轉為執取「聲音絕對是無常」的心識，透過他人以正因推理，或是自己思惟等方法，產生「聲音絕對是無常」的伺察識，執取「聲音絕對是無常」。直至尚未發起正量決定之前，這種緣取聲為無常的心識稱為「伺察識」。上述內容主要是以

35　德格版，論，唯識，ཤི卷，第十一品，110正頁；對勘本版，書號 74，264 頁。漢譯來源：《瑜伽師地論・攝決擇分》（T.30.1579.622a.17）。

「如何因理由產生緣取隱蔽分的伺察識」為主，而做此解說。

伺察識的性質：雖於爾之主要所趣法執取一方，卻仍未獲果斷義的耽執。因說「爾之主要所趣法」，斷除了顛倒識及伺察識的同屬。因說「執取一方」，斷除了疑識與伺察識的同屬。因說「耽執」，斷除了現識與伺察識的同屬。因說「未獲果斷義」，斷除了比度與伺察識的同屬。雖然在陳那阿闍黎及法稱阿闍黎的教典中沒有明顯使用伺察識的詞彙，但寂護阿闍黎的《真如集論》卻云：

> 「他者從聲生，知義故聲生。
> 作故無作性，亦稱信詞句，
> 具境隱蔽分，故非為現識，
> 比度亦非是，遠離此性相。」[36]

我等認為，此論的說法等同顯示了伺察識。這段論文指出，數論派主張非現量，亦非比量的他者——「聲生量」。自宗雖也認同有種執取隱蔽分的心識是從聲音所生，但這並非是現量、比量其中一者，所以只能是伺察識。因為在某些西藏學者的大教典中，引用了上述引文作為伺察識的依據，故於此處

---

36 德格版，論，量，ଶ୍କ卷，第二十三品觀他量品，第 3-4 偈頌文，54 背頁；對勘本版，書號 107，135 頁。漢譯大藏經內並無此譯。恰巴安置伺察識的論述，但被薩迦班智達的《量理寶藏》所駁斥。俄派的量學者們，以及宗喀巴父子的追隨者們卻主張伺察識的論述。

引用相同引文。

伺察識又分五者：一、無理伺察識，如，什麼理由都沒有，卻覺得「瓶子就是所作性」的伺察識。二、違理伺察識，如，以無作性的理由認為「瓶子就是所作性」的伺察識。三、理不定伺察識，如，以所量的理由認為「瓶子就是所作性」的伺察識。四、理不成立伺察識，如，以眼識所取的理由認為「聲音就是所作性」的伺察識。五、有理卻未確立伺察識，如，雖未決定聲音是所作性，也未決定所作性一定是無常，但以所作性的理由認為「聲音是無常」的伺察識。其中最後一項是指：以所作性的理由成立聲為無常，這個理由雖是正因，但其正因所立士夫[37]卻未決定聲為所作性，也未決定所作性一定是無常，卻發起了「聲音是無常」的伺察識，故稱「有理卻未確立」。

此外，伺察識的另一種分法為：一、無理伺察識。二、理不定伺察識。三、依據似理的伺察識，共三者。

總之，生起了「蘊等無常」的聞所生慧，直至思所生慧尚未發起之前，此人相續中的緣取蘊等無常的聞所生慧，是種於其境真相的一方執取，但尚未獲得正量決定，這類的心識除了

37　譯者註：在「他義因相」時，通常會有立因者，及安立該因時的對方兩者，此謂後者。

伺察識外，並非其他六識中的任何一者。

乙四、比度

解說比度。相續中存在緣取聲爲無常的伺察識之士夫，因爲想要了知聲音爲無常，以正念、正知之門強烈觀修的結果是，初次發起了證悟聲爲無常的思所生慧，這就是比度。這種比度正量最初依賴著執聲耳現識，最終轉爲證悟聲爲無常的瑜伽現識。

比度的性質：依據爾因正理，於其所量隱蔽分無有欺誑之耽執。《集量論頌》云：

「（比量二）自義，三相因見義」[38]

見到理由、憶念相屬之後，推理所立之宗，故稱「比度」。[39] 於所知爲量的比度又可分三：一、事勢比度（དངོས་སྟོབས་ཀྱི་རྗེས་དཔག）。二、極成比度（གྲགས་པའི་རྗེས་དཔག）。三、信許比度（ཡིད་ཆེས་རྗེས་དཔག）。

事勢比度的性質：透過事勢正因，於爾境略隱蔽分無有欺

---

38 德格版，論，量，ཅེ 卷，第二品，第1句偈頌文，4正頁；對勘本版，書號97，8頁。漢譯來源：法尊法師譯《集量論頌》。

39 譯者註：比度的藏文直譯爲「後推」，故做此說。比度的中文詞義：見到理由、憶念相屬、舉出比喻之後，於所立之宗的度量，故稱「比度」。

誑的耽執。譬如，了知聲爲無常的比度。《釋量論》云：

「比量自行境，說不待於教。」[40]

論說，事勢比度不需依賴教言。

極成比度：透過極成正因，於爾境聲生共稱無有欺誑的耽執。譬如，了知「可以將懷兔稱爲月亮」[41] 的比度。《釋量論》云：

「以是離比量，名稱異有境。」[42]

信許比度：透過信許正因，於爾境極隱蔽分無有欺誑的耽執。譬如，透過三察清淨的教言因，了知爾之所量極隱蔽分的比度。《釋量論》云：

「可信語不欺，由總雖不現，
無位故此覺，亦說爲比量。」[43]

40　德格版，論，量，ᢱ卷，利他品，第48句偈頌文，141正頁；對勘本版，書號97，578頁。漢譯來源：法尊法師譯《釋量論》。

41　譯者註：在藏文中，「懷兔」是月亮的異名之一。

42　德格版，論，量，ᢱ卷，利他品，第118句偈頌文，144正頁；對勘本版，書號97，585頁。漢譯來源：法尊法師譯《釋量論》。

43　德格版，論，量，ᢱ卷，自義品，第214句偈頌文，102背頁；對勘本版，書號97，488頁。漢譯來源：法尊法師譯《釋量論》。

乙五、已決識

解說已決識。就以一位續中具有證悟聲爲無常的比量之士夫爲例，存於此人相續中，緣取聲爲無常正量的後刹那等，皆係已決識。

已決識的性質：引發爾的前量的已證、未忘之義，再次隨著念力執取該境之識。《釋量論》云：

「緣於已取故，不許彼世俗。」[44]

上段引文的詞義是，不許世俗憶念的已決識爲量，因爲能引爾者的前量的所取已證未忘之義，由憶念力再次執取的緣故，此識係已決識，並非爲量。

已決識又分爲現識已決識與分別已決識兩種。現識已決識共有兩種，如執瓶眼識的第二刹那，爲根現已決識；如他心通的第二刹那，爲意現已決識。分別已決識也有兩種：一、由現識引發的分別已決識，如，執青根識所引發的知青決定識。二、由比度引發的分別已決識，如，由了知瓶爲無常的比量所引發的了知瓶無常的決定識。

先前所說「現識後刹那及比度後刹那等皆是已決識」，如

---

44 德格版，論，量，ड़े卷，成量品，第 3 句偈頌文，107 背頁；對勘本版，書號 97，500 頁。漢譯來源：法尊法師譯《釋量論》。

阿闍黎法上的《決定量論疏》云：

> 「初者現識及比度後剎那，因決定具足能力引發作用者
> 事物的續流，令所趣境能發起作用。此故，比續流之成
> 住無異後者等，皆斷為量。」[45]

乙六、現識

　　解說現識。以一位相續中具有證悟聲為無常的已決識之士
夫為例，經由反覆伺察「聲為無常」，由此串習，依序修習九
住心等，最終遠離聲為無常的義總，產生明顯證悟聲為無常的
現量，此為四種現識中的「瑜伽現量」，以下將做說明。

　　現識的性質：離分別的無錯亂識。例如執瓶眼識。於《集
量論頌自釋》中所安立的阿毘達磨經義為：「因具眼之別識，
故知青色，不想『此為青色』。」[46] 此論文中的「因具眼之別
識，故知青色」顯示了「無錯亂識」；論中的「不想此為青

---

45 德格版，論，量，ᠬᠢ卷，第一品，9背頁；對勘本版，書號104，779頁。漢譯
　　大藏經內並無此譯。在西藏的量學家中，薩迦班智達主張，現識定屬量，因為
　　在《量理寶藏・現識品》中說：「無謬故為量。」謂無有錯誤為理由，將現識
　　承許為量，已決識定屬分別念識，並說於現識中不存在見而不定。克主傑的
　　《七量部莊嚴驅意闇論》雖也這麼說，但俄宗量學者們，以及格魯量學者們，
　　如賈曹傑及其追隨者等主張，於現識中存在已決識及見而不定。

46 德格版，論，量，ᠬᠢ卷，第一品，15背頁；對勘本版，書號97，60頁。漢譯
　　大藏經內並無此譯。

色」顯示了「離分別」，故而圓滿說到現識性相。此外，《正理滴論》也云：

「此中，現識是遠離分別、無有錯亂的。」[47]

所謂離分別的意思，並非指遠離分別返體，或遠離分別質等，而是遠離混合聲義而執取的耽執。亦如前所言，若有某識並非混合聲義而執取的耽識，此識叫作「離分別」。不錯亂的意思是，於所現境無有錯亂。至於現識所離分別的性質為何、分別識等又是如何具足聲義等內容，在之前「分別及離分別」的論述中，已經說明。

現識又分四者：一、根現識。二、意現識。三、自證現識。四、瑜伽現識。

根現識的性質：從爾不共增上緣色根所生，離分別的不錯亂識。根現識分五：執色根現識至執觸根現識，共有五者。執色根現識的性質：依賴爾之不共增上緣眼根以及所緣緣色法，所生的離分別不錯亂識。此又分三：一、執色根現之量，如，執色根識的第一剎那。二、執色根現之已決識，如，執色根識

47　德格版，論，量，कᢒ卷，第一品，231正頁；對勘本版，書號97，812頁。漢譯與藏譯稍有不同，因為漢譯原文一致將現識翻成現量，而現識不一定是現量，如見而不定及現識已決識等皆非現量卻是現識。漢譯原文來自由徐梵澄譯、北塔藏文班及劉曉丹編校、雲丹審核的《正理滴論》。

的第二剎那。三、執色根現之見而不定，如，猶豫是否見到色法的疑識直接引發的執色根現。由此類推其他四種根識[48]。

意現識的性質：從爾不共增上緣意根所生，離分別的不錯亂識。《集量論頌自釋》云：

「意亦緣取色等境，以領納相趨入，僅屬無分別。」[49]

凡夫續中的意現識又是為何呢？

古老印度佛教的量學家們，對於「凡夫的意現識能不能夠引發境的決定識」，持有不同的立場，該細節將於《佛法哲學總集》中解說。

有關自證現識。自證的性質：能取相。自證現識的性質：離分別的不錯亂能取相。自證與自證現識同義。自證僅緣內心境。帝釋慧阿闍黎的《釋量論釋》云：

「然明己性，明前識之識將為成立自證，非由他識領納。」[50]

在佛法宗義之間，對於主不主張自證論述的差異等，將於

---

48 譯者註：執聲、香、味、觸的四種根現識。

49 德格版，論，量，शे卷，第一品，15背頁；對勘本版，書號97，60頁。漢譯大藏經內並無此譯。

50 德格版，論，量，शे卷，現識品，254背頁；對勘本版，書號98，618頁。漢譯大藏經內並無此譯。

《佛法哲學總集》時說明。

瑜伽現識的性質：從爾不共增上緣止觀雙運所生，離分別、具真諦相的意現識。《釋量論》云：

「瑜伽智前說，彼等修所成，
由除分別網，是明瞭顯現。」[51]

《釋量論》的第二品——成量品——中說，瑜伽者續中的現證真相的心識為瑜伽現識，因為這是由觀修緣取真諦義的止觀雙運三摩地所生，於真諦義遠離分別、無有錯亂的心識。

以上所述現識性質及分類皆以經部的宗見為主。根據唯識師及隨瑜伽行中觀師的見地，現識的性質為「離分別，不被暫時謬因所亂」。根現識的性質為「由爾不共增上緣色根及堅定習氣所生的離分別識」。其他現識亦復如是。法稱阿闍黎的《定量論》云：

「他者，謂習氣堅定故，乃至未離輪迴，隨後相屬。較於名言無有欺誑，於此為量。」[52]

51　德格版，論，量，ཤེ卷，現識品，第281句偈頌文，129正頁；對勘本版，書號97，551頁。漢譯來源：法尊法師譯《釋量論》。

52　德格版，論，量，ཤེ卷，第一品，167正頁；對勘本版，書號97，648頁。漢譯大藏經內並無此譯。

「從堅定習氣所生」的意思是，無始以來，長期而有的爾因同類習氣為堅定習氣，由此所生故。現識可分根現識等四。根現識又分五：執色根識至執觸根識間，共有五者，此分類法與經部相同。

乙七、見而不定

解說見而不定。依據經部宗，見而不定的性質為「雖然明顯見到爾的所趨境自相，但卻不能引發決定之識」。見而不定的詞義：雖已明顯見到爾的所趨境自相，然尚未決定。《釋量論》云：

> 「識則無功能，不緣他義故。」[53]

根據主張自證的宗見而言，見而不定可分為三：一、見而不定的根現識，如，耳識強烈貪於悅意聲音時的執色根現識。由此推理鼻識等也可成為見而不定。二、見而不定的意現識，如，在凡夫續中的執色根現識之後，所生的執色意現識。三、見而不定的自證，如，領納凡夫續中的執色意現識的自證現識。

---

53 德格版，論，量，शे卷，成量品，第113句偈頌文，111背頁；對勘本版，書號97，510頁。漢譯來源：法尊法師譯《釋量論》。

　　若以「煙」與「火」的個別事例來解說七識，依序為，一、「於某煙山上應無有火」的顛倒識。二、「此煙山上是否有火，應該有吧」的疑識。三、「此煙山上一定有火」，但尚未以量決定的伺察識。四、由煙因決定了「煙山有火」的比度。五、前述比度之第二刹那的已決識。六、明顯認知此山有火的現識。七、雖然明顯見到此山之火，卻未以量決定是否為火的見而不定。

　　若以某位牧人正在尋找迷失於西方的家牛為例，當他人說「這頭牛正在東方」，而做出此顛倒顯示時，牧人產生「此牛一定在東方」的遍計執著，這種心識就是顛倒識。然後於東方找不到牛時，將會產生「應該不在這裡」的疑識。此後，因某人說「牛在西方」的實話，產生「牛絕對在西方」的伺察識。此後，因為看到牛的新足跡及聲音等，產生了「牛在此」的堅固正量決定，生起比量。這比度的第二刹那就是已決識。之後從遠處看到牛，但不能決定，是為見而不定。等到走近時，終於看到家牛，這種心識就是現量。透過以上牧人尋牛的例子，也可以得知七識如何發起。

第十一品
說心如何了知境的方法——因的論述

前已述及分別識及離分別識等，不只會以具相的方式趨入爾境，也會以遮遣門及成立門等方式趨入。現在要談無顛倒具境者等趨入爾境的時候，是依循何種方式了知其境。

心如何了知境，其方法可分為：一、以法爾理等四理論——四理——的方法；二、去除一方邪邊執的方法——應成；三、去除猶豫二邊疑的方法——成立語；四、去除顛倒識後，直接決定該境的因的方法。這些內容皆涵蓋在因明學範圍。所謂「因明」指的是「理學」。

甲一、法爾理等四理論

首先說明四理。誠如前述導師薄伽梵在經典中所言：

「如煉截磨金。」

佛陀告訴追隨他的弟子們，在學習教典的時候不應強調信心或虔誠的重要性，應以正理觀察、決定而行趨入，及確立真相的論述為何。吉祥那爛陀的學者們依此方式學習教典、觀察真相為何的過程中，有個極為重要的方法，就是佛教典籍中所說之著名的「四理」。

四理是指：一、根據真相去認清個個諸法的本性或法性為何，稱為法爾理；二、依據法爾理，認清相應於彼法性的作用為何；三、從該基礎之上，成立此如何依賴彼、因果之間的

關聯、支分及具支者，以及作事、作者、作處三者等觀待相屬
的性質。四、應用以上三理去檢視，才以比度之因推理「屬此
應屬彼」、「有此應有彼」、「非此應非彼」、「無此應無彼」
等所立之宗，稱為「證成理」。總之，根據真相為何而安置四
理：一、認清個個諸法的法性為何。二、在法性之上，其境的
作用為何。三、因此緣故，彼如何依賴此而存在。四、推論
「如何依賴」的理由學。

經論中關於四理名稱的介紹，如《解深密經》云：

> 「道理者，當知四種：一者觀待道理、二者作用道理、
> 三者證成道理、四者法爾道理。」[1]

又如《大乘阿毘達磨集論》云：

> 「若欲於法勤審觀察，由幾道理能正觀察？由四道理：
> 謂觀待道理、作用道理、證成道理、法爾道理。」[2]

根據《解深密經》提到的四理，無著聖者的《聲聞地論》
做了詳細解說。首先解釋觀待道理，論云：

1　德格版，經，經典，ঽ卷，第十品，51正頁；對勘本版，書號49，119頁。漢
　　譯來源：《解深密經》（T.16.676.709b.11）。

2　德格版，論，唯識，ঽ卷，第三品，103正頁；對勘本版，書號76，258頁。漢
　　譯來源：《大乘阿毘達磨集論》（T.31.1605.687a.15）。

「云何名為觀待道理？謂略說有二種觀待：一生起觀待。二施設觀待。生起觀待者，謂由諸因諸緣勢力生起諸蘊，此蘊生起要當觀待諸因諸緣。施設觀待者，謂由名身句身文身，施設諸蘊。此蘊施設要當觀待名句文身，是名於蘊生起觀待施設觀待，即此生起觀待施設觀待。生起諸蘊施設諸蘊，說名道理瑜伽方便，是故說為觀待道理。」[3]

接著說作用道理，論云：

「云何名為作用道理？謂諸蘊生已由自緣故，有自作用各各差別。謂眼能見色耳能聞聲，鼻能嗅香舌能嘗味，身能覺觸意能了法，色為眼境為眼所行，乃至法為意境為意所行，或復所餘如是等類。於彼彼法別別作用當知亦爾，即此諸法各別作用。所有道理瑜伽方便，皆說名為作用道理。」[4]

接著說證成道理，論云：

「云何名為證成道理？謂一切蘊皆是無常，眾緣所生苦空無我，由三量故如實觀察。謂由至教量故由現量故、

3　德格版，論，唯識，■卷，第六品，57背頁；對勘本版，書號73，138頁。漢譯來源：《瑜伽師地論》第二十五卷（T.30.1579.419b.8）。

4　德格版，論，唯識，■卷，第六品，57背頁；對勘本版，書號73，139頁。漢譯來源：《瑜伽師地論》第二十五卷（T.30.1579.419b.16）。

由比量故、由此三量證驗道理。諸有智者心正執受安置成立，謂一切蘊皆無常性眾緣生性。苦性空性，及無我性，如是等名證成道理。」[5]

最後談到法爾道理，論云：

「云何名為法爾道理？謂何因緣故即彼諸蘊。如是種類，諸器世間，如是安布。何因緣故，地堅為相，水濕為相，火煖為相，風用輕動以為其相。何因緣故，諸蘊無常，諸法無我，涅槃寂靜。何因緣故，色變壞相，受領納相，想等了相，行造作相，識了別相。由彼諸法本性應爾，自性應爾，法性應爾，即此法爾說名道理瑜伽方便。或即如是或異如是或非如是，一切皆以法爾為依，一切皆歸法爾道理，令心安住令心曉了，如是名為法爾道理。」[6]

法爾道理有三：一、如「火為炙」、「水為濕」等世間共許的法性。二、凡夫無有能力思尋的不可思議法性。三、諸法的究竟性——法性。如《聲聞地論》云：

「由法爾道理，於如實諸法成立法性、難思法性、安住

5　德格版，論，唯識，ཏི卷，第六品，58 正頁；對勘本版，書號 73，139 頁。漢譯來源：《瑜伽師地論》第二十五卷（T.30.1579.419b.23）。

6　德格版，論，唯識，ཏི卷，第六品，58 正頁；對勘本版，書號 73，140 頁。漢譯來源：《瑜伽師地論》第二十五卷（T.30.1579.419b.29）。

法性，應生信解、不應思議、不應分別，如是名為尋思
於理。」[7]

《聲聞地》中針對四理做了詳細的解釋。

有關觀待道理，分為「生起觀待」與「施設觀待」。以有
為法為例，苗的生起觀待其因種子等，果法等觀待其因緣的性
質或本性，這是生起觀待。施設觀待如：支分及具支者、和合
體及部分的觀待，例如，瓶子及瓶子支分、文名句以及所詮相
互觀待的性質等。

有關作用道理。由因緣所生的有為法，都自然存在著各自
的作用性，像是眼具見色的作用、火具燒灼的作用、風具動搖
的作用等。

有關證成道理。伺察如因果性等所立之宗的隱蔽分，與現
識等三量[8]沒有相違的能立因，像是由所作性因而立無常，由
煙因而立有火。

有關法爾道理。例如火為炙、水為濕等蘊法——因緣所生
的有為法——皆係各己的本性，有這種本性實屬法性，故說這
種性質或本性為法爾道理。確認法爾道理的時候，代表其解釋

7　德格版，論，唯識，叩卷，第十三品，135 正頁；對勘本版，書號 73，331 頁。
　　漢譯來源：《瑜伽師地論》第三十卷（T.30.1579.451c.28）。

8　譯者註：現識量、比度量，以及教言量。

或理由已至邊際。若問：為何色法具有觸碰性？答：因為這是法性。問：為何唯明唯觀的心識具有覺受性？答：因為這是法性。除此之外沒有其他理由。

甲二、去除執取一邊的邪分別的方法——應成
乙一、總說

今說去除執取一邊的邪分別的方法——應成。所謂「應成」，正是印度量學者們所說的「推理八句」或「推理十六句」中的「駁理」（ སུན་འབྱིན། ）。陳那論師的《因明正理門論》（ ཚད་མ་རིགས་པར་འཇུག་པའི་སྒོ ）云：

「成立及駁理，見似為他證，
現識及比度，見似為自證。」[9]

「推理八句」為：正成立語、見似成立語、正駁理、見似駁理、正現識、見似現識、正比度，以及見似比度。

9　此論雖不在德格版及究內版（ ཅོ་ནེ། ）中，卻在北京版及奈塘版的丹珠爾中。根據奈塘版及對堪本版，此來源的頁數細節等為：奈塘版，論，經典， ཟི། 卷，183 背頁；對勘本版，書號 97，442 頁。（在漢譯的《因明正理門論》中，未能獲尋此譯文。）在一些丹珠爾版本中，又將此論稱為「量論入理」（ ཚད་མའི་བསྟན་བཅོས་རིགས་པ་ལ་འཇུག་པ། ），並云：「能成能駁理，偕似令他解，現識及比度，偕似令自明。」此文與上述引文稍有不同。雖說漢譯的《因明正理門論》正是陳那論師的知名著作——《理門論》，但事實是否如此仍有待觀察。有些漢譯註釋中說，漢譯《因明正理門論》的作者是陳那的弟子「商羯羅薩名」（意譯：作樂歡喜）。

　　決定所量隱蔽分的無誤識爲比度；決定所量現前分的無誤識爲現識，故有現量及比量兩種正量。因隨他識，轉爲欺誑的緣故，爲能斷除謬處，經論說了見似現識及見似比度二者，故推理八句的後四句爲「決定自己所量的方法」。

　　反之，推理八句的前四句爲「決定他人所量的方法」。爲能斷除執取一邊的邪分別而示「駁理」；爲能斷除猶豫二邊的疑而說「成立語」；爲能斷除謬處，經論又說了「見似駁理」及「見似成立語」兩者。

　　根據龍樹菩薩的《精研論》（ཞིབ་མོ་རྣམ་འཐག）中所言：「量、所量二雜亂。」[10] 推理句義共有十六：一、正量。二、所量。三、疑。四、目的。五、喻。六、宗義。七、支分。八、推理。九、確立。十、辯論。十一、詮。十二、凡反皆駁。十三、見。十四、捨句。十五、似能破。十六、破處。

　　一般識可分爲：知境識及不知境識兩種。後者又區分爲：僅不知境識、邪分別，以及疑，共三類。邪分別又分兩種：一、執取沒有爲有的增益。二、執取有爲沒有的減損。增益又分兩種：一、透過理由或宗義所產生的遍計增益。二、並非透過理由或宗義，而是自然產生的俱生增益。應成的所斷邪分別，主要指的是遍計增益執及減損執。

10　德格版，論，中觀，ཚ卷，22背頁；對勘本版，書號 57，59 頁。漢譯來源：法尊法師譯《精研論》。

乙二、應成的內容與分類

　　所謂「應成」為何？將對方的主張作為理由，反駁道：「依你的立場，『應』該『成』為如此。」而拋出非對方所欲的「應成」，且令對方的立場產生矛盾，這種「相違語」的表達就是應成。例如，當對方咬定聲為常的時候，反駁道：「聲有法，應屬無作性，屬常故。」爾時對方以現識看到聲音由因緣所生為由，承許聲為所作性，卻又主張聲為常，故此立方駁道：「聲音應成無作性。」其理由是，以對方主張的「常」作為因相後，所拋出的「應成」。結果使對方不得不接受不想承認的極端論點——「聲應為無作性」。所以「應成」的詞義是：聲明對方立場應該屬於不合理的主張，或言：「若是如此，應成如是。」

　　什麼是應成的因相、所顯，以及諍處（又稱有法）呢？

　　以「聲有法，應屬無作性，屬常故」的應成推理模式而言，「聲」為此應成的諍處，「無作性」為此應成的「所顯」或「應法」，「常」為此應成的「因相」，「聲屬無作性」為此應成的「許義」（或「宗」），「常定屬無作性」為此應成的「正周遍」，「所作性」為此應成的「顛倒法」（又稱「顛倒應法」），「無常」為此應成的「顛倒因相」。

　　而應成的答覆有哪些呢？其答覆包括：「許」，「為何」、「因不成」，以及「不一定」等。

應成可分「正應成」及「見似應成」兩者。

正應成的性質：對方心中認定因相及周遍皆成立的時候，所拋出的對方不欲的「應成」；立方進行推理時，使敵方無法給予合理答案的「應成」。誠如解脫源藏阿闍黎（ བར་པའི་འབྱུང་གནས་ སྲས་པ） 的《推理論》（ རྟོག་གེའི་སྐད） 云：

> 「何謂『應成』？以正量成立之周遍差別，為令對方不喜，而拋『應成』，故稱『應成』。」[11]

正應成又分二：一、引出能立的正應成。二、不引出能立的正應成。引出能立正應成的性質：顛倒義具足三相的正應成。譬如，對於主張聲為常，並量決定常定屬無作性，以及了知聲為所作性的敵方，所拋出的「聲有法，應屬無作性，屬常故」的應成。此應成的「顛倒應法」是所作性。藉此「顛倒應法」作為因相，將「顛倒因相」，也就是無常，作為所立法的話，將成「聲有法，屬無常，所作性故」的正確論式。由此引出此論式的三相，將其轉為識境，故稱「引出能立」。

若是「引出能立的正應成」，必須是對方主張該論式的有法為因相，但正量絕不能成立該有法為因相，否則依此應成所

11　德格版，論，量， ཇེ 卷，遍斷他比度，358 正頁；對勘本版，書號106，986 頁。漢譯大藏經內並無此譯。

引出的論式之宗[12]將被正量所害。然而,其應成的周遍[13]必須由正量所成立,若不如此,由此應成所引出的論式將不能成異品周遍。[14]此應成的許義[15]必須是被正量所駁斥的,否則由此引出的論式將不成立「宗法」。[16]

不引出能立的正應成的性質:顛倒義不具足三相的正應成。譬如,對於主張聲為常,並以正量成立聲為所作性,以及所作性定屬無常的敵方,所拋出的「聲有法,應屬無常,屬所作性故」的應成。之所以為不引出能立的正應成是因為,若將此應成的顛倒應法——常——作為因相,將此應成的顛倒因相——無作性——作為所立法的話,將無法成立正確論式的緣故。

總之,引出能立的正應成作用為:對方主張有法為因相[17],

---

12 譯者註:此應成所引出的論式「聲有法,屬無常,所作性故」之宗為:聲是無常。聲屬無常的真相不能被正量所駁斥,而且正量不能成立此應成的有法(聲)為此應成的因相(常)。

13 譯者註:此應成的周遍為:常定屬無作性。常定屬無作性的真相可被正量所成立。

14 譯者註:此應成所引出的論式的異品周遍為:常定屬無作性。

15 譯者註:此應成的許義為:聲屬無作性。聲屬無作性的論述不能被正量所成立。

16 譯者註:此應成所引出的論式的宗法為:聲屬所作性。

17 譯者註:即聲(有法)為常(因相)。

並以量了知該周遍[18]，然該許義[19]卻被正量所破斥時，拋出令對方無法回覆的應成。所以才能去除該應成的直接所破——敵方相續中的執取一邊的邪分別[20]，間接透過能立三相生起正量，證悟該因之宗[21]，而攝持他人。

不引出能立的正應成作用為：透過拋出令對方無法回覆的正應成，去除該應成的直接所破——敵方相續中的執取一邊的邪分別[22]。

見似應成的性質：不能壓伏爾應成的所破——執取一邊的邪分別現起——的應成語。此又分：一、立方因不善巧以應成推理，導致只立所顯的應成。如只說：「應屬所作性。」二、只立因相的應成。如只說：「屬所作性故。」三、因相與所顯等無異的應成。如言：「瓶子有法，應屬事物，屬事物故。」

擲出應成，是為了能夠明顯地了解三輪矛盾。立下正應成的時候，因為對方主張有法為因相，無法回覆「因不成」；因為周遍被正量所成立，無法回覆「不一定」；因為主張有法係

18　譯者註：即常定屬無作性。

19　譯者註：即聲屬無作性。

20　譯者註：即咬定聲屬無作性的執著。

21　譯者註：「該因」為此應成所引出的因，「聲有法，屬無常，屬所作性故」。其宗為聲屬無常。

22　譯者註：即咬定聲屬常的執著。

顛倒應法，無法回覆「許」，故說無法回覆。在無法成立這三種回覆的時候，稱為「中了三輪正違！」

立下正應成的時候，對方看到了三輪正違而放棄原本許義，此時，所立下的應成才能真正成為正應成。反之，若仍攝持執取一邊的所斷邪分別，是時應成對於此人而言仍非正應成，應知其中差別。

乙三、應成周遍八門

有關應成決定之理，經論說周遍八門。此八為：一、正同品遍。如，該應成的因相定屬該應成的所顯。二、倒同品遍。如，該應成的因相定非該應成的所顯。三、正反品遍。如，該應成的所顯定屬該應成的因相。四、倒反品遍。如，該應成的所顯定非該應成的因相。五、正異品遍。如，非該應成的所顯定屬非該應成的因相。六、倒異品遍。如，非該應成的所顯定非屬非該應成的因相。七、正違品遍。如，該應成的因相定非該應成的所顯。八、倒違品遍。如，該應成的因相定非屬非該應成的所顯。四正四倒，共有應成周遍八門。

如何由應成周遍八門決定？請參考下述加以喻義的列表：

一、正同品遍。因相定屬所顯。如,瓶子有法,應屬無常,屬所作性故。	二、倒同品遍。因相定非所顯。如,瓶子有法,應屬無常,屬無作性故。
三、正反品遍。所顯定屬因相。如,瓶子有法,應屬無常,屬所作性故。	四、倒反品遍。所顯定非因相。如,瓶子有法,應屬無常,屬無作性故。
五、正異品遍。反所顯定屬反因相。如,瓶子有法,應屬無常,屬所作性故。	六、倒異品遍。反所顯定非反因相。如,瓶子有法,應屬無常,屬無作性故。
七、正違品遍。因相定非所顯。如,瓶子有法,應屬常,屬所作性故。	八、倒違品遍。因相定非屬非所顯。如,無常有法,應屬常,屬無作性故。

　　應成可區分為以下數種:周遍及因相兩者皆不成立、僅周遍不成立,以及僅因相不成立的見似應成。

　　周遍及因相兩者皆成立的應成又可分為四類:一、以承許成立周遍及因相。二、以正量成立周遍及因相。三、以承許成立周遍,以正量成立因相。四、以正量成立周遍,以承許成立因相。這些應成的類別之下又各有支分,項目繁多。若欲了知

其博大內容中蘊含的細節，可參閱攝類學的相關典籍。[23]

甲三、去除猶豫二邊之疑的方法——成立語

這篇的主題是成立語。由應成去除執取一邊的邪分別後，將藉成立語去除猶豫二邊之疑。正成立語、正因句、他義比度（གཞན་དོན་རྗེས་དཔག）[24] 三者同義。詮說正理能立之語，故稱「成立語」；詮釋正因三相之句，故稱「正因句」；使他人了知所立，且是自果比度之因，故稱「他義比度」。解脫源藏阿闍黎的《推理論》云：

> 「但凡為了他人，皆係他義。他義比度句性，乃為證三相之句，令對方了知、證知，故以比度聲詮，近計為『句』。」[25]

---

23 著名的攝類學典籍之中，有講解相當廣泛者，例如文殊方天光（འཇམ་དབྱངས་ཕྱོགས་ལྷ་འོད་ཟེར）所著的《惹對攝類》（ར་སྟོད་བསྡུས་གྲྭ）。以及著名的《至尊慈海的師長攝類》（རྗེ་བྱམས་པ་རྒྱ་མཚོའི་ཡོངས་འཛིན་བསྡུས་གྲྭ），其內容不廣不略，恰到好處，且匯集了上品理路、中品理路，以及下品理路的諸多要義。有關西藏攝類學典籍如何形成的歷史，可參考《西藏文獻精藏文集》第二十一卷中的「吉祥格魯量學精藏前序」，此序有著明細的說明。

24 譯者註：法尊法師於《釋量論》譯序中，使用了「他義比量」之詞。楊化群於此書的前序中，使用了「為他比量」一詞。

25 德格版，論，量，ཤེ卷，346背頁；對勘本版，書號106，958頁。漢譯大藏經內並無此譯。

　　正成立語（或他義比度）的性質：顯示立方以正量所見的因三相，且令敵方遠離了聲、識、義三患後，具足二支正語。二支爲「詮周遍支」及「詮宗法支」二者。經論又說，正成立語需要具足四種特徵，其四爲：一、因特徵——先有正量了知爾之示義。二、所詮特徵——詮說爾之所示三相，無有增減。三、性質特徵——遠離聲、識、義三患。四、作用特徵——產生自果比度。

　　什麼是聲、識、義三患呢？

　　對三相的詮釋過多或詮釋過少，皆爲聲患。顯示成立語三相時，雖然三相符合真相，但立敵兩方卻未以正量成立三相，故爲識患。實際上，三相並非由量成立，故爲義患。如《集量論頌》云：

　　「他義比量者，善顯自見義。」[26]

　　言「自見」是因爲，單由敵方承許成立語的所示三相是不夠的，成立語的所示三相必須以立敵二方的正量所成立。言「義」是因爲，單憑經言確認成立語的所示三相是不夠的，該三相必須於量境中存在。言「善顯」是因爲，爲能產生想起三

26　德格版，論，量，छ卷，第三品，第1句偈頌文，6正頁；對勘本版，書號97，13頁。漢譯來源：法尊法師譯《集量論頌》。

相的憶念，對敵方他人顯示三相，且遠離增減顯示之患。《釋量論》云：

> 「為開示他故，有說非自見，
> 他見亦能立。為斷彼執故。」[27]

此論廣泛地解說了正成立語需要遠離聲、識、義三患之理。

具有聲患的成立語，如，「聲屬無常，所作性故，如瓶。瓶屬所作性，同理，聲亦屬所作性。此故，聲屬無常。」這就是個具有增減詮釋過失的成立語。因為這個成立語直接顯示聲屬無常之宗，故有增益多說的過患。但未說周遍則有減損少說的過患。近專[28]（ཉེར་གཏོད།）時，敘述「瓶屬所作性，同理，聲亦屬所作性」者，與「所作性故」的宗法重疊。結語時，言「此故，聲屬無常」者，與「聲屬無常」的許義重疊故，其語有瑕疵。

上述具有聲患的成立語稱為「具五支成立語」。該五支為：一、詮許義支。二、詮宗法支。三、詮同法喻（མཐུན་དཔེ།）支。四、詮近專支。五、詮結語支。然而，根據陳那阿闍黎及法稱阿闍黎，成立語若具五支將有過失。所以正成立語只具二

27　德格版，論，量，ཤེ།卷，利他品，第1句偈頌文，139正頁；對勘本版，書號97，574頁。漢譯來源：法尊法師譯《釋量論》。

28　譯者註：近專乃直譯，其義為：言「瓶屬所作性，聲亦屬所作性」。

支：一、詮周遍支。二、詮宗法支。

正成立語有分二：一、結合同法的正成立語。二、結合異法的正成立語。前者性質：該因相僅存於該論式的同品（མཐུན་ཕྱོགས།）間，且離聲、識、義三患的具二支、直接顯示之正語。事例：「凡是所作性定屬無常，如瓶子，聲亦屬所作性」的成立語。之所以稱爲「結合同法的正成立語」，乃因喻例與因相兩者都相同地屬所立法，這是由喻門結合之力所成辦的緣故。

結合異法的正成立語性質：該因相僅不在於該論式的異品（མི་མཐུན་ཕྱོགས།）間，且離聲、識、義三患的具二支、直接顯示之正語。事例：「凡是常定屬無作性，如無爲虛空，聲屬所作性」的成立語。之所以稱爲「結合異法的正成立語」，則是喻例與因相兩者在是否係屬所遮法上並不相同，這是由喻門結合之力所成辦的緣故。陳那阿闍黎的《因明正理門論》云：

> 「同法喻者，謂所立法皆存於因、於同品之中。如以瓶等爲例，見所作性是無常。『異法喻謂非所立法者，皆於此因相不在』作此顯示。如以虛空爲例，見常是無作性。」[29]

---

[29] 德格版，論，量，ཙེ། 卷，89 正頁；對勘本版，書號97，454 頁。漢譯與藏譯不同。類似此言的漢譯原文：《因明正理門論》（T.32.1629.8a.2）：「喻有二種。同法異法。同法者。謂立聲無常勤勇無間所發性故。以諸勤勇無間所發皆見無常猶如瓶等。異法者。謂諸有常住見。非勤勇無間所發。如虛空等。前是遮詮後唯止濫。由合及離比度義故。由是雖對不立實有。太虛空等而得顯示。無有宗處無因義成。復以何緣第一說因宗所隨逐。第二說宗無因不有。不說因無宗不有耶。由如是說。能顯示因同品定有異品遍無非顛倒說。」

「以所作性爲因，成立聲屬無常」的結合同法的正成立
語，立下該語的目的爲何呢？其目的是爲了能夠去除「所作性
爲成立聲屬無常的相違因」之疑。此外，「以所作性爲因，成
立聲屬無常」的結合異法的正成立語，則是爲了能夠去除「所
作性爲成立聲屬無常的不定因」之疑而立，故立此語。法稱阿
闍黎的《定量論》云：

> 「凡言：『當下說相違及不定的對治有二，皆屬合理』
> 者……」[30]

有關諸多成立語的不同對象及目的，如《釋量論》云（第
一卷）：

> 「喻彼性因事，爲不知者說，
> 若對諸智者，但說因即足。
> 故知繫屬者，說二相隨一，
> 義了餘一相，能引生正念。」[31]

論典中關於同法喻提到「因相及所立法的同性相屬」及
「能生因之事物的生起相屬」二者。爲了讓不懂這兩相屬的辯

---

30 德格版，論，量，ཚེ卷，第二品，184 正頁；對勘本版，書號 97，688 頁。漢
　　譯大藏經內並無此譯。

31 德格版，論，量，ཚེ卷，自義品，第 27-28 句偈頌文，95 背頁；對勘本版，書
　　號 97，472 頁。漢譯來源：法尊法師譯《釋量論》。

方得知其義，方須立成立語。精通周遍及相屬兩者，卻不懂宗法的辯方，為了讓他能夠了解「僅因」或「僅宗法」，需要立成立語。對於已經了解周遍及相屬兩者和宗法的辯方，雖然不需以「未知令知」的目的而立成立語，不過為了能夠同時憶念三相，需要立下結合同法或結合異法其中一者的正成立語。

結合同法的正成立語，直接顯示該因僅存在於該論式的同品中，亦能間接得知該因不存在於該論式的異品中。結合異法的正成立語，直接顯示該因的涵蓋性不在於該論式的異品中，並間接了解該因僅存於該論式的同品中。所以只需顯示結合同法或結合異法其中一者於辯方就已足夠，而不必要直接表達兩種正成立語。

總之，於宗法已知未忘者，為使其辯方成立隨轉隨遮的周遍，而詮周遍；於周遍已知未忘者，為使其辯方成立宗法，而詮宗法；於宗法及周遍兩者已知未忘者，詮釋周遍及宗法兩者；對於初次表達成立語後，三相尚須成辦者而言，何時能將個個之相結合，發起三相的同時憶念時，便是之前成立語轉為正成立語之際。

成立語的作用：為了發起三相的同時憶念。《釋量論》云（第八卷）：

「內支分功能，正住於三相。

於彼生憶念，正住於彼言。」[32]

論說，三相正因具有內分支——直接成立該宗——的能力。詮釋三相的正成立語具有直接發起憶念三相的能力。

甲四、成立語的隱義——宗——的論述

剛才略說成立語的論述，現在說明成立語的隱義——宗——的性質。「宗」也可解讀爲士夫的追求方向、做事的基石，以及目的等諸多內容。[33]

於此，因明學中說的「宗」又是什麼意思呢？

以有煙的理由，在煙山的事物上，推理或成立有火的特徵時，煙爲能立，以該能立之因相成立「煙山有火」的緣故，稱該「所立」爲宗。再者，由原因所證得的宗又稱爲「所悟」；或以能被因相所比度的緣故，可稱爲「因相所度」；由於能被三相決定的比度所量，也稱爲「比度所量」；若辯方將其作爲宗的緣故，則稱作「宗」；因是辯方所承許之義，亦稱爲「許義」，這些皆屬同義。

「有火」之所以稱爲「宗法」，是因爲該法係宗——煙

---

32 德格版，論，量，ཐི卷，利他品，第 20 句偈頌文，140 正頁；對勘本版，書號 97，576 頁。漢譯來源：法尊法師譯《釋量論》。

33 譯者註：如宗旨。

山有火——的特徵或總的緣故。敵方與立方兩者針對煙山上是否有火而爭執，煙山作為爭論之基礎，遂將煙山稱為「諍處」。煙山有火亦是由比度推量而證得的所立，煙山為該所立之基礎，又稱為「量處」，而「量處」自然與「諍處」同義。這是根據量學典籍所用的術語而做此解釋。

透過某個能立（又稱因相），令心領會某個內涵，故將該義稱為「宗」。宗有兩種：一、類似聲為無常的正確宗。二、類似聲為常的見似宗。透過正確邏輯或理由，以比度正量了知之義稱為「正確宗」。此外，自義正因之宗稱為「自義宗」，他義正因之宗稱為「他義宗」。在此詮釋他義宗的相關內容。

他義宗的性質：具足性質義等五法。五法為：一、體性——當下要成立的內容為宗本身的體性，此宗必定非敵方正量所決定，做此顯示。二、唯說——辯方只想將其內容作為所量，並非想將其義作為能立，以此顯示。三、承許——無論辯方是否以言語表達，都得承許該因之宗，依此顯示。四、自方——該義必須由辯方自己承認為宗，而做此顯示。五、不遣——該宗必須是正量不能遣除者，藉此顯示。《集量論頌》云：

「唯說自體性，自所樂不遣。」[34]

---

34 德格版，論，量，চ卷，第三品，6正頁；對勘本版，書號97，13頁。漢譯來源：法尊法師譯《集量論頌》。

　　《集量論頌》之所以如此解釋他義宗的特色，是因為每項特徵各自有否定及肯定的兩大目的。於他義宗的性相，使用「體性」一詞的目的：否定「於一輪辯論之過程，已被正敵方所成立之宗能夠成為該論式的正確宗」後，肯定「若是該輪論式的他義正確宗，必須不能被該輪辯論的正敵方所成立」，為知其義，故做此說。帝釋慧阿闍黎的《釋量論釋》云：

「言『自體性』者，謂持有不成立。」[35]

　　於他義宗的性相內，使用「唯說」一詞的目的：否定「正屬於一輪論式的因相及喻例不成立者，係屬該輪論式的正確宗」後，肯定「若是該輪論式的正確宗，絕非正屬於該輪論式的能立」，為知其義，故做此說。帝釋慧阿闍黎的《釋量論釋》云：

「言『唯說自體』者，謂非能立。」[36]

　　於他義宗的性相內，使用「承許」一詞的目的：否定「若是一輪論式的正確宗，必定被該輪論式的成立語來直接顯示」

35　德格版，論，量，᠊ᠯᡳ卷，第四品，275正頁；對勘本版，書號98，668頁。漢譯大藏經內並無此譯。

36　德格版，論，量，᠊ᠯᡳ卷，第四品，275正頁；對勘本版，書號98，668頁。漢譯大藏經內並無此譯。

後，肯定「該宗由成立語間接詮釋」，爲知其義，故做此說。
帝釋慧阿闍黎的《釋量論釋》云：

> 「言『承許』者，謂由承許而爲境。」[37]

於他義宗的性相內，使用「自方」一詞的目的：否定「辯
方承許的教義都是該輪論式的正確宗」後，肯定「該輪論式的
他義正確宗定屬立方所承許之宗」，爲知其義，故做此說。帝
釋慧阿闍黎的《釋量論釋》云：

> 「言『自』者，謂以安立能立性，持有該宗。」[38]

於他義宗的性相內，使用「不遣」一詞的目的：否定
「被正量遣除仍可成爲他義宗」後，肯定「正確宗必須得由
正量成立」，爲知其義，故做此說。帝釋慧阿闍黎的《釋量論
釋》云：

> 「不被現識正量及比度正量兩者所損害。」[39]

---

37 德格版，論，量，हे卷，第四品，275 正頁；對勘本版，書號 98，668 頁。漢
    譯大藏經內並無此譯。

38 德格版，論，量，हे卷，第四品，275 正頁；對勘本版，書號 98，668 頁。漢
    譯大藏經內並無此譯。

39 德格版，論，量，हे卷，第四品，276 背頁；對勘本版，書號 98，669 頁。漢
    譯大藏經內並無此譯。

　　總之，他義正確宗的五特徵：一、敵方未以正量成立。二、不能屬於正拋出該論式的能立。三、辯方想要推理得論。四、辯方承許為宗。五、不被正量所遣除。

　　宗分為二：直接宗及間接宗兩者。就以「所作性為因相，成立聲屬無常」的論式而言，「聲屬無常」是直接宗，「聲非常」為間接宗。

甲五、成立語的顯義——因——的論述
乙一、總說

　　在此解說成立語的直接顯示——因相。能夠決定論式所言之宗的直接方法就是因相，同時這也是決定隱蔽分的唯一途徑，因此至關重要。一般眼識見色、耳識聞聲等現前分的了悟，並不需要依賴理由，然而證悟色無常及色剎那性等隱蔽分法，就要仰賴具足三相的無垢因。如《釋量論》云：

「宗法彼分遍，是因彼唯三，
無不生定故，謂所餘。」[40]

　　正因的性相為「三相」。有關因三相的解說見下段。

---

[40] 德格版，論，量，ཅེ卷，自義品，第1句偈頌文，94正頁；對勘本版，書號97，469頁。漢譯來源：法尊法師譯《釋量論》。

正因的決定分類[41] 分爲：果因、自性因、不可得因三者。稱之爲「決定」的理由是因爲「無則不生相屬」的相屬分爲二：「同性相屬」及「生起相屬」。至於不符合三相者則爲見似因，其理由已於經論中確認，以下將詳說。

因相[42] 的性質爲：立爲因相。以個別事例來說明，如：成辦聲屬無常之因相的性質爲「立爲成辦聲屬無常的因相」。簡單地說，以之作爲理由就是立爲因相的意思。譬如，爲能成辦煙山有火，而以有煙作爲理由。能立、因相、理由、因、能知因等，皆爲同義。因相又分爲正因相（或「正因」）以及見似因相（或「見似因」）二者。正確理由、正因、正因相等同義。如前所述，正因相的性質爲「是三相」。例如，「以所作性爲因，成立聲屬無常的三相」就是「以所作性爲因，成立聲屬無常的正因相」的性質。其事例如：「聲有法，屬無常，屬所作性故」論式中的「所作性」。

乙二、有關三相

因明典籍中說，凡是能夠成立宗的因相必須具足三相。何

---

41 譯者註：決定分類爲分類的一種。凡是正因，必定爲果因、自性因、不可得因三者的其中一者，有此決定性，所以這種分類爲決定分類。

42 譯者註：雖然古譯以「因」字爲主，但對於不懂因明學的初學者而言，很有可能將「因」字解讀爲「因果的因」，故譯「因相」以顯區別。

謂三相呢？如《因明正理門論》云：

「因乃三相。何謂三相？宗法性、決定有於同品，以及決定無於異品。」[43]

如論所云，三相爲：一、宗法。二、同品遍。三、異品遍。三者又依序稱爲第一相、第二相、第三相。「所作性」是成立聲屬無常的宗法、同品遍，以及異品遍三者。

以下藉由事例逐一解說三相的個別性質。

以所作性因成立聲屬無常的宗法性質：以相順立法，將聲立爲以所作性因成立聲屬無常的欲知有法（ཤེས་འདོད་ཆོས་ཅན），此點被正量所決定。對方以正量決定了聲屬所作性後，卻產生了聲是否屬無常的疑惑，對於此人而言，該因是該論式的宗法，聲音是由所作性因成立聲屬無常的欲知有法。

以所作性因成立聲屬無常的同品遍性質：因爲爾與「以所作性因成立聲屬無常的所立法無常」相屬的緣故，以相順立法，爾僅存於該論式的同品之中，此點被正量所決定。

以所作性因成立聲屬無常的異品遍性質：因爲爾與「以所作性因成立聲屬無常的所立法無常」相屬的緣故，以相順立

43　奈塘版，論，經典，ཤི卷，第一品，183背頁；對勘本版，書號97，442頁。漢譯與藏譯不同。類似此言的漢譯原文：《因明入正理論疏》（T.44.1840.97a.28）：「因之三相，既宗法性，同有異無。」

法，爾不存在於該論式的異品之中，此點被正量所決定。

為了成辦「以所作性因成立聲屬無常」的同品遍，當下的敵方必須以正量決定「所作性僅僅在於無常之中」並且決定「所作性與無常相屬」。同樣地，為了成辦「以所作性因成立聲屬無常」的異品遍，屆時敵方也必須以正量決定「所作性不存在於常之中」並且決定「所作性與無常相屬」。

因相只會相隨該論式的同品，並遣除該論式的異品，依此關鍵，同品遍與異品遍同義。經論中說，一輪論式的同品遍及異品遍兩者，皆被一個心識所直接了解或間接了解。

為能成辦同品遍及異品遍，必先具足三正量，且應以識決定因相及所立法的相屬。三正量為：一、決定「所遮法及所立法為正相違」的正量。二、決定「因相事例」的正量。三、決定「所遮法遣除因相」的正量。就以「聲有法，屬無常，屬所作性故，如瓶子」的事例而言，成立該論式的同品遍之前，必先要有的正量有三：一、該論式的所遮法常與該論式的所立法無常係屬正相違，如是決定的正量。二、決定該論式的因相事例——所作性——的正量。三、該論式的所遮法常遣除因相所作性，如是決定的正量。以此類推其他論式。

在三相的性質中，使用「決定」一詞是因為，以「所作性因成立聲屬無常」的事例而言，因為於該論式的宗法性質中說了「決定」一詞，所以去除該論式為「以所作性因成立聲屬無

常的不成因」。因為於該論式的同品遍性質中說了「決定」
一詞，所以去除該論式為「以所作性因成立聲屬無常的相違
因」。因為於該論式的異品遍性質中說了「決定」一詞，所以
去除該論式為「以所作性因成立聲屬無常的不定因」。《釋量
論自釋》云：

> 「『於因三相中，為對治不成、違義與錯亂，故說須決
> 定。』無相屬者，絕無隨轉隨遮，此故，為能如是詮釋
> 而說決定。決定隨轉故，遣除相違及其相應餘法。決定
> 隨遮故，遣除不定及其相應餘法。」[44]

確認相屬，方能安立因相的無謬論述，其原因為「有此所
遍，定有其能遍；無其能遍，定無此所遍」的緣故。同樣地，
因為存在著「此因生果；有其果，定有此因；無此因，定無其
果」相屬的緣故。因相存在著與所立法無則不生的相屬，才能
安立無謬因相。譬如，之所以能以有煙的因相，成立了東方煙
山有火，是因為煙與火之間存在著生起相屬的緣故。同樣地，
以無火的因相，成立了無火海上沒有煙，是因為煙與火之間存
在著因果相屬的緣由。如柏樹之所以能夠成立樹木的存在，或
藉由毫無樹木而成立沒有柏樹，則是運用樹及柏樹兩者之間為

---

44 德格版，論，量，ᠵེ卷，第一品，266背頁；對勘本版，書號97，913頁。漢
　　譯大藏經內並無此譯。

同性相屬的理由。

總之，若無相屬，則不能成辦同品遍及異品遍。例如，此人有牛不能成立此人有馬，或此人沒馬不能成立此人沒牛等，這是因爲牛與馬之間不存在著「無則不生相屬」的緣故。《釋量論》云：

> 「不爾遮一法，云何餘亦遮？
> 如說人無馬，豈亦非有牛？
> 如是一近故，云何餘亦近？
> 如言人有牛，豈是亦有馬？」[45]

下表以「聲有法，屬無常，屬所作性故」論式爲例，說明因法事三者爲何：

有法（諍處）	所立法	因相	宗
聲	無常	所作性	聲無常

乙三、依正因的性質區分

依據正因的性質，正因可分爲，果正因、自性正因、不

---

45 德格版，論，量，ᠫ卷，自義品，第 24-25 句偈頌文，95 背頁；對勘本版，書號 97，471 頁。漢譯來源：法尊法師譯《釋量論》。

可得正因三者。依據所立法，正因可分爲，遮遣正因及成立正因兩者。依據如何成立之理，正因可分爲，名正因及義正因兩者。依據宗，正因可分爲，事勢正因、極成正因，以及信許正因三者。依據如何趣入同品之理，正因可分爲，「能遍趣入於同品的正因」[46] 以及「二相趣入於同品的正因」[47]。依據辯方，正因可分爲，自義時正因及他義時正因兩者。

　　要之，所有正因都可被果、自性、不可得三因所含攝。法稱阿闍黎的《正理滴論》云：

> 「三相所在之處，唯有三種因，謂未緣到因[48]，自性因，果因。」[49]

　　由於正因的「因相及與立法的相屬」決定爲自性相屬及生起相屬兩者，所以正因決定爲果因、自性因、不可得因三者。

46　譯者註：「聲音有法，屬無常，屬所知故」的因相是所知，同品是無常。「能遍趣入於同品」或「能遍於同品」的意思是，因爲所知遍佈於無常，或同品無常定屬所知，在此的因相——所知——爲所立法或同品的能遍，故說「能遍於同品」。

47　譯者註：「螺聲有法，屬人爲所造，屬聲音故」的因相是所知，同品是人爲所造。「二相趣入於同品」或「二相於同品」的意思是，人爲所造有分聲音及非聲音兩者，故該因以二相趣入於同品人爲所造。

48　譯者註：雖然楊化群翻爲「未緣到因」，但法尊法師翻爲「不可得因」。

49　德格版，論，量，ཤི卷，第二品，232 正頁；對勘本版，書號 97，813 頁。漢譯來源：楊化群譯《正理滴論》。

一般而言，所有正因可被成立正因及遮遣正因兩者所含攝。不管遮遣正因有任何的因法[50]相屬，但凡是遮遣正因，都會被不可得因所含攝。成立正因的因法相屬決定為生起相屬及同性相屬兩者；生起相屬的因相會被果因含攝，同性相屬的因相會被自性因所含攝。

丙一、果正因

茲說果正因。果正因的性質：是果三相。搭配著個別事例解說的話，爾為該論式的果正因的性質為：爾為該論式的成立正因之基礎上，依爾因相力，可能存在「既是該論式的直接所立法，亦是爾之因[51]」的同屬。

將該論式所立法（火）的果（煙），立為該論式的因相時，稱為「果正因」。譬如，以煙作為因相，成立煙山有火時，煙是該論式所立法火的果，煙亦是「成立煙山有火」的三相，故稱「果三相」。

果正因又分：一、直接成立因的果正因。二、成立因先行的果正因。三、成立因總的果正因。四、成立因特徵的果正因。五、比度因法的果正因。此五種分類亦依序稱為，成立正

50　譯者註：因相與所立法。

51　譯者註：因果的因。

因、成立因先行、成立僅有因、成立有餘因，以及成立因法的
果因。

第一、直接成立因的果正因，如《佛說大乘十法經》云：

「**相煙即知火，鴛鴦以顯水**」[52]

其事例如，「煙山有法，有火，有煙故」。或，「在具有
水鳥的東方有法，有水，有水鳥長時間飛旋故」。《釋量論》
云：

「**因法所有性，若無則不生，**
此果是正因。」[53]

第二、成立因先行的果正因。譬如，「剛出生嬰兒的心
識為有法，具有先前的爾因心識，屬心識故」的因相。《釋量
論》云：

「**最初受生時，呼吸根覺等，**
非不待自類，唯從於身生」[54]

---

52 德格版，經，寶積，ཕྱི卷，第一品，167背頁；對勘本版，書號40，469頁。
　　漢譯來源：《佛說大乘十法經》（T.11.314.765a.20）。

53 德格版，論，量，ཅེ卷，自義品，第2句偈頌文，94正頁；對勘本版，書號
　　97，469頁。漢譯來源：法尊法師譯《釋量論》。

54 德格版，論，量，ཅེ卷，成量品，第36句偈頌文，108背頁；對勘本版，書號
　　97，503頁。漢譯來源：法尊法師譯《釋量論》。

　　第三、成立因總的果正因。譬如，「苦蘊有法，具有爾因，偶時生起故」的因相。《釋量論》云：

　　「由是暫時性，成苦性有因。」[55]

　　第四、成立因特徵的果正因。譬如，「執色根現有法，具有爾之增上緣及等無間緣以外的其他緣，爾的產生並非單靠爾的增上緣及等無間緣，爾又偶時生起故」的因相。《釋量論》云：

　　「雖餘因和合，亦不生果故。
　　若比知餘因」[56]

　　第五、比度因法的果正因。譬如，「口中甘蔗之上有法，前甘蔗味能夠產生現甘蔗色，現甘蔗味存在故」的因相。《釋量論》云：

　　「同依一聚者，由味知色等，
　　是比知因法，如煙知柴變」[57]

55　德格版，論，量，`ᅒ`卷，自義品，第181句偈頌文，114背頁；對勘本版，書號97，516頁。漢譯來源：法尊法師譯《釋量論》。

56　德格版，論，量，`ᅒ`卷，成現量品，第391-392句偈頌文，133正頁；對勘本版，書號97，560頁。漢譯來源：法尊法師譯《釋量論》。

57　德格版，論，量，`ᅒ`卷，自義品，第9句偈頌文，95正頁；對勘本版，書號97，470頁。漢譯來源：法尊法師譯《釋量論》。

此處因法的「因」指的是前甘蔗味，因法的「法」之後伴隨產生甘蔗色之能力。因爲成立這種能力在於口中甘蔗之上，故稱「比度因法的果因」。前甘蔗味是後甘蔗味的直接近取因，也是後甘蔗色的直接俱生緣。同理，前甘蔗色是後甘蔗色的直接近取因，也是後甘蔗味的直接俱生緣。所以，甘蔗的色與味具有「觀待直接因一聚的相屬」（དངོས་རྒྱུ་ཚོགས་པ་གཅིག་ལ་རག་ལས་ཀྱི་འབྲེལ་བ།）。

爲能了解果因論述，一般量學典籍會廣泛地解說火與煙的因果關聯，這不單是爲理解只有火煙具有因果關係，而是藉由「由火生煙」的喻，顯示內外一切因果順序也是如此。

丙二、自性正因

自性正因的性質：是自性三相。搭配著個別事例解說的話，「爾爲該論式的自性正因」的性質爲：爾爲該論式的正因之基礎上，依爾因相力，令該論式的直接所立法定屬與爾體性一。譬如，「聲有法，屬無常，屬所作性故」的因相。誠如《金色王經》云：「見此沒已未久之間，所有集法一切散滅。」[58]《釋量論》也云：

---

58 德格版，經，經典，ཤ卷，53 正頁；對勘本版，書號 76，151 頁。漢譯來源：《金色王經》（T.3.162.389b.12）。

「若與唯有性，繫屬體亦爾。」[59]

自性正因分二：一、觀待差別自性正因。二、清淨差別自性正因。「爾為觀待差別自性正因」的性質：爾為該論式的自性正因之基礎上，言「爾」之聲影射了「爾之特徵法觀待爾之作者」。譬如，「螺聲有法，屬無常，屬人為所造故」的因相。言「人為所造」之聲影射該造物有其作者。

「爾為清淨差別自性正因」的性質：爾為該論式的自性正因之基礎上，言「爾」之聲並非影射「爾之特徵法觀待爾之作者」。譬如，「聲有法，屬無常，屬事物故」的因相。言「事物」之聲並非影射有任何作者。《釋量論》也云：

「自性諸差別，待別或單純，
成所立故說，如滅果及有」[60]

逐字解說上述引文的話，為了「成」辦該宗（或「所立」）而「說」的「自性」因，又「如」為能成立聲音為「滅」而立的「果」因般，言因相之聲，影射了該法特徵之「差別」，形成了觀「待」差「別」者，以及無有影射的「單純」者。後者

---

59 德格版，論，量，ཚ卷，自義品，第 2 句偈頌文，94 正頁；對勘本版，書號 97，470頁。漢譯來源：法尊法師譯《釋量論》。

60 德格版，論，量，ཚ卷，自義品，第186句偈頌文，101背頁；對勘本版，書號 97，486 頁。漢譯來源：法尊法師譯《釋量論》。

如，以「有」事物為因相之論式。

凡是所作性形成者，其壞滅的本質就已具有「後隨相屬」[61]。換句話說，所作性之所以成為壞滅性，僅是造成所作性本身的因緣所起，而非來自其他因素，單單是所作性存在的本身，即是壞滅性的結果，藉此成立有為法皆屬無常，並廣泛地解說「排他論」。除此之外，為能理解同體相屬的返體、義返體等理論，在量學典籍中，有種種博大精深關於自性正因的論點。總之，自性正因是指成立因法體性一的因相。

丙三、不可得正因
丁一、總說

今說不可得因。不可得正因的性質：是不可得三相。搭配著個別事例解說的話，「爾為該論式的不可得正因」的性質為：爾為該論式的正因之基礎上，依爾因相力，可能存在「既是該論式的直接所立法，亦是遮遣法」的同屬。譬如，「夜間無火海上有法，無煙，無火故」的因相。誠如《佛說諸法本無經》（འཕགས་པ་ཆོས་ཐམས་ཅད་འབྱུང་བ་མེད་པར་བསྟན་པའི་མདོ） 云：

「如來見是義故，說如是法於富伽羅。富伽羅所不應選

61　譯者註：Y 後隨相屬 X 的意思是，Y 與 X 的關係為，無 X 則無 Y，有 Y 則有 X 的相屬。

擇，唯我能選擇富伽羅及餘似我者。」[62]

《釋量論》也云：

「能破性一切，由不可得成。
諸說量成者，由義相反成。」[63]

　　不可得正因分為兩種：一、不現見不可得正因。二、可現見不可得正因。遮遣法的施設義（དགག་བྱའི་ཆོས་སུ་བཏགས་པའི་དོན）雖在，但當時敵方不可看見，故為「不現見不可得因」。如果遮遣法的施設義存在的同時，又可被當時的敵方所現見，則為「可現見不可得因」。這兩者各有兩因：一、相屬方不可得因——該論式將去除遮遣法的相屬方作為因相。二、已見相違方之因——該論式將緣取遮遣法的相違方作為因相。

丁二、不現見不可得

　　爾為該論式的不現見不可得正因的性質為：爾為該論式的不可得正因之基礎上，依爾因相力，該論式的遮遣法施設義雖在，但其義卻成為被該論式的已成宗法之敵方的遠離事（བཟླ

---

62 德格版，經，經典，ཤ卷，第一品，275 正頁；對勘本版，書號 60，734 頁。
　　漢譯來源：《佛說諸法本無經》（T.15.651.765a.11）

63 德格版，論，量，ཅེ卷，現量品，第 85 句偈頌文，121 背頁；對勘本版，書號 97，533 頁。漢譯來源：法尊法師譯《釋量論》。

ནོ།）。譬如，此處前方有法，不見食肉羅剎者不應承許此處有食肉羅剎，不見食肉羅剎者以正量不見此處有否食肉羅剎故。《釋量論》也云：

> 「若諸量不轉，於無而不轉，為果是正因。」[64]

所謂遠離事分成以下三種：遠離境、遠離時、遠離性等。食肉羅剎的本性極其細微，故成某些士夫的遠離事，無法以正量決定。誠如其人若無正量判斷，不應隨意承許「此處有食肉羅剎」，更不該無的放矢承許：「諸法實相皆是如此、如此。」亦或是，明明未能以正量確定他人過失，卻信口開河謗他：「此人有如是、如是過失。」此段闡明，若個人未能以正量決定時，不應做出增益或減損等言論。

丁三、可現見不可得

爾為該論式的可現見不可得正因的性質為：爾為該論式的不可得正因之基礎上，若於該論式的遮遣處上存有該論式的遮遣法施設義的話，將可被當時敵方所現見者。此因分二：一、可現見相屬方的不可得正因（སྣང་རུང་གི་འབྲེལ་ཟླ་མ་དམིགས་པའི་རྟགས་ཡང་དག）。

---

64 德格版，論，量，ཤེ།卷，自義品，第3句偈頌文，94正頁；對勘本版，書號97，470頁。漢譯來源：法尊法師譯《釋量論》。

二、可現見相違方可得正因（ སྣང་རུང་གི་འགལ་ཟླ་དམིགས་པའི་རྟགས་ཡང་དག ）。
《釋量論》也云：

> 「觀待於差別，知某無為果。
> 相違與果成，因及體可見，
> 體生不成就，是為無義者，
> 不可得四種。」[65]

爾為該論式——可現見相屬方的不可得正因——的性質
為：爾為可現見不可得的正因之基礎上，將該論式遮遣法之相
屬方的「遮遣」作為因相。此因又分：一、可現見因不可得。
二、能遍不可得。三、自性不可得。四、直接果不可得因，共
四者。此四的遮遣法依序為：因、能遍、自性、直接果等的遮
遣立為因相。

初者事例：「夜間無火海上有法，無煙，無火故」論式中
的「無火」。遮遣法（煙）的因（火）之遮遣（無火）作為正
因，故為「可現見因不可得正因」。

次者事例：「無樹石寨中有法，無有沉香木，無有樹木
故」論式中的「無有樹木」。遮遣法（沉香木）的能遍（樹
木）之遮遣（無有樹木）作為正因，故為「可現見能遍不可得

正因」。

第三者之事例：「於瓶子不被正量所緣之處有法，瓶子不存在，瓶子不被正量所緣故」論式中的「瓶子不被正量所緣」。遮遣法（瓶子）的自性（瓶子被正量所緣）的遮遣（瓶子不被正量所緣）作為正因，故為「可現見自性不可得正因」。

第四者之事例：「無煙的無頂庭院有法，沒有煙之『能力無礙直接因』（དངོས་རྒྱུ་ནུས་པ་ཐོགས་མེད།），直接果煙不在故」論式中的「直接果煙不在故」。遮遣法（煙的能力無礙直接因）的直接果（煙）的遮遣（直接果煙不在）作為正因，故為「可現見直接果不可得正因」。

可現見相違方可得正因的性質：屬可現見不可得正因之基礎上，該論式的遮遣法之相違方作為該論式的因相。此因相分之為二：一、依於不並存相違的已見相違正因（ཕུན་ཚོགས་མི་གནས་འགལ་ལ་བརྟེན་པའི་འགལ་ཟླ་དམིགས་པའི་རྟགས་ཡང་དག）。二、依於相互牴觸的已見相違正因（ཕན་ཚུན་སྤང་འགལ་ལ་བརྟེན་པའི་འགལ་ཟླ་དམིགས་པའི་རྟགས་ཡང་དག）。此二因相的差別，誠如《釋量論》所云：

「相違彼法異，或不異結構，
如火立無雪，於生有違害」[66]

---

66 德格版，論，量，ཅེ། 卷，成現量品，第 95 句偈頌文，122 正頁；對勘本版，書號 97，534 頁。漢譯來源：法尊法師譯《釋量論》。

　　如果是依於不並存相違的已見相違正因的話，如「以火因成立無雪」般，該論式的因相（火）與遮遣法（雪）必須得是質體異。如果是依於相互牴觸的已見相違正因的話，如「以之前就有的理由，成立稻苗不應再生」般，該論式的因相（之前就有）與遮遣法（稻苗）必須非質體異。

　　依於不並存相違的已見相違正因的性質：係屬可現見相違方可得正因之基礎上，依賴著該論式遮遣法的不並存相違，不合而住者。[67]

　　依於相互牴觸的已見相違正因的性質：係屬可現見相違方可得正因之基礎上，依賴著該論式遮遣法的相互牴觸，不合而住者。

　　依於不並存相違的已見相違正因可分為六：一、已見因相違。二、已見能遍相違。三、已見自性相違。四、已見相違果。五、已見果相違。六、已見與因相違的果。

　　譬如，「遭強烈火力所周遍的東方有法，寒觸之果汗毛豎立的持續不在，強烈火力所周遍故」的「強烈火力所周遍」為「已見因相違」。此論式顯示了火與寒觸的相互違害。火的所害為寒觸自性、寒觸所周遍、寒觸的果、寒觸之因；寒觸的能害為火、火所周遍、火的果等。寒觸的性質為冷觸，寒觸所周

遍如碰雪之觸，寒觸的果如寒果汗毛豎立，寒觸的因如寒觸的能力無礙直接因；火所周遍如位於東方之火，該果如強烈冒出的濃煙等，由此得知如何安立其餘的可現見相違方可得因。

問：如果火因與火果在遮遣寒觸之上無有遠近差異的話，火因是否也可去除寒觸？

答：火果——強烈冒出的濃煙——之所以遮遣寒觸，並非因為出於濃煙本身存在，而是源於濃煙正盛時，為火的熱度所周遍之處，以及能遮寒觸之火的正確時間狀態而遮遣。誠如柴不能滅寒觸般，火因不能遮遣寒觸。《釋量論》所云：

「其相違果中，亦待處時等。
餘則成錯亂，如灰成不冷」[68]

第二，依於相互牴觸的已見相違正因。該因可分為二：一、由決定力遮遣觀待的正因。其事例如，「瓶子有法，自身壞滅不需觀待除己外的事後其他因緣，從自身存在起就已決定為壞滅性故」的因相。二、由觀待力遮遣決定的正因。其事例如，「紅衣有法，並非從自身存在就已決定為具色者，觀待除己以外的事後因緣後令爾成為具色者故」的因相。

由不現見不可得正因，只會遮遣「決定於欲知有法存在遮

68　德格版，論，量，ཏྲེ卷，自義品，第 6 句偈頌文，94 正頁；對勘本版，書號 97，470 頁。漢譯來源：法尊法師譯《釋量論》。

遣法的施設義」的順諦名言，除此外，並非成立遮遣法的施設義不在該有法上。[69] 如果要成立遮遣法的施設義不在欲知有法上，就得需要可現見不可得因，應當了知。

在談及可現見不可得因時，顯示火害寒觸的內容，是為了明瞭修忍除瞋、無常觀除常執等，透過利用正確的心識減少與己所執相違顛倒邪執。

乙四、從所立法的角度區分正因

正因從所立法的角度可分為：一、遮遣正因（དགག་རྟགས་ཡང་དག）。二、成立正因（སྒྲུབ་རྟགས་ཡང་དག）。

該論式遮遣正因的性質：屬該論式的三相之基礎上，該論式的直接所立法定屬遮遣法。如「聲音有法，非常，所作性故」的所作性。

該論式成立正因的性質：屬該論式的三相之基礎上，該論式的直接所立法定屬成立法。如「聲音有法，屬事物，屬具有作用能力者故」的具有作用能力者。

不可得因與遮遣因同義。果因與自性因定屬成立因。誠如

69　譯者註：根據在此提供的不現見不可得正因之事例，該論式的欲知有法為「此處」，該施設義為「食肉羅剎」，該論式之宗為「遮遣決定該施設義的順諦名言」，也就是「不見食肉羅剎者不應承許此處有食肉羅剎」，並非「此處無有食肉羅剎」。

《釋量論自釋》云：

> 「從此有二，（一者）謂成立事物，一者謂遮遣因。」[70]

乙五、從成立的角度區分正因

從成立的角度，正因可分為：一、成立名言正因。二、成立境義正因。

成立名言正因的性質：屬該論式的三相之基礎上，該論式的直接所立法定屬名相。如「聲音有法，屬無常，所作性故」的所作性。在諍處聲音之上，成立了剎那性的名相或名言——無常——的緣故，係屬成立名言因。

成立境義正因的性質：屬該論式的三相之基礎上，該論式的直接所立法定屬性相。如「聲音有法，屬剎那性，所作性故」的所作性。在諍處聲音之上，成立了無常的性相或境義——剎那性——的緣故，係屬成立境義因。

乙六、從宗的角度區分正因

從宗的角度，正因可分為：一、事勢正因。二、信許正

---

70 德格版，論，量，ཤེ卷，第一品，262 正頁；對勘本版，書號 97，902 頁。漢譯大藏經內並無此譯。

因。三、極成正因。一般心識之境可分爲，由事物之力所成之境，以及由共許（或稱「極成」[71]）之力所成之境，共有兩種。前者如熱炙性住於事物火之中，是火的本性或火的實性，無論是誰觸碰此物，只會產生熱炙的行相外，並無其他行相，這類的境稱爲「由事物之力所成之境」。後者如「火爲能淨及髻頂者」、[72]「能淨又被共許爲豬」，以及「髻頂者又被共許爲孔雀」[73] 等境，並非由事物之力所成，而是由世間共許之力所成，故稱「由聲所成或極成之力所成之境」。

眞正的極成是具境，又可分爲分別心及能詮聲兩種。前者如，想要將懷兔取名爲月亮的世間分別心。後者如，由該分別心，將懷兔取名爲月亮的聲音。如何極成呢？首先由某士夫於某無名境，爲能給予名稱而隨心取名後，共許於世間中，就如一開始將腹鼓、縮底的和合體取名爲「瓶子」般。

極隱蔽宗需由教言或士夫的無誤言詞爲理由而成立。因爲該宗對己而言是種極隱蔽分，無法以事勢因成辦，所以只能觀待教言而立。如何將教言作爲因相呢？並非只是引用教言而

71　譯者註：量學典籍將立敵二方的共許之義稱為「極成」，也就是說，敵立兩者將該宗共同認許為至極之宗，且成就該宗，故又稱「至極成就」。但以藏文直譯而言，古漢譯的「極成」正是「共許」、「世間共同承許」的意思。

72　譯者註：根據藏文，火又稱為能淨及髻頂者。

73　譯者註：根據藏文，髻頂者是孔雀的異名。

已，還須清淨三種伺察才行。譬如，觀察真金的顏色有無明顯的缺陷後，用火燒煉般，伺察該教言的內容是否有被現量所違害。觀察真金的內在細微──略隱蔽分──缺陷，以截斷的方式去除其患般，伺察該教言的內容是否有被事勢正量所違害。觀察真金的好壞時，以磨金的方式去除所有難察的缺陷般，伺察該教言的內容是否有前後矛盾、直接及間接的矛盾等。若能具足三種清淨伺察，該教言就能被承許，並成為教言正量，但需要眾多因緣才行。

總之，該教言的內容並需遠離三種過患：一、於該現前分的內容，無有現量的違害。二、於該略隱蔽分的內容，無有事勢比量的違害。三、於該極隱蔽分的內容，無有前後、直間接的矛盾。量學典籍說了如何「三察清淨」（འདད་གསུམ་དག་པ།）之理。

事勢正因的性質：屬該論式的三相之基礎上，該宗由事物力所形成。如「聲音有法，屬無常，所作性故，如瓶子」的所作性。法上阿闍黎的《決定量論疏》云：

> 「為使正量成立三相，事勢因相趨入己境，且不會追求教言等其他事項。」[74]

---

74 德格版，論，量，ཐེ卷，第一品，29背頁；對勘本版，書號104，67頁。漢譯大藏經內並無此譯。

　　極成正因的性質：屬該論式的三相之基礎上，該宗必須是由聲所生的極成。如「懷兔有法，可將爾稱爲『月亮』，於分別心境中存在故」的因相。可將懷兔稱爲月亮，是由欲念或共許之力所立，並非由事物力所成立。《釋量論》所云：

「聲依止於名，彼復唯依欲。
聲成非不成，如是說聲名。
顯比量所成，相違無不謬。
如是者即是，共稱比量故。」[75]

　　如同可以將懷兔稱爲月亮，也可以將耳朵稱爲眼睛。無自性阿闍黎（སློབ་དཔོན་ངོ་བོ་ཉིད་མེད་པ།）的《攝大乘論文疏》（ཐེག་པ་ཆེན་པོ་བསྡུས་པའི་བཤད་སྦྱར།）云：

「名稱無有決定。如，旋行者將耳稱眼、將熟飯稱爲盜賊、將口唇稱爲別異。」[76]

　　此外，隨意將懷兔取名爲月亮，味典將冰片取名爲月亮，醫典將水銀取名爲月亮，詩典將少女的臉稱爲月亮等，將爾等有法稱爲月亮都是可以的。

75　德格版，論，量，ཏེ卷，他義品，第116-117句偈頌文，143背頁；對勘本版，書號97，584頁。漢譯來源：法尊法師譯《釋量論》。

76　德格版，論，唯識，རི卷，第三品，230背頁；對勘本版，書號76，600頁。漢譯大藏經內並無此譯。

法上阿闍黎也說，事勢正因之宗以事物力成辦，極成正因
之宗以名言力成辦，誠如法上阿闍黎的《決定量論疏》云：

> 「『極成境乃由聲所生之義，比量境乃事物矣。』謂區
> 別境類。」[77]

信許正因的性質：屬該論式的三相之基礎上，該宗爲極
隱蔽分。譬如，「『施生富戒樂』的教言有法，該內容無有欺
誑，屬三察清淨的教言故」的因相。佈施獲取各類受用實屬極
隱蔽分，凡夫必須得從三察清淨的教言才能得知該眞相。誠如
《釋量論》所云：

> 「系屬順方便，說士夫義語」[78]

此說該論式的有法。此論又云：

> 「於見及不見，有事諸義理，
> 現量二比量，無害此不欺。」[79]

---

77 德格版，論，量，इ卷，第一品，60背頁；對勘本版，書號104，143頁。漢
譯大藏經內並無此譯。

78 德格版，論，量，इ卷，自義品，第215句偈頌文，102背頁；對勘本版，書
號97，488頁。漢譯來源：法尊法師譯《釋量論》。

79 德格版，論，量，इ卷，自義品，第216句偈頌文，102背頁；對勘本版，書
號97，488頁。漢譯來源：法尊法師譯《釋量論》。

此說該論式的因相。

乙七、從趣入同品的方法區分正因

從趣入同品的方法,正因可分為:一、能遍趣入於同品正因。二、以二相趣入同品正因。能遍趣入於同品正因的性質:屬該論式的三相之基礎上,趣入該論式的所有同品。[80]如「聲音有法,屬無常,所作性故」的所作性。該論式的所立法無常定屬所作性,所以,所作性成為趣入該論式同品的能遍因。

以二相趣入同品正因的性質:屬該論式的三相之基礎上,以二相趣入該論式的同品。如「聲音有法,屬無常,人為所造故」的人為所造。該論式的所立法無常可分人為所造及非人為所造兩種,所以,「人為所造」是以二相趣入該論式的同品因。

乙八、從辯者的角度區分正因

從辯者的角度,正因分為:一、自義正因。二、他義正因,共兩者。自義正因的性質:屬該論式的三相之基礎上,非對敵方所立下。如,並非由其他立方所舉出的「聲音有法,屬

---

80 譯者註:該論式的因相(所作性)趣入該論式的所有同品(所有無常),同等「所作性周遍所有無常」,又等同「無常定屬所作性」。

無常，所作性故」論式，而是因爲自己思惟了「爲何聲音是無常」的理由，以所作性的正因推論了聲爲無常。

他義正因的性質：屬該論式的三相之基礎上，對敵方所立下。如，由其他立方所舉出的「聲音有法，屬無常，所作性故」的正因。

總之，自義正因與他義正因兩者都相同爲正因，其差異僅在於，是不是由正立方舉出該論式的區別而已。

乙九、相反正因——見似因
丙一、總說

爲能了解正因謬處，今說見似因。如前述：「三相爲正因」，故知非三相爲見似因。因相可分爲宗法成立者及宗法未成立者兩種。前者又可分爲：決定隨轉隨遮[81] 的正周遍、決定顛倒周遍，以及未決定正周遍或顛倒周遍其中一者的不定者。前者爲正因，次者爲相違因，後者爲不定因。誠如《釋量論》所云：

> 「似因謂所餘。」[82]

81　譯者註：B 隨 A 轉，A 遮則 B 遮，故稱「隨遮隨轉」。

82　德格版，論，量，ཤི卷，自義品，第 1 句偈頌文，1 正頁；對勘本版，書號 97，469 頁。漢譯來源：法尊法師譯《釋量論》。

某論式的見似因性質爲：屬該論式之因的基礎上，非三相者。分爲：一、相違因。二、不定因。三、不成因。

丙二、相違因

先說相違因。某論式的宗法成立，但主要是該同品遍卻未成立，在這基礎之上，該論式的因相與所立法相違者，該因稱爲「相違因」。

爾爲某論式之相違因的性質：屬該論式的宗法之基礎上，成立該論式的宗法者決定了該論式的隨轉隨遮之周遍爲顛倒者。在相違因的性質中，言「宗法」是因爲排除不成因的緣故。言「成立該論式的宗法者決定了該論式的隨轉隨遮之周遍爲顛倒者」是因爲排除不定因的緣故。相違因的事例如，「聲音有法，屬常，所作性故」的所作性。

丙三、不定因

第二，今說不定因。某論式的宗法成立，但主要是該異品遍卻未成立，或缺乏決定者，該論式的因稱爲「不定因」。某論式之不定因的性質：成立該論式的宗法者，卻尚未決定該論式的隨轉隨遮之正周遍以及顛倒周遍。又可分爲：一、不共不定因。二、共不定因，共有兩種。

爾爲該論式不共不定因的性質：爾爲該論式的不定因之

基礎上，成立該論式的宗法者，未決定爾於該論式的同品中存在，也未決定爾於該論式的異品中存在。不共不定因的事例如，「聲音有法，屬無常，所聞故」的所聞。不只尚未決定因相——所聞——存在於該論式的異品——常——之中，[83] 也不能決定該因相存在於同品無常之中。為什麼呢？成立「以所聞推理聲為無常」的宗法者，因為決定了聲音與所聞之間的名性相[84]的關聯，如果決定了因相所聞存在於該論式的同品無常的話，定能決定聲音也存在於該論式的同品無常之中，這樣一來，將會有該宗法者決定能證悟聲為無常的過患。[85] 總之，在該論式的同品、異品、淨處三者之中，只決定因相所聞存在於淨處之中，且未決定存在於其他兩法之中，故稱「不共不定因」。

爾為該論式共不定因的性質：爾為該論式的不定因之基礎上，成立該論式的宗法者，決定爾於該論式的同品中存在，亦或是，決定爾於該論式的異品中存在，兩者其中的一者。成立所知為該論式的宗法者，決定所知存在於該論式的同品無常之

83　譯者註：沒有任何聲音或所聞——聲音的性相——屬於常法，故說「所聞不存在於常中」，且正量也不能決定「所聞存在於常中」。

84　譯者註：名性相的關聯，如，「聲音是所聞的名相，所聞是聲音的性相」的關聯。

85　譯者註：言過患的理由是因為，成立「聲音有法，屬無常，所作性故」的宗法者，必須是位尚未了知該論式之宗的補特伽羅。

中，卻未決定所知存在於該論式的異品之中，此時，所舉出的「聲音有法，屬無常，所知故」論式的「所知」，便是共不定因的事例。推理聲爲無常論式的辯者決定了所知共同存在於該論式的同品及諍處之中，故稱「共不定因」。

共不定因分爲二：一、正不定因。二、有餘不定因。

爾爲該論式正不定因的性質：爾爲該論式的不定因之基礎上，成立該論式的宗法者，決定了爾存在於該論式的同品及異品兩者之中。成立「以所量推理聲爲無常」的宗法者，決定了所量存在於常與無常兩者之中，此時，所舉出的「聲音有法，屬無常，所量故」論式的「所量」，便是正不定因的事例。

爾爲該論式有餘不定因的性質：爾爲該論式的不定因之基礎上，成立該論式的宗法者，決定了爾存在於該論式的同品之後，對於爾是否存在於該論式的異品，產生疑惑，亦或是，決定了爾存在於該論式的異品之後，對於爾是否存在於該論式的同品，產生疑惑，兩者其中的一者。

成立該論式的宗法者，因爲仍然存有「因相是否存在於同品或異品之中」的餘疑，故稱「有餘」。成立「以所知推理聲爲無常」的宗法者，決定了所知存在於該論式的同品無常之中，卻未決定所知是否存在於該論式的異品常之中，此時，所舉出的「聲音有法，屬無常，所知故」論式的「所知」，便是「正確有餘（不定因）」。亦或是，成立「以所知推理聲爲無

常」的宗法者，決定了所知存在於該論式的異品常之中，卻未決定所知是否存在於該論式的同品無常之中，此時，所舉出的「聲音有法，屬無常，所知故」論式的「所知」，便是「相違有餘（不定因）」。

丙四、不成因

第三，今說不成因。之所以稱「不成因」是因為未成立宗法的緣故。不成因的性質：屬該論式的因相之基礎上，未成立該論式的宗法。此因分三：一、觀待義不成立。二、觀待識不成立。三、觀待辯者不成立。

觀待義不成立又分七者：一、缺少因相性質而不成立者。如，「此士夫有法，屬苦者，被兔角所戳故」的因相。二、缺少有法性質而不成立者。如，「兔角有法，屬無常，所作性故」的因相。三、因法無異而不成立者。如，「聲音有法，屬無常，無常故」的因相。四、諍處因相無異而不成立者。如，「聲音有法，屬無常，聲音故」的因相。五、諍處與法無異而不成立者。如，「聲音有法，屬聲音，所作性故」的因相。六、因相於有法上，由不符合論式法而不成立者。如，「聲音有法，屬無常，眼識所取故」的因相。七、有法的一方不存在於因相上而不成立者。如，「樹木有法，屬具心者，夜時緊縮

樹葉而眠故」的因相。[86]

觀待識不成立又分四者：一、懷疑因相性質而不成立者。如，對於未以正量決定微小昆蟲者所舉出「聲音有法，屬無常，由微小昆蟲的正量所量故」的因相。二、懷疑有法性質而不成立者。如，對於未見微小昆蟲者所舉出「微小昆蟲有法，屬無常，所作性故」的因相。三、懷疑諍處因相屬而不成立者。如，對於不知孔雀在哪裡的某人，所舉出「在三山塢之中央有法，有孔雀，孔雀發聲故」的因相。四、缺少「無患欲知有法」而不成立者。如，對於已證聲為無常仍未忘記的某人，所舉出「聲音有法，屬無常，所作性故」的因相。

第三，觀待辯者不成立又可分為三種：一、觀待立方而不成立者。如，由尚未證悟聲為無常的立方，對敵方所舉出「聲音有法，屬無常，所作性故」的因相。二、觀待敵方而不成立者。如，正立方對於聲是否為無常沒有興趣了解的敵方，所舉出的「聲音有法，屬無常，所作性故」的因相。三、觀待立敵兩方而不成立者。如，由尚未證悟聲為無常的立方，對聲是否為無常沒有興趣了解的敵方，所舉出的「聲音有法，屬無常，所作性故」的因相。

---

86 譯者註：成立某論式的宗法者，也是成立該論式的欲知有法者，必須對該宗產生欲知的念頭。總言說，此人尚未了知該宗，卻對知道該宗很感興趣。

乙十、因輪

　　爲了能夠讓讀者們容易了解因相的關鍵分類，陳那阿闍黎另列出「九句因相」，且撰寫了該宗的註釋，以下簡略說明其內容。

　　首先介紹什麼是「九句因相」。陳那阿闍黎的《因輪論》（Hetucakradamaru གཏན་ཚིགས་འཁོར་ལོ།）云：

> 「所量作性及無常，作性所聞及人爲，
> 無常人爲非具色。」[87]

　　文中說到《因輪論》中的九種因相。

　　此論又云：

> 「常法無常及人爲，常法常法及常法，
> 非人爲造及無常，於常法立成立因。」[88]

　　本段顯示因相九種所立法。

　　此論復云：

87　德格版，論，量，ཇེ卷，第5句偈頌文，93正頁；對勘本版，書號97，465頁。漢譯大藏經內並無此譯。

88　德格版，論，量，ཇེ卷，第5偈頌文，93正頁；對勘本版，書號97，466頁。漢譯大藏經內並無此譯。

「因相迷輪九句因，由此為喻應如是，

虛空瓶子瓶虛空，瓶子閃電及虛空，

虛空瓶子虛空瓶，[89]虛空瓶子及閃電，

閃電虛空及瓶子，瓶子閃電及虛空，

虛空瓶子從微塵。」[90]

此段說了九種個個因相的同法喻及異法喻。

什麼是《因輪論》中的九種因相？

隨著趨入該論式的同品不同，而區分為三：一、能遍於同品。二、絕無於同品中。三、二相入同品，共三種。每一種又分為三：一、能遍於異品。二、絕無於異品中。三、二相入異品，故三三得九。

九種因相依序如下：一、能遍於同異兩品中。二、能遍於同品中，卻絕無於異品中。三、能遍於同品中，且二相趨入異品。四、能遍絕無於同品，卻在於異品。五、絕無於同異兩品之中。六、絕無於同品中，卻以二相趨入異品。七、以二相趨入同品，且能遍於異品中。八、以二相趨入同品，卻絕無於異品中。九、以二相趨入同異二品。誠如《因輪論》云：

89　此偈雖於德格版不在，但從奈塘版中截取添入。

90　德格版，論，量，剞卷，第9-11句偈頌文，93正頁；對勘本版，書號97，466頁。漢譯大藏經內並無此譯。

「於同品中爾存在，或無或俱有無二，
於異品中亦如是，三者各有三三相。」[91]

該論式的所立法定屬該因相者，爲「能遍於同品」。該論式的所立法定非該因相者，爲「絕無於同品」。該論式的所立法非定屬該因相，也不是定非該因相者，爲「二相入同品」。該論式的所遮法定屬該因相者，爲「能遍於異品」。該論式的所遮法定非該因相者，爲「絕無於異品」。該論式的所遮法非定屬該因相，也不是定非該因相者，爲「二相入異品」。

在《因輪論》的九句因相之中，第二句因及第八句因爲正因，第四句因及第六句因爲相違因，第一句因、第三句因、第七句因，以及第九句因爲共不定因，第五句因爲不共因。《因輪論》云：

「上下兩方為正因，側有相違兩因相，
四角乃共不定因，[92]中間則為不共因。」[93]

---

91 德格版，論，量，श卷，第 3-4 句偈頌文，93 正頁；對勘本版，書號 97，465頁。漢譯大藏經內並無此譯。

92 雖然根據德格版為「如」，但根據北京版及奈塘版為「乃」，故修訂為「乃」。

93 德格版，論，量，श卷，第 4-5 句偈頌文，93 正頁；對勘本版，書號 97，465頁。漢譯大藏經內並無此譯。

《因輪論》的九句因相列表如下：[94]

一、正不定因。聲音有法，屬常，所量故。同法喻如虛空，異法喻如瓶子。	二、正因。聲音有法，屬無常，所作性故。同法喻如瓶子，異法喻如虛空。	三、正不定因。螺聲有法，屬人為所造，無常故。同法喻如瓶子，異法喻如閃電及虛空。
四、相違因。螺聲有法，屬常，所作性故。同法喻如虛空，異法喻如瓶子。	五、不共不定因。聲音有法，屬常，所聞故。同法喻如虛空，異法喻如瓶子。	六、相違因。螺聲有法，屬常，人為所造故。同法喻如虛空，異法喻如瓶子及閃電。
七、正不定因。螺聲有法，非人為所造，無常故。同法喻如閃電及虛空，異法喻如瓶子。	八、正因。螺聲有法，屬無常，人為所造故。同法喻如瓶子，異法喻如虛空。	九、正不定因。螺聲有法，屬常，不具觸故。同法喻如虛空及微塵，異法喻如業與瓶子。

　　《因輪論》九句因相之中，位於上中的因相及位於下中的因相為正因。位於右側中間的因相及位於左側中間的因相皆為相違因。位於四斜角的因相為共不定因。位於正中的因相為不共不定因。

　　何為虛空等二十四喻？

---

94 阿拉夏・登達拉朗巴（ཨ་ལག་ཤ་བསྟན་དར་ལྷ་རམས་པ།）寫了一本有關《因輪論》的極佳註釋，論名為「寶炬論」（རིན་ཆེན་སྒྲོན་མེ།）。請參考該書的三種列表：一、如實所住輪。二、同異法喻輪。三、所舉立之輪。

　　教典說，虛空及瓶子兩者，正是「以所量爲因，成立聲爲常」的「能遍於同品論式」的喻例，以及「以所量爲因，成立聲爲常」的「能遍於相違異品論式」[95]的喻例。爲什麼這麼說呢？因爲虛空是「能遍於同品」該論式的喻例，而瓶子是「能遍於異品」該論式的喻例。之所以虛空成爲該論式的同品喻例，以及瓶子成爲該論式的異品喻例，是因爲，虛空是所量及常的同屬，瓶子是所量及無常同屬的緣故。

　　在第九句因相時，說虛空、微塵、業、瓶子四者，爲「聲音有法，屬常，不具觸故」的「以二相趨入同異二品」的喻例，其理由是，虛空及微塵兩者是「以二相趨入同品」該論式的喻例，業與瓶子兩者是「以二相趨入異品」該論式的喻例。爲什麼呢？外道勝論派認爲，虛空是「常不定屬具觸者」的例子；微塵是「常不定非具觸者」的例子，業是「無常不定屬具觸者」的例子，瓶子是「無常不定非具觸者」的例子。如同前述解釋初因及後因般，以此類推，得知其他中間因相。

　　陳那阿闍黎講說九句因相的目的是什麼呢？誠如《釋量論》所云：

　　「爲成性果義，說二因二返，

諍故說別共，餘返是能立。」[96]

　　爲能了知果正因與自性正因的隨轉隨遮、無則不生的相屬不能以欲念成立，故而顯示果、自兩因論式。如果隨轉隨遮可從欲念而起，兩種相違因也可隨著欲念轉成正因，但這兩者永遠都是謬因。爲能了知「決定隨轉隨遮」觀待相屬而成，故說兩種相違因。

　　此外，因爲顯示了「果、自兩者光靠承許異品遍不能成立」，便會得知因不可得及能遍不可得係屬正因。又爲了能夠知道正因的事例決定爲果、自、不可得三者，故說，二側兩相違、上下兩正因等四句因相。

　　爲能斷除僅異品遍，或僅同品遍亦能存有正因，故說隨轉隨遮的兩種周遍必須得是「一方成辦另一方」者，而且該因還得根據宗法的成立，才能被安立爲正因。

　　爲能決定正因的性相爲三相，以「所量」及「所聞」作爲理由後，而說了兩句因相。如果僅異品遍就能成爲正因的話，所聞將成「成立聲爲常」的正因。但是承許僅異品遍就能成爲正因者，汝等所立之因相皆不存在異品遍，如同「以所聞爲因，成立聲爲無常」的因相般，實爲相同，故說「所聞」。同

---

96 德格版，論，量，^इ१卷，他義品，第196句偈頌文，147正頁；對勘本版，書號97，592頁。漢譯來源：法尊法師譯《釋量論》。

樣地，如果僅同品遍就能成為正因的話，所量將成「成立聲為常」的正因。但是承許僅同品遍，該因皆不得同品遍，如同「以所量為因，成立聲為無常」的因相般，實為相同，故說「所量」。

僅隨轉同品，僅隨主要者，或隨轉隨遮僅屬相同者，皆不能為正因，為顯其義，陳那阿闍黎說了其餘三句因相。如果僅是隨轉同品就能成為正因的話，無常也將是「成立螺聲屬人為所造」的正因，會有如是過患。為顯其義，故說「螺聲有法，屬人為所造，屬無常故」。如果僅隨主要者就能成為正因的話，無常也將是「成立螺聲非人為所造」的正因，會有如是過患，為顯其義，故說「螺聲有法，非人為所造，屬無常故」。如果隨轉隨遮僅屬相同者就能成為正因的話，非具觸者將是「成立聲音為常」的正因，會有如是過患，為顯其義，故說「聲音有法，屬常，非具觸者故」。

總之，「宗」謂去除諍處之上的所有異品，能立此宗的正因決定為三相，若能具足此三相者決定為果、自、不可得三者。又為了能夠了解正因與見似因的論式分類，顯示了九句因相。以上已經說明了心趣入境的方法——成立語——及由此顯示的因相論。

第十二品
調心的方法──
止觀二修

甲一、生起煩惱的因與緣

繼解說能知心識的論述、心如何趨入境，以及心如何了知境的方法——因相的論述——之後，為能增長心了知境的能力，並讓心在趨入境時專注該所緣境，於此解說修心的方法。

修心的方法可略分為二大類：一、將帶來損害的心識類別——如貪等煩惱——的能力逐漸削弱而修治。二、將帶來利益的心識類別——如慈悲及智慧等——的能力逐漸串習而增長。

在前述心所的論述中說過，煩惱識等可被「根本煩惱」與「隨煩惱」兩種所含攝。為了能夠逐漸對治煩惱，單憑認知煩惱的性質及作用是不夠的，認清個別煩惱生起的因與緣也極為重要。因此，許多古老的佛教典籍中，都曾廣泛談及煩惱生起的因緣為何、個別煩惱的罪行及過患等，以下簡略說明。

各種佛教典籍中普遍說到諸多煩惱的因，但根據無著阿闍黎的《瑜伽師地論》，煩惱因主要歸為六類，此論云：

「謂六種因：一由所依故。二由所緣故。三由親近故。四由邪教故。五由數習故。六由作意故。由此六因，起諸煩惱。所依故者，謂由隨眠起諸煩惱。所緣故者，謂順煩惱境界現前。親近故者，謂由隨學不善丈夫。邪教故者，謂由聞非正法。數習故者，謂由先植數習力勢。作意故者，謂由發起不如

理作意故諸煩惱生。」[1]

論中說到六種煩惱的因。

初者由所依故。所依，謂種子或隨眠，也就是只要值遇其緣，自續煩惱便能隨時生起的所依或是種子，如同若不將疾病的種子拔除，僅依少許不當的飲食，便能導致疾患復發一般。

第二、由所緣故。所緣或境，即悅意及不悅意境，也就是值遇之便能令煩惱生起的所緣。

第三、由親近故。親近，謂隨學非善賢的惡友。

第四、由邪教故。邪教，謂聞習如兵法、淫行等邪法典籍。

第五、由數習故。謂反覆串習往昔煩惱。

第六、由作意故。作意，謂反覆思惟貪瞋等境的增益，即是非理作意。例如：緣取貪的所緣境如「此衣服顏色極好」、「此衣服造型極佳」、「此衣服剪裁極好」等，或瞋的所緣境如「瞋境仇敵過去如何害我」、「將來又會如何害我」等悅意及不悅意境的反覆思惟。

《大乘阿毘達磨集論》說煩惱的主因有三，論云：

「謂煩惱隨眠未永斷故，順煩惱法現在前故，不正思惟

1　德格版，論，唯識，里卷，第七品，83 正頁；對勘本版，書號 72，870 頁。漢譯來源：《瑜伽師地論》（T.30.1579.314a.3）。

現前起故，如是煩惱方乃得生。」[2]

　　論中說到煩惱的三個主因：一、「煩惱隨眠未永斷」者，謂因力——細增煩惱尚未斷除。二、「順煩惱法現在前」者，謂境力——趨近產生貪等相應的所緣境。三、「不正思惟現前起」者，謂加行力——非理作意的等無間緣。與此相同的內容，在《阿毘達磨俱舍論自釋》中也有說到：

　　「諸煩惱起由幾因緣？頌曰：由未斷隨眠，及隨應境現，非理作意起，說或具因緣。論曰：由三因緣諸煩惱起，且如將起欲貪纏時，未斷未遍知欲貪隨眠故。順欲貪境現在前故。緣彼非理作意起故。由此力故便起欲貪。此三因緣如其次第即因境界加行三力。餘煩惱起類此應知。」[3]

　　總括而言，所有煩惱及其過患的根本都是來自無明。誠如《中觀根本慧論》所云：

　　「業煩惱非實，入空戲論滅。」[4]

2　德格版，論，唯識，क卷，第二品，78背頁；對勘本版，書號76，199頁。漢譯來源：《大乘阿毘達磨集論》（T.31.1605.676b.5）。

3　德格版，論，阿毘達磨，शा卷，第五品，246正頁；對勘本版，書號79，603頁。漢譯來源：《阿毘達磨俱舍論》（T.29.1558.107b.10）。

4　德格版，論，中觀，र卷，第十八品，第5句偈頌文，11正頁；對勘本版，書號57，26頁。漢譯來源：《中觀根本慧論》（T.30.1564.23c.29）。

論中說，能夠引發各式痛苦的業都來自煩惱，煩惱皆來自增益執取悅意或不悅意的非理作意之妄念，偏離真相。非理作意之妄念，是來自長期串習不明瞭諸法真相的無明戲論。

如同「非親」[5]與「非實」之所指不僅否定了「親友」與「實相」之外，更是親友與實相的顛倒方，無明所指的也不僅是「沒有明」或「非明」，更是明覺的異品顛倒方。誠如《阿毘達磨俱舍論》云：

> 「明所治無明，如非親實等。」[6]

《阿毘達磨俱舍論自釋》亦云：

> 「如諸親友所對怨敵親友相違名非親友，非異親友，非無親友。諦語名實，此所對治虛誑言論名為非實，非異於實。亦非無實。等言為顯非法非義非事等性非異非無，如是無明別有實體，是明所治非異非無。」[7]

一般所說無明，又有「不懂哪條路」的粗顯無明、「不懂

5　譯者註：藏梵兩文中，「非親」的意思不只是非親非故，更是仇敵，誠如漢文的「不好」，此詞不僅否定了好，更是意味著「壞」，即好的顛倒方。

6　德格版，論，阿毘達磨，ㄐ卷，第三品，131背頁；對勘本版，書號79，324頁。漢譯來源：《阿毘達磨俱舍論》（T.29.1558.51c.10）。

7　德格版，論，阿毘達磨，ㄐ卷，第三品，131背頁；對勘本版，書號79，324頁。漢譯來源：《阿毘達磨俱舍論》（T.29.1558.51c.11）。

業因果」的取捨無明，以及「不懂眞相」的無明等類型。這些無明的對治，則爲了知各該眞相的智慧。

爲何無明是一切過患的根本呢？

一切貪等煩惱以及生老病死等過患，都是來自無明。首先有對於眞相愚癡的我執無明，且以無明力覆蓋境的眞相。依此力故，生起非理作意之妄念，並增益了爲親友、仇敵所發起的貪瞋。

什麼是非理作意之妄念？

執取與實相不符之境，且極度地增益該境。例如：貪婪的時候，所見貪境的每一部分都是美好的，並超越了實際的優點。又如生氣的時候，所見瞋境的每一部分都是令人厭惡的，並超越了實際的缺點。因爲愚癡於眞相的無明，發起了非理作意的妄念，且產生了貪瞋，進而產生了諸多痛苦，故說無明係一切煩惱及痛苦的根本。

譬如若除樹根，樹枝與樹葉皆會逐漸乾枯般，無明若除，一切煩惱將被遮遣無餘。誠如《佛說如來不思議祕密大乘經》（དེ་བཞིན་གཤེགས་པའི་གསང་བ་བསམ་གྱིས་མི་ཁྱབ་པ་བསྟན་པའི་མདོ།）云：

「寂慧！譬如大樹若斷其根，即枝葉莖幹而悉枯悴。此

有身見[8]亦復如是，若近止已，諸煩惱亦止。」[9]

《中觀根本慧論》云：

「業煩惱滅故，名之為解脫，
業煩惱非實，入空戲論滅。」[10]

《四百論》云：

「如身中身根，癡遍一切住，
故一切煩惱，由癡斷隨斷。」[11]

此處所說的癡，應解讀為無明我執。當他人讚美自己時，心想：「他正在說『我』的優點。」那個「我」，其實是一種內心深處投射出來的飄然自我，又將該「我」執取為獨立個體的受用者後，進而區分自他雙方。此後，緣己生貪、緣他生瞋、緣利者起貪、緣害者起瞋、緣中庸者起癡，由此發起三門

8　譯者註：此譯中的「身見」為「壞聚見」或梵文的「薩迦耶見」；身蘊亦是壞聚之一。

9　德格版，經，寶積，ཆ卷，第十五品，161背頁；對勘本版，書號39，439頁。漢譯來源：《佛說如來不思議祕密大乘經》（T.11.312.732c.7）。

10　德格版，論，中觀，ཙ卷，第十八品，第5句偈頌文，11正頁；對勘本版，書號57，26頁。漢譯來源：《中觀根本慧論》（T.30.1564.23c.29）。

11　德格版，論，中觀，ཚ卷，第六品，第10句偈頌文，7背頁；對勘本版，書號57，796頁。漢譯來源：法尊法師譯《四百論》。

所有罪患。《釋量論》云：

> 「若彼見有我，當常著於我。
> 由著愛於樂。由愛障眾過。」[12]

又云：

> 「有我則知他，我他分執瞋，
> 由此等相繫，起一切過失。」[13]

《入中論自釋》云：

> 「煩惱謂貪等，諸過患謂生、老、病、死、愁等，彼等
> 皆從薩伽耶見生。經云：『薩伽耶見為根本，薩伽耶見
> 為因，薩伽耶見為集。』此說一切煩惱皆以薩伽耶見為
> 因，由未斷除薩伽耶見，能起諸行，能招生等眾苦，故
> 說皆以薩伽耶見為因也。」[14]

　　如前述，貪心緣取悅意境後，超越了現況的美好而執著；
瞋心緣取不悅意境後，超越了現況的缺陷而執著。貪心生起

12　德格版，論，量，기卷，成量品，第 219 句偈頌文，115 背頁；對勘本版，書
　　號 97，519 頁。漢譯來源：法尊法師譯《釋量論》。

13　德格版，論，量，기卷，成量品，第 221 句偈頌文，116 正頁；對勘本版，書
　　號 97，520 頁。漢譯來源：法尊法師譯《釋量論》。

14　德格版，論，中觀，기卷，第六品，292 背頁；對勘本版，書號 60，774 頁。漢
　　譯來源：法尊法師譯《入中論自釋》。

時，會緣取受用者我、受用事蘊、衣食住行，以及親朋好友等。

一般而言，欲或希求可分為兩種：一、想要幫助他人的希求心，這是一種不顛倒的心識。二、想要追求貪境的希求心，這是一種煩惱。同樣地，厭離心也分兩種：一、瞋心，這是一種煩惱。二、看到了煩惱及痛苦的過患後所產生的厭離心，就不是一種煩惱。這些要義應當了知。

此外，世親阿闍黎的《阿毘達磨俱舍論》中，說到了如何由無明發起根本煩惱及隨煩惱的論述，其義如下：因為愚癡於真相，生起了「真相為何」的疑惑。疑惑的顛倒聞及顛倒思，發起了「絕無此實相」的邪見。由邪見力，發起了執取「蘊等為我或我所」的薩迦耶見。由薩迦耶見力，發起了執取常邊或斷邊的邊見。此後，相信邊見的所執之義為正確或解脫之因後，發起了戒禁取見。相信由此戒禁取見之力，能夠獲得清淨解脫的見取見。由見取見之力，發起了緣己見之貪，以及高傲之貪，且對他人之見產生瞋心。如《阿毘達磨俱舍論》云：

「無明疑邪身，邊見戒見取，
貪慢瞋如次」[15]

---

15 德格版，論，阿毘達磨，﹁卷，第五品，第32-33句偈頌文，17正頁；對勘本版，書號79，39頁。漢譯來源：《阿毘達磨俱舍論》（T.29.1560.319c.16）。

上述順序雖然並非決定次第，但在試著去緣取真相的過程中，煩惱確實有可能依照上述次第循序發起，故做此說。

隨煩惱如何從根本煩惱產生的呢？

由貪心生起無慚、掉舉、慳、諂、憍。有些覆來自貪，有些覆來自癡，有些覆來自貪與癡兩者。無明起惛沉、煩惱眠，以及無愧。疑起不善悔。瞋起忿、嫉、恨，以及害。見取見起惱。邪見起諂。《阿毘達磨俱舍論》云：

> 「無慚慳掉舉，皆從貪所生。
> 無愧眠惛沉，從無明所起。
> 嫉忿從瞋起，悔從疑覆諍……
> 諂憍從貪生，害恨從瞋起，
> 惱從見取起，諂從諸見生。」[16]

甲二、某些心所彼此相違之理

先前談及各心所之間的差異、個別心所的作用，以及煩惱心所由什麼因及緣產生等內容。在此略說哪些心所會彼此相違之理，例如：瞋與忍。

佛教典籍中提及哪些心識彼此相違時，會說到以相違心

識作爲對治。例如害心的對治是悲心，瞋心的對治是忍辱，嫉妒的對治是歡喜，貪心的對治是作意不淨，妄念的對治是修數息，傲慢的對治是思惟蘊界處等的分類，無知的對治是聽聞，惛沉的對治是提高心力，掉舉的對治是思惟死無常、厭倦痛苦、出離的因緣等諸多的對治種類。

爲什麼心所之間有著彼此相違、互相傷害的現象呢？

以色法而言，能夠互相傷害的機制分爲兩類：一、直接互相傷害。如：黑暗與光明、熱觸與寒觸。二、間接互相傷害。如：熱觸與寒觸之果——汗毛豎立。同樣地，心識之間的互相傷害也分爲兩種：一、希求類別的傷害。如：悲心與瞋心。二、智慧類別的傷害。如：智慧及無明。

有關智慧類別心識的彼此傷害，如《四百論》云：

「識爲諸有種，境是識所行，
見境無我時，諸有種皆滅。」[17]

論說，必須透過見到無明的顛倒執取而去斷除無明。

《釋量論》亦云：

---

17 德格版，論，中觀，剤卷，第十四品，第25句偈頌文，16正頁；對勘本版，書號57，815頁。漢譯來源：玄奘大師譯《廣百論》（T.30.1570.185c.10）。

「定與增益意，能所害性故。」 [18]

以「執青的決定識」以及「執取『青爲非青』的增益」爲例，透過二者所執的正相違，而成爲了互相傷害。誠如此論又云：

「若謂能斷彼，未破除此境。」 [19]

論中所說是透過斷除某識直接傷害的對象——該識的正相違識——的所執境或所耽境後所產生的傷害。例如：決定「蘊爲無常」的心識，破除了「蘊爲常」的執取識的所耽境後，損害該識。又如了解「繩非蛇」的心識，破除了「繩是蛇」的執取識的所耽境後，損害該識。

然而，若僅緣取同一境相，且執取直接相違的話，該二識不一定互相傷害。例如：緣取某人所發起的貪心與瞋心兩者；貪心緣取該境的悅意部分而想要追求，瞋心緣取該境的不悅意部分而想要遠離，該二心爲執取相違，卻並非互相傷害。如《釋量論》亦云：

18　德格版，論，量，^하卷，自義品，第49句偈頌文，96背頁；對勘本版，書號97，474頁。漢譯來源：法尊法師譯《釋量論》。

19　德格版，論，量，^하卷，成量品，第213句偈頌文，116正頁；對勘本版，書號97，520頁。漢譯來源：法尊法師譯《釋量論》。

「貪瞋雖互異，然非能違害」[20]

現起貪心卻尚未現起瞋心，不是因為貪瞋互相傷害，而是因為一者現起的時候，另一者現起的因緣尚未具足的緣故。

屬於希求類別的心識中，像是慈心及瞋心等，又是如何互相傷害的呢？

這兩種心識在同一所緣上面，一者希求利他，一者希求害他，該二行相成正相違，但這種正相違並非來自了知另一方的所耽境不存在。

例如以忍辱對治瞋心的時候，並非忍辱將瞋心的所執境直接視為悅意境，透過這種方式直接成為瞋心的相違方，而是首先讓瞋心的因緣無法成辦，縱有瞋因也不能持續，以這種方式成為瞋心的對治。誠如《入行論》云：

> 「強行我不欲，或撓吾所欲，
> 得此不樂食，瞋盛毀自他。
> 故應盡斷除，瞋敵諸糧食。」[21]

對方做出令自己或自己的親眷不歡喜的事情，或是做出

20　德格版，論，量，ཚ卷，成量品，第213句偈頌文，115背頁；對勘本版，書號97，519頁。漢譯來源：法尊法師譯《釋量論》。

21　德格版，論，中觀，ལ卷，第六品，第7-8句偈頌文，14背頁；對勘本版，書號61，980頁。漢譯來源：如石法師譯《入菩薩行論》。

阻礙吾等歡喜的事情，所以讓吾等心生不樂。這種不樂就像是糧食，會讓瞋心發起，毀滅自他。因此論中說要停止內在仇敵瞋心的糧食——心不樂。此外，《入行論》中又說，藉由觀察敵者的性質及作用，尤其是敵者有助於吾人觀修忍辱等，可對治瞋心。這些內容說出了如何透過相違品成為對治，應反覆思惟。

同樣地，佈施與慳吝、持戒與壞戒、忍辱與瞋心，以及精進與懈怠等希求類別心識的互相傷害之理，也須了解。

總之，希求類別與智慧類別的心識，都可以各該心識的相違品來對治，其互相傷害之理如：熱觸的增上會導致該相違方寒觸的削弱、利他心的增上會使害他心減少、光明現起的同時會讓黑暗消滅，以上述的方式形成互相傷害。

然而，古早的佛教學者們認為，前述煩惱心所歸根究柢都是來自執取顛倒真相的愚癡我執，或執著我及我所的薩迦耶見，所以對治瞋嫉的慈及隨喜只能暫時壓伏瞋嫉，卻不能根本斷除瞋嫉。若要徹底斷除所有煩惱，必須依賴了解諸法真相的智慧，此理將在《佛法哲學總集》中解說。

甲三、聞、思、修三慧

由正理門觀察境故，可循序發起聞、思、修三者的智慧。如何發起呢？首先，從他處聽聞所學的內容，此時只是聽聞。

若能透澈理解所聞內容，則發起聞所成慧；此慧是由他力生起。接著，由先前已聞的緣故，經教言及正理的善觀察便是思惟，觀察後發起的決定慧，就是思所生慧；此慧依自力生起。而修者，謂反覆串習聞思決定之義，進而發起修所生慧。

修有止修、觀修二者。觀修，謂以理反覆觀察並串習；止修，謂不經觀察且一心專注者。

總之，佛教典籍相當重視如何令聞、思、修三者的智慧增上的方便次第。

發起聞所生慧極為重要的緣故，應先了知此慧的利益。此慧的利益如馬鳴阿闍黎（སློབ་དཔོན་དཔའ་བོ）的《本生續》（སྐྱེས་པའི་རབས་ཀྱི་རྒྱུད）云：

> 「聞乃去除癡闇之火炬，賊等不能盜取之勝財，
> 摧毀愚法仇敵之兵器，顯示方便口訣之勝友，
> 貧困仍不棄捨永親眷，絕無損害苦病之良藥，
> 消滅極大罪行之集蘊，亦是最勝名譽及寶藏，
> 道德之最士夫中之尊，於眾之中學者極美讚。」[22]

如論所云，聽聞有如去除癡闇的火炬。譬如，若要去除不懂A的愚癡黑暗，只能靠著現起了解A的智慧光芒。同理，若

要去除不懂Ａ等諸多字母的愚癡黑暗，只能靠著現起了解Ａ等諸多字母的智慧光芒。聽聞的越多，所去除的無明黑暗也就越多，隨之現起的智慧光明也就越亮。

此外，聽聞是盜賊等無法攫取的最勝財寶。世間財物有可能被盜賊或仇敵所強取，但聽聞的功德卻不可能落入盜賊的手上。聽聞也是摧毀愚癡仇敵之兵器，因為聽聞可將一切煩惱仇敵徹底斷除的緣故。令己於學處離謬的最勝朋友也是聽聞，因為做何事之前，是否可做、可做的理由為何、不可做的理由為何等利害關係，皆可透過聽聞令己得知。聽聞也是治療煩惱的良藥、消滅罪行敵蘊的軍隊、最勝的名譽、吉祥、寶藏，以及聖賢的最佳禮物，和學者們禮讚的眾中之尊。

根據佛教典籍所說，聞思修三者所生的智慧其性質分別為：一、依賴善知識或教言正量所生起的觀法識，稱為「聞所生慧」，如：透過聽聞或閱讀顯示「聲為無常」的教言，生起了獲得該聲總內容的智慧。二、以正理伺察該聞義後，生起的決定慧，稱為「思所生慧」，如：證悟聲為無常的比量。三、對於聞思覺受之義，以觀修或止修的其一方式，防止散亂且反覆串習，由此習力生起特殊輕安，由該輕安所攝之識，稱為「修所生慧」，如：奢摩他及毘婆舍那兩者。《阿毘達磨俱舍論自釋》云：

「依聖言量，所生決定智名聞慧。依聖教簡擇道理，所
生決定智名思慧。依三摩地，所生智名修慧。」[23]

此論又說到奢摩他、極持、捨因等詞彙。觀力甚強、止
力甚弱時，心如風中火燭，極動搖故，不能明見所修之境。此
時，應作意奢摩他之因或相，令心往內收攝。反之，觀力甚
弱、止力甚強時，心如沉眠，不能明見真相。此時，應作意極
持相，增上心力。當內心自然而住，觀力與止力也能相當時，
應作意捨相。

單靠聞慧未必足夠改變身語行為，身語行為的改變主要
來自思慧及修慧，尤其若能發起修慧覺受的話，平時的思惟、
習慣、外在身語的行為才能得到明顯的改變。因此，思與修兩
者精通所聞之義，是種令無顛倒識於相續中發起的方法，同樣
地，了解聽聞的內容本身就是一條聯繫著平日身語意行為的繩
子。而若要令身語意三行轉為善性，思修兩者實屬極為重要的
緣故，佛教典籍中特別詳細解說了如何發起思所成慧及修所成
慧的方法，並對觀修立論與論述。

---

23 德格版，論，阿毘達磨，क卷，第六品，8 正頁；對勘本版，書號 79，697
頁。漢譯來源：《阿毘達磨俱舍釋論》（T.29.1559.269a.19）。

甲四、聞思時正念正知極為重要

　　不忘失取捨所緣境的「正念」，以及觀察三門當下行為是善是惡的「正知」兩者，不僅於了解所知真相時極為重要，在平日生活當中也相當重要。平時需要分清何為所取、何為所捨，以正念不忘該義；無論三門做出任何行為，以正知分清何為該取、何為該捨、該做何事等，才能無誤地趨入取捨；此德皆由正念、正知兩者之力所成。為令發起正念、正知，得要依靠長期的不放逸。不放逸來自了知依賴不放逸的好處，以及了知遠離不放逸的壞處。不放逸會生起正念及正知，因正念及正知，方能避免取捨失當的過患。

　　為能講解在聽聞及思惟的時候如何依止正念、正知，首先解說該二心的作用。正念的作用：心識趨入何事時，應專注於根本所緣，不令心散亂。正知的作用：察覺心到底有否散亂。世親阿闍黎《大乘莊嚴經論疏》云：

> 「近依正念及正知。一者令心無散於所緣，一者極知心已散亂。」[24]

　　自心依賴著正念、正知，才會不顛倒地聞思教義、不忘

24　德格版，論，唯識，臣卷，第十九品，227正頁；對勘本版，書號70，1371頁。漢譯大藏經內並無此譯。

教義；不只可以生起未有功德，還能令所有已生功德增長，使身語意遠離異品煩惱的控制。持續正念及正知，將不隨罪惡所轉。誠如《聖廣大遊戲大乘經》云：

「善住正念已，善修正慧已，
如法行正知，惡心汝何用？」[25]

經說，如果令心念住自己的正所緣，以辨別善惡的智慧加以善察，再以正知察覺心是否遠離該善所緣的話，則如同懈怠及散亂等惡念煩惱終究不能做出任何傷害。相反地，如不依賴正念、正知，及不放逸，看似在聽聞時了解諸多法相，但實踐時卻會遺忘正念所緣，就像將水倒在漏底的瓶子之中。如《入行論》云：

「心無正知者，聞思修所得，
如漏瓶中水，不復住正念。」[26]

如果正念、正知衰退，煩惱將會擾亂心識，該士夫聞思學習時，學習力也會隨之減弱，不能產生盛果，像是體內五大不協調者，做任何事都不會有效率。《入行論》云：

---

25 德格版，經，經典，㑱卷，第十八品，129背頁；對勘本版，書號46，313頁。在漢譯的《方廣大莊嚴經》中，未見類似文句。

26 德格版，論，中觀，㑱卷，第五品，第25句偈頌文，11正頁；對勘本版，書號61，972頁。漢譯來源：如石法師譯《入菩薩行論》。

「身疾所困者，無力為諸業；
如是惑擾心，無力成善業。」[27]

　　總之，沒有正念、正知，已有的功德將會衰退，未有的功德也不會新增。龍樹聖者的《勸發諸王要偈》（ བཤེས་སྤྲིངས། ）云：

「若忘是正念，則失諸善法」[28]

　　初學者理解了依賴正念、正知的利益，以及不依賴的過患之後，應如何守護內心呢？

　　如同一位瘡瘍傷口尚未痊癒者，若處於不懂節制身語意三行的狂亂群體中時，會特別小心保護該傷口般，吾等處於易生貪瞋的惡劣群體中時，應以正念記憶取捨，並以正知判別何是該做、何是不該做，以便時時保護內心的傷口。如果不這麼守護內心的話，則不能實踐聞思之義，且將斷除自他暫時及究竟的安樂根本。《入行論》云：

「如處亂眾中，人皆慎護瘡；
置身惡人群，常護此心傷。」[29]

27　德格版，論，中觀，ཀ卷，第五品，第 24 句偈頌文，11 正頁；對勘本版，書號 61，972 頁。漢譯來源：如石法師譯《入菩薩行論》。

28　德格版，論，箋書，ཉེ卷，第 54 句偈頌文，43 背頁；對勘本版，書號 61，675 頁。漢譯來源：《勸發諸王要偈》（T.32.1673.749b.22）。

29　德格版，論，中觀，ཀ卷，第五品，第 19 句偈頌文，11 正頁；對勘本版，書號 61，971 頁。漢譯來源：如石法師譯《入菩薩行論》。

如何依賴正念？

如同在世間與敵方對峙或行軍打仗時，當兵刃從敵手揮落，因畏懼被敵所殺，就刻不容緩地、立即拿起兵刃，當與放逸的煩惱作戰時，如果遺忘取捨所緣的話，因畏懼墮入邪道，就會立即依賴正念。《入行論》中說，應以多門依賴正念，極為重要，如此論云：

「戰陣失利劍，懼殺疾拾取；
如是若失念，畏獄速提起。」[30]

如何依賴正知？誠如《入行論》云：

「心意初生際，知其有過已，
即時護正念，堅持住如樹。」[31]

論中說，無論做任何事情的時候，一開始就要個別了知該事的動機、目的，以及該事是否合理等。此時若意樂有誤，應以正知察覺後，令心遠離罪惡，堅定如樹，無有動搖。此外，行住坐臥、講話、思考等一切時，都應由正念把持到底適不適合後，再以正知反覆觀察三門行為是否如法，這就是平日修持

---

30 德格版，論，中觀，ལ卷，第七品，第 69 句偈頌文，23 正頁；對勘本版，書號61，999 頁。漢譯來源：如石法師譯《入菩薩行論》。

31 德格版，論，中觀，ལ卷，第五品，第 34 句偈頌文，11 背頁；對勘本版，書號61，973 頁。漢譯來源：如石法師譯《入菩薩行論》。

正念及正知的方式。《入行論》云：

> 「再三宜深觀，身心諸情狀。
> 僅此簡言之，即護正知義。」[32]

　　總結而言，要想從對抗無明、放逸、散亂等煩惱的戰役中獲勝的話，應如何修持正念及正知呢？《入行論》云：

> 「如人劍逼身，行持滿缽油，
> 懼溢慮遭殺；護戒當如是。」[33]

　　論中說，如同某人奉了一位殘暴不仁的國王命令，必須手捧著裝滿芥油的器皿行走路上，前面則有持劍者逼身，倘若溢出一滴油，就將喪失性命於刀劍之下，因由這一種害怕被殺的恐懼而發起了強烈的精進，使心專注，以此比喻類推，身語意三者做出任何行為的時候，都要堅持正念及正知，小心謹慎、聚精會神。至於個別的正念及正知的因、性質、作用、分類等，先前講述心所的篇章中已經說明，應當了知。

甲五、如何修持見、修、行三法

32　德格版，論，中觀，སྐ卷，第五品，第108句偈頌文，14背頁；對勘本版，書號61，979頁。漢譯來源：如石法師譯《入菩薩行論》。

33　德格版，論，中觀，སྐ卷，第七品，第71句偈頌文，23正頁；對勘本版，書號61，999頁。漢譯來源：如石法師譯《入菩薩行論》。

　　心法是因緣所生的有為法，因此，產生該法因緣的增滅也會影響其結果的增減，而且，該因緣串習越久，其果識也就越容易生起，最終還能將果識轉為自己的習性。佛教典籍中說明了如何透過聞思修三者以及見修行三者令心逐漸改變之理。因為修心的緣故，內心與身語的外在行為皆可獲得改變，這是可以決定的。正因為內心的改變會帶來外在身語行為的變化，這一點極為重要，所以佛教典籍中分別對於見修行三者做了闡述。行者首先應當改變自己的錯誤見解，然後依據觀修與止修的方便，令心串習正見，將身語行為轉變為善。

　　見修行三者中，所謂的「修」是指令心反覆串習所修之義。法友阿闍黎的《般若波羅蜜多教授現觀莊嚴論頌釋明句疏》云：

　　「言『修』者，謂意之所屬或意之事物矣。」[34]

　　修可分為兩種：一、以妙慧觀察而修的觀修。二、不觀察卻以專注所緣而住的止修。一般而言，奢摩他是止修類，毘婆舍那是觀修類，但止修不一定是奢摩他，觀修也不一定是毘婆舍那。令心專注修之所緣，且無有散亂的修為止修；透過教

34　德格版，論，般羅蜜多，引卷，第六品，85背頁；對勘本版，書號52，907頁。漢譯大藏經內並無此譯。

言、理由、比喻等反覆思惟所修之義爲觀修，下面再做廣說。

此外，修又分爲：將無常及空性等作爲執取境而修、將慈悲轉爲具境者的性質而修，以及觀想相似行相——如自己尚未證悟的上等功德等——的隨伴性相（མཚན་ཉིད་རྗེས་དཔོད）之修。亦或是，如觀諸行無常，將其義轉爲該識之境而修，這種修法是義相修（དོན་རྣམ་སྒོམ་པ）；如觀悲心等，將觀識轉爲悲心的性質而修，這種修法是識相修（ཤེས་རྣམ་སྒོམ་པ）。

有關修的所緣，如《聲聞地論》云：

「云何所緣？謂四種所緣：一、遍滿所緣。二、淨行所緣。三、善巧所緣。四、淨煩惱所緣。」[35]

大教典中細說四種所緣，應從大教典了知其義。

此教典又說，依觀修士夫的根器，可分爲利根者與鈍根者。依煩惱行之不同，可分爲七種：一、具強烈貪行。二、具強烈瞋行。三、具強烈癡行。四、具強烈慢行。五、具強烈妄念行。六、等分行。七、弱煩惱行。[36] 依加行之差異，可分爲隨信者，以及伺察眞相的隨理或隨法者。

---

35 德格版，論，唯識，ཐི卷，第七品，75 正頁；對勘本版，書號 73，183 頁。漢譯來源：《瑜伽師地論》（T.30.1579.346c.22）。

36 現代心理學詳細地解說了五種性格特質：一、開放性（openness）。二、盡責性（conscientiousness）。三、外向性（extraversion）。四、親和性（agreeableness）。五、不穩定性（neuroticism）。這五種特質並不一定是每個人的不同個性，在一個人的身上也可擁有上述的諸多特質。

　　無著阿闍黎的《聲聞地論》、世親阿闍黎的《阿毘達磨俱舍論》及其《自釋》、寂天阿闍黎的《學集論》，以及蓮花戒阿闍黎的《修次篇》等說到，依據個別補特伽羅的秉性，去觀修各該相應的各種修之所緣的話，對於內心的改變會有極大的影響。也因此，這些大教典在有關觀修的篇章中，極為廣泛地論述了修行者、修行所緣、如何修法、修行後如何令心改變等的內容，吾人應學習這些教典，了知其義。本書在討論奢摩他與毘婆舍那的章節中會談及其中的部分內容。

甲六、以行的角度區分七種補特伽羅

　　經論中談及七種補特伽羅，是依著不同的煩惱行相而加以區分。無著阿闍黎在《聲聞地論》中對七者分別做了詳細介紹，也清楚說明該七種補特伽羅之相，在此簡略解說如下。

　　一、具強烈貪行的補特伽羅有著什麼樣的行相呢？

　　哪怕貪境只是個不起眼的事物，此人會產生極為強烈的貪欲，而且發起的貪欲會停留內心持續許久。強烈貪心的行相有：自己的思緒會隨此貪心所轉、自己被該貪境所征服，五根柔軟、五根溫和、五根不粗莽、遠離極欲損惱他人之性質、難分離、難出離、希求劣下、堅定並緊持業之邊際[37]、堅定並緊持禁行、不急躁、貪著傢俱及生活用具、貪婪、欣喜繁多、諸

37　譯者註：業之邊際可解讀為事業或動作。

喜繁多、無怒紋、面色光澤、面帶笑容等。《聲聞地論》云：

> 「問貪行補特伽羅應知何相？答：貪行補特伽羅，於諸
> 微劣所愛事中，尚能生起最極厚重上品貪纏，何況中品
> 上品境界……如是等類應知是名貪行者相。」[38]

二、具強烈瞋行的補特伽羅有著什麼樣的行相呢？

雖然只是個微不足道的理由，卻能引發強烈瞋心，且留在內心持續許久。強烈瞋心的行相有：自己的思緒會隨此瞋心所轉、自己被該瞋緣所征服、五根不柔軟、五根不溫和、五根粗糙、易分離、易厭倦、誹謗、固執、不喜繁多、堅定並緊持業之邊際、堅定並緊持禁行、不樂繁多、困擾繁多、無忍、急躁、不柔順性、多怒、難以扭轉性、心緒憤怒、忿且粗暴、稍受叨唸就會生氣並起欲害之心、持續傷害、製造糾紛、具有怒紋、面無光澤、不滿他人美滿、易嫉妒等。《聲聞地論》云：

> 「問瞋行補特伽羅應知何相？答：瞋行補特伽羅，於諸
> 微劣所憎事中，尚能生起最極厚重上品瞋纏，何況中品
> 上品境界……如是等類應知是名瞋行者相。」[39]

---

38 德格版，論，唯識，■卷，第七品，71正頁；對勘本版，書號73，173頁。漢譯來源：《瑜伽師地論》（T.30.1579.425c.8）。

39 德格版，論，唯識，■卷，第七品，71背頁；對勘本版，書號73，174頁。漢譯來源：《瑜伽師地論》（T.30.1579.425c.19）。

三、具強烈癡行的補特伽羅有著什麼樣的行相呢？

雖然只是個不足掛齒的癡因，卻能引發強烈的癡心，且留在內心持續許久。強烈癡心的行相有：五根不敏捷、五根愚癡、五根微弱、身業之邊際慵懶、言業之邊際慵懶、念罪惡想、言罪惡語、行罪惡業、極懈怠、不能成事、不善言語、意不敏銳、忘念、明知善卻不做、執行邪道、難分離、難出離、希求劣道、愚昧、口吃、以手表達、不能知善惡、被癡緣所奪、被他人操控等。《聲聞地論》云：

> 「問癡行補特伽羅應知何相？答：癡行補特伽羅，於諸微劣所愚事中，尚能生起最極厚重上品癡纏，何況中品上品境界……如是等類應知是名癡行者相。」[40]

四、具強烈慢行的補特伽羅有著什麼樣的行相呢？

雖然只是個若有若無的慢緣，卻能發起強烈慢心，且留在內心持續許久。強烈慢心的行相有：自己的思緒會隨此慢心所轉、五根敏捷、五根高傲似如蘆草、五根驕慢、勤於身著飾物、用詞嚴厲、不懂尊重、孤傲、身不鞠躬、不合掌、離尊重性、視己為一切、自讚毀他、求利、求譽、求名、成悟沉器皿、難分離、難出離、欲求多物、悲心微弱、我見強烈、瞋忿

40　德格版，論，唯識，ᰀ卷，第七品，72 正頁；對勘本版，書號 73，175 頁。漢譯來源：《瑜伽師地論》（T.30.1579.425a.4）。

強烈、製造糾紛等。《聲聞地論》云：

> 「問慢行補特伽羅應知何相？答：慢行補特伽羅，於諸
> 微劣所慢事中，尚能生起最極厚重上品慢纏，何況中品
> 上品境界……如是等類應知是名慢行者相。」[41]

五、具強烈妄念行的補特伽羅有著什麼樣的行相呢？

雖然只是個無足輕重的妄念緣，卻能引發強烈妄念，且留在內心持續許久。強烈妄念的行相有：自己的思緒會隨此妄念所轉、五根不堅定、五根動搖、五根變異、五根受擾、難分離、難出離、欲多物、喜多物、多猶豫、多疑惑、具欲念、無戒禁、戒禁不定、業之邊際不堅固且不能定、多疑、忘念、不喜寂靜處、多散亂、貪著世間諸樂、精通世間諸樂、不懶散、能幹等。《聲聞地論》云：

> 「問尋思行補特伽羅應知何相？答：尋思行補特伽羅，
> 於諸微劣所尋思事，尚能發起最極厚重上品尋思纏，何
> 況中品上品境界……如是等類應知是名尋思行者相。」[42]

第六等分行以及第七弱煩惱行二者，因為較為容易理解的

41　德格版，論，唯識，ཏི卷，第七品，72背頁；對勘本版，書號73，176頁。漢譯來源：《瑜伽師地論》（T.30.1579.425a.16）。

42　德格版，論，唯識，ཏི卷，第七品，72背頁；對勘本版，書號73，177頁。漢譯來源：《瑜伽師地論》（T.30.1579.426b.1）。

緣故，《聲聞地論》中僅簡略提及，未另做說明。此論云：

> 「若得平等補特伽羅，名等分行者。若薄塵性補特伽
> 羅，名薄塵行者。」[43]

總之，所謂「不同的行為區分出七種補特伽羅」主要是依據各補特伽羅平日的想法及習性而立論。補特伽羅的習性可分為：一、強貪性或大悲性。二、脾氣暴躁，隨小瞋緣也易怒的暴躁性。三、個性較緩慢，具忘念性及懶惰性。四、五根敏銳、以己見為最勝見的高傲性。五、妄念及疑心較重的個性。六、上述個性的綜合體，並無單一凸顯的個性。七、煩惱較弱的個性。

甲七、如何成辦專注一境之心——奢摩他

如前已述，佛教典籍中將心識分為多重粗細不同的層次，並說明了如何遠離粗分欲界心，進而成辦上界的禪定天心及無色界心。若欲做到如此，需要透過結合正知與正念的方法，令心專注一境才能達到。最終也是因為成辦了奢摩他，才能獲得這般成就，故於此處簡略介紹奢摩他。

成辦奢摩他的目的是什麼呢？

---

43 德格版，論，唯識，夕[冊]卷，第七品，71正頁；對勘本版，書號 73，173 頁。漢譯來源：《瑜伽師地論》（T.30.1579.425c.6）。

內心的散動會引發出貪瞋等各種痛苦，所以，令流散的心往內收攝，是爲了讓心變得堪能，使心能夠從心所欲地專注於善所緣上；而流散各處的心則會障礙明觀專注一方的能力。奢摩他成辦的時候，無論是令心識的能力收聚一方，或是令心專注於任何功德，皆起事半功倍之效，故經論中強調最初成辦堅定奢摩他是極爲重要的。

心的能力專注之後，屆時再去緣取任何的境，便能讓專注心的力量發揮到極致。若只是讓心往內收攝，也會產生強烈睡意，所以僅僅使心不向外散亂並不會產生明分（གསལ་ཆ།）及銳分（དྲང་ཆ།）兩者。然而，觀修奢摩他而收攝內心，會產生專注於境的住分、明晰觀境的大明分。因爲心識本身具有澄淨、敏銳的特點，眠與定兩者，在令心往內收攝的作用上雖然相同，但是其本質上卻有著極大的差異。

乙一、奢摩他的資糧

許多經論中皆曾提及成辦奢摩他的諸多因緣，其主要因緣誠如蓮花戒阿闍黎的《修次中篇》所云：

> 「云何止資糧？住隨順處、少欲、知足、斷諸雜務、尸羅清淨、斷諸貪等妄念。」[44]

---

[44] 德格版，論，中觀，ཀི卷，45背頁；對勘本版，書號64，128頁。漢譯來源：釋法炬譯《修次中篇》。

此論中說，爲使奢摩他未生令生、生已增長，所需的因緣歸爲六種資糧。

一、住隨順處。住在具有五德的賢善處：（一）容易找到衣食。（二）沒有野獸或賊盜等傷害。（三）水土優良不易染病。（四）具有相同善見及善行的善友。（五）白天杳無人煙、夜晚寧靜寂然，能安樂行於瑜伽。

二、少欲。不過分貪著外在的榮華富貴。

三、知足。雖僅有普通衣食便能滿足。如果不能知足的話，因爲貪求享樂，容易散亂，庸庸碌碌於守護財寶，便無法生三摩地。

四、斷諸雜務。若不斷除雜務，汲汲營營於名利等無有意義的閒事之中，故說斷諸雜務。

五、尸羅清淨。爲了止息內在的細微散亂，先得平息外在的粗分散亂。如果妄念過於凸顯，內心必不能靜住，故應以戒守護及平息身語的惡行。

六、斷諸貪等妄念。心中需有「外在的悅意事物都會壞滅，遲早我將棄爾等而去，爲何貪著？」的念想。

集聚五德之處等奢摩他的資糧之後，應在舒適墊上，以「毗盧遮那七相」或「毗盧遮那八相」而坐。

第一相：後面鋪上一個稍高的墊子，雙腿可呈全盤相或半盤相。其盤坐目的是使身體集中注意，幫助生起身輕安，並能

持久延續，身體不易疲倦。左手掌在下，右手掌在上，雙手肘稍微露出體外，這種安住的坐姿會協助上身氣流的上下移動。

第二相：眼睛不要過張，也不要完全閉上，應專視於鼻尖上。眼睛看到鼻側的緣故，容易斷除沉沒及掉舉。眼睛張得太開，容易隨眼識影響，會有散動的危險；若眼睛閉上，一片漆紅，障礙明見，會產生睡眠與惛沉的危險。

第三相：身體不應過於後仰，也不應過於前俯，應挺直而坐。如此可避免前述睡眠與惛沉。當身體挺直，脈也挺直，脈中流動的氣亦隨之通順，這對身的堪能性有所助益。

第四相：雙肩平坦而坐。

第五相：頭不應抬得太高，及過度朝下，應正視一方，不要偏斜。

第六相：齒唇應像平時般輕鬆而置。

第七相：舌抵上顎。這樣一來，不容易口乾，而且入定時不容易流下唾液。

第八相：數息。調整了毗盧遮那八相的隨順三摩地之坐姿後，就應觀察自心相續。一旦察覺內心受到貪瞋等惡念動機的影響時，由於這會阻礙正三摩地，必須將內心調整至無記狀態。所謂無記的心就是遠離善、遠離惡，像條白色的無垢氈毹。如何透過數息將心轉為無記呢？呼吸應緩慢柔和、不放聲、不過力。吐氣吸氣時，想著「氣吐出去了，氣吸進來了，

這是第一輪」。同樣地，第二輪到第七輪、第九輪、第十一輪、第十五輪、第二十一輪等不同的數量，如是專注反覆地推數，能平息貪等，令心轉為無記。

另九輪數息的觀修法：首先由兩鼻孔吐氣的同時，觀想：「如貪瞋等所有惡性的念頭皆轉為了黑煙，隨著吐出的氣，融入虛空。」接著從右鼻孔吸氣的同時，觀想：「如慈悲等所有善心皆轉為了白光，隨著吸進的氣，融入到自己的胸部，隨之生起了殊勝的善心。」再從左鼻孔吐氣的時候，如前述由雙鼻孔吐氣時般觀想。如是從右吸氣，從左吐氣，三次。之後，從左吸，從右吐，三次。之後，從左右兩者吸，再從左右兩者吐，三次，此為九輪數息的觀修方式。此九輪數息並非不可或缺，列在此處為使禪修內容的介紹更為完整。

經論中建議依毗盧遮那七相或八相而坐，是為了使心不與貪等煩惱相應，更容易發起善心而說，而這與吸氣及吐氣的次數沒有決定的關係。《密集金剛授續金剛鬘》云：

「坐舒適墊已，兩眼視鼻尖，
鼻與臍同線，肩平舌抵顎，
齒與唇安置。」[45]

45　德格版，經，續，引卷，第六品，第53-54句偈頌文，218正頁；對勘本版，書號39，439頁。漢譯大藏經內並無此譯。

蓮花戒大師的《修次中篇》也云：

「於極柔軟舒適墊上，如至尊毗盧遮那結全跏趺坐，或半跏趺亦可；眼勿太開，亦非緊閉，垂注鼻端；身勿太屈，亦勿太仰，端身內住正念而坐；此後雙肩平齊而住；頭莫揚莫低，莫偏一方，從鼻至臍，正直而住；唇齒亦自然住，舌亦令抵上牙根；氣息內外出入，莫令有聲，亦勿太猛急促，必使出入無所知覺，徐徐任運而轉。」[46]

時輪典籍中談到觀修的時候將氣收入中脈時的姿勢，分為五項：一、端身挺直。二、金剛跏趺坐姿。三、雙手交結呈金剛拳相之後，放置於肚；或左手掌朝上，右手掌安置其上，雙手大拇指交結，呈三摩地手印之後，放置於臍；或雙手交結呈金剛拳相之後，置於大腿。四、舌抵上顎。五、雙眼視上。這與以上所述坐姿等內容稍有不同，乃根據不同情況而說。

乙二、奢摩他的所緣

奢摩他的所緣，可以依自己的喜好選擇，例如花朵或樹木等皆可。如果以佛像作為所緣境的話，觀想的佛像大約拇指般

---

46 德格版，論，中觀，̄卷，46背頁；對勘本版，書號64，131頁。漢譯來源：釋法炬譯《修次中篇》。

大小，極為沉重，放大光芒，甚是莊嚴，位於自己前方大約一
庹長的距離處，高低位於眉間前。或是，隨著瑜伽師自己的根
器條件等，觀想該佛像位於眉間前、胸部，或臍部前也可以。
觀想佛像晶瑩剔透，且又不大，這對心識的沉澱及往內收攝有
幫助。觀想佛像極為沉重，這對去除掉舉、心不散亂有幫助。
觀想佛像放大光芒，則對去除沉沒會有幫助。一開始要明顯地
觀想確實不易，應先大致憶念佛像的首部及手足等肢體，再以
正念持續，無有散亂，且以正知監督，使正念無謬地執取該
境。

　　經論中提到禪修應「次數多、修時短」，如此持續修習的
話，所專注的所緣將會益發明顯。抓緊境可去除沉沒，不散亂
能消除掉舉；多次修習才能生起三摩地，修時縮短才願意反覆
修禪。除此，在未成辦奢摩他之前，必須防止更替所緣境，否
則所緣境的更換將成障礙。聖勇阿闍黎的《攝到彼岸》（ པར་ཕྱིན་
བསྡུས་པ། ）云：

「為定一所緣，堅固其意念，
　經由多所緣，生煩惱困亂。」[47]

阿底峽尊者的《道炬論》亦云：

47　德格版，論，中觀，ཀི 卷，禪定品，第 12 句偈頌文，229 正頁；對勘本版，書
　　號 64，1610 頁。漢譯大藏經內並無此譯。

「於隨一所緣，意安住於善。」[48]

此處要決定謹守「一」字：開始時，僅以「一」個所緣修習奢摩他，等到成辦奢摩他之後，就可以緣取其他諸多所緣。如蓮花戒的《修次初篇》云：

「何時意被收攝，僅於爾時緣取蘊界等廣泛差別。此言《決定釋》亦道：『瑜伽師等緣取十八空性相等所緣差異。』廣解其義。」[49]

最初的時候，符合什麼標準才算是心緣取到佛像了呢？

首先明顯觀想佛像的頭部、雙手、雙腿等其他身體的部位數次，然後作意佛像的總體，此時，即使只能浮現起大概的輪廓，而無法明晰觀想出各肢體部位放光，亦應滿足，並持續不斷地執持佛像總體。若不如此，而在此初期就想要更清楚地看到肢體細節的話，或許可以令所緣稍微明晰，但這種作法會形成障礙，使內心之住分三摩地不能發起。反之，雖然所緣並非相當明晰，但心持大概輪廓卻可迅速生起三摩地。此後，進而加強明晰觀，才能簡單成辦明分。當能夠明晰觀想該佛像的肢

---

48 德格版，論，中觀，ᠬ卷，第 43 句偈頌文，240 正頁；對勘本版，書號 64，1645 頁。漢譯來源：法尊法師譯《菩提道炬論》。

49 德格版，論，中觀，ᠬ卷，31 正頁；對勘本版，書號 64，88 頁。漢譯大藏經內並無此譯。

體時，要令心保持現狀；明分減弱時，再去執取佛像總體。

此外，一定要避免觀黃現紅、觀坐現立、觀一現二，以及觀大現小等現象。原本的所緣爲何，就只能持續該所緣境的觀修。

乙三、奢摩他的性質

奢摩他的性質：在殊勝輕安的攝持下，能從心所欲地趨入所緣，如是的修所生三摩地。《解深密經》云：

> 「獨處空閑作意思惟。復即於此能思惟心，內心相續，
> 作意思惟。如是正行多安住故，起身輕安及心輕安，是
> 名奢摩他。如是菩薩，能求奢摩他。」[50]

奢摩他（止住）的詞義：止息內心向外流散，往內收攝且專注後，住於所緣。下述可見輕安的介紹。

乙四、五過失的對治——八斷行

如慈尊教典《辯中邊論頌》所言，能夠成辦奢摩他的口訣爲「依賴八斷行，斷除五過失」，以下說明其意涵。

---

50 德格版，經，經典，ᠠ 卷，第八品，26 正頁；對勘本版，書號 49，61 頁。漢譯來源：《解深密經》（T.16.676.698a.5）。

何爲五過失呢？

一、懈怠。開始時不想修行三摩地的懈怠，以及修行時無法持續下去的懈怠。

二、 忘聖言。忘記如何讓正念安住三摩地所緣的教授。

三、沉、掉。正在修習三摩地時發生的沉沒與掉舉。

四、不作行。生起沉沒及掉舉時，不去對治。

五、作行。沒有沉沒及掉舉時，刻意去對治。

《辯中邊論頌》云：

「滅除五過失，勤修八斷行，
懈怠忘聖言，及惛沉掉舉，
不作行作行，是五失應知。」[51]

去除上述五過失的對治是八斷行，包括斷除懈怠的四種對治，以及斷除其餘四個過患的四種對治。對治懈怠的四斷行爲：一、懈怠的正對治——勤。二、勤因——希求三摩地的欲。三、欲因——見到三摩地功德的信。四、精進之果——輕安。如《辯中邊論頌》云：

---

51 德格版，論，唯識，श1卷，第四品，第 3-4 句偈頌文，43 正頁；對勘本版，書號 70，908 頁。漢譯來源：《辯中邊論頌》（T.31.1601.479a.25）。

「即所依能依，及所因能果。」[52]

論中所說的「所依」爲欲，「能依」爲勤，欲與勤的「所因」就是看到三摩地功德的信，「能果」應理解爲輕安。

對治其餘四過患的四斷行分別爲：一、想起所緣的念。此念對治忘記教授的忘念。二、沉掉對治：當沉、掉生起時，覺了沉、掉的正知。三、不作行對治：沉、掉生起時，想要對治沉、掉的作行之思。四、沒有沉、掉時的無勤正住之捨。此捨斷除爾時的作行對治。如《辯中邊論頌》云：

「不忘該所緣，察覺沉及掉，
對治之作行，息時入瑜伽。」[53]

當沉、掉發起時，若不作行對治，將成過患，故說需要依賴對治的作行之思。如同察覺敵軍接近時，即時通知我方準備反擊，應以正知察覺沉、掉，並以作行之思反擊，不可不知所措。智慧強大者，會在沉、掉未發起前察覺；智慧中等者，會在沉、掉發起的當下立即察覺；智慧微弱者，會在沉、掉之

---

52 德格版，論，唯識，^{དྷི}卷，第四品，第 5 句偈頌文，43 正頁；對勘本版，書號 70，909 頁。漢譯來源：《辯中邊論頌》（T.31.1601.479a.29）。

53 德格版，論，唯識，^{དྷི}卷，第四品，第 7 句偈頌文，43 正頁；對勘本版，書號 70，909 頁。漢譯與藏譯稍有不同。漢譯的《辯中邊論頌》只有這兩句：「謂欲行不忘，不散亂思擇。」（T.31.1601.479b.4）。

後察覺。當沒有沉、掉時，如卻發起對治作行，則是另一種過患，故應以不作行之捨對治。如是善巧修習三摩地，遠離沉、掉：專注所緣時以正知察覺沉、掉是否來襲；有沉、掉時以作行對治；無沉、掉時在不害住分的基礎上，依止不作行之捨。

所要成辦的三摩地必須具備兩種特徵：明銳分與專注所緣的住分。專注所緣時，除了所緣取的對象外，要想方設法不令心流散至其他所緣，所以必須依止正念，這是第一點。其次是觀察內心是否已經散亂，因此要依止正知。

修習的時候，先以正知了解何為沉、掉，以正念堅持所緣，再以正知察覺是否有沉、掉干擾。正念需一直持續，正知只需偶爾提起，並非一直持續。

如何讓正念直接緣取所緣境呢？

觀想所要緣取的境後，切勿忘失該境，且發起強而有力的執心；不應觀伺其他新的所緣，應將心專一坦然地安置在原本的所緣境上。如《入行論》云：

「若以正念索，緊拴心狂象，

怖畏盡消除，福善悉獲至。」[54]

若以正念的繩索緊繫內心的這頭狂象，專注於善所緣的

54　德格版，論，中觀，ཤ卷，第五品，第3句偈頌文，10正頁；對勘本版，書號61，970頁。漢譯來源：如石法師譯《入菩薩行論》。

話，一切怖畏將會盡皆消除，並可獲致利益自他的所有善德。

正念之性質爲：以自力不忘過去串習的所緣之境，具有如是作用的心所。正念具有三種特徵：一、境的特徵──串習的事物。二、行相的特徵──緣取後不忘記。三、作用的特徵──令心不從所緣境流散，持續令心安住所緣，除了所緣外，心不緣他者。有關念的要義已於「五別境」的章節中解說過。

正知的因，就是不令心忘失當下所緣之正念。《入行論》云：

> 「爲護心意門，安住正念已，
> 正知即隨臨，逝者亦復返。」[55]

藉由安住正念來守護意門，使其不生煩惱，其後正知隨之到來。由正知觀察何者該做、何者不該做之後，正知力量或許會削弱，甚或消逝，但之後正知也會再次復返。

正知的性質：反覆觀察自己的身語意三者做出了什麼行爲，判別該做與不該做，如是伺察的智慧。戒護阿闍黎（ཚུལ་ཁྲིམས་བསྐྱངས།）的《毗奈耶雜事釋》（ཕྲན་ཚེགས་འགྲེལ་བ།）云：

---

55 德格版，論，中觀，ལ卷，第五品，第33句偈頌文，11背頁；對勘本版，書號 61，973頁。漢譯來源：如石法師譯《入菩薩行論》。

「正知為智慧。」[56]

正知的作用：觀察身語意三者的行為是否如法。《大般涅槃經》云：

「長者若不護心，則不護身、口。若護心者，則護身、口。」[57]

正知又分為，沉、掉未起之前，已經察覺到的正知，以及沉、掉生起後，再去察覺的正知等，應當了知。

正知之果：不使身語意三者發生不如法的行為，或平息已生者。

有關正念及正知的利益以及如何依賴之理，如同前述，應當了知。

乙五、二違緣──沉沒、掉舉

經論提及阻礙生起無過三摩地的最大障礙便是沉、掉兩者，所以認清這兩者相當重要。一般散亂也會影響住分，但流散於貪境的強大慣性主要來自掉舉。而沉沒則阻礙內心的

---

56 德格版，論，律，引卷，第八品，170正頁；對勘本版，書號88，409頁。漢譯大藏經內並無此譯。

57 德格版，經，經典，引卷，第七品，272背頁；對勘本版，書號52，622頁。漢譯來源：《大般涅槃經》（T.12.374.465c.25）。

明分。

　　首先解釋沉沒。依據經論中的解釋，明分之所以不能產生，是由於障礙明分的蓋障。沉沒的性質：由惛沉或睡眠等身心的粗重性而生，心的住分雖在，卻失去明銳分的無蓋無記或善心所二者中之一者。蓮花戒阿闍黎的《修次中篇》云：

> 「心若被昏瞪、睡眠蒙蔽，沉沒或疑沉沒時……若時，
> 如天生盲、如人入暗室、或如閉目，心不能明見所緣，
> 應知彼時已成沉沒。」[58]

　　雖已停止了內心的流散，且專注於所緣境上，但若缺乏明銳分，則如同坐睡在墊上，心住黑暗之中，隨惛沉所轉，終乃沉沒之因。

　　惛沉及沉沒兩者的差別：惛沉屬癡類，屬不善或有蓋無記的其中一者，具有助益煩惱及近煩惱的作用，令身心無法堪能。沉沒由惛沉及眠等而生，鬆弛執取內心的所緣後，令心見境時極不明顯，或無法堅固執持該境。沉沒為惛沉之果，惛沉為沉沒之因。《阿毘達磨俱舍論自釋》云：

> 「云何惛沉？謂身重性、心重性、身無堪任性、心無堪

---

58 德格版，論，中觀，刪卷，47背頁；對勘本版，書號64，134頁。漢譯來源：釋法炬譯《修次中篇》。

任性。」[59]

《解深密經》云：

「若由惛沉及以睡眠，或由沉沒，或由愛味三摩鉢底，
或由隨一三摩鉢底諸隨煩惱之所染污，當知是名內心散
動。」[60]

沉沒有粗細兩種。粗分沉沒：雖然心住所緣境，卻不明
顯，如同黑暗降臨般，所緣極不明晰。此時，明分及銳分[61]兩
者皆無。細微沉沒：雖有明晰分及住分，但無銳分。如果隨細
微沉沒所轉，智慧將會變得越趨遲鈍。

亦可將沉沒分成粗、中、細三種。粗沉沒：正念記住所緣
時，雖有住分，但缺乏明分及銳分者。中沉沒：住分及明分都
在，可是銳分不在。細沉沒：雖有住分及明分，不過銳分略微
退失者。依據經論所言，若要發起正三摩地，主要障礙便是這
種細微的沉沒。沒有銳分的意思是，雖有住分，但心力極度鬆
弛，隨沉沒而轉。如果這個時候再去堅定住分的話，經論說，

59　德格版，論，阿毘達磨，ㄐㄩ卷，第二品，65背頁；對勘本版，書號79，164
　　頁。漢譯來源：《阿毘達磨俱舍論》（T.29.1558.19c.8）。

60　德格版，經，經典，ㄘㄚ卷，第八品，35背頁；對勘本版，書號49，82頁。漢譯
　　來源：《解深密經》（T.16.676.701c.22）。

61　譯者註：銳分是內心抓緊境的敏銳度。

這種作法將會轉爲細微沉沒的因緣。具有銳分的意思是，讓內心保持精神奕奕的狀態下，緣取所緣境。反之，因爲缺乏銳分的緣故，看似內心正專注於所緣境，但實際上內心的狀態卻是鬆懶。此所言的明分並非境上，而是識上。

爲了防止細微沉沒，其方法就是保持精神煥發的狀態。如果放鬆了對所緣的執持，內心容易鬆弛，這就是細微沉沒的干擾。細微沉沒與無過三摩地兩者之間的差別在於所緣的銳分是否退失，至於明分及住分，則兩者並無差異，所以經論中認爲兩者很難區分。

三摩地的第二個違緣是掉舉，即心隨貪念流散於境。首先區分散動（འཕྲོ་བ།）以及掉舉。例如，心隨食物念想而欲食的擾亂屬於散動，也是掉舉。掉舉屬貪類，隨其餘煩惱門的散動以及流散於善緣的散動，雖是散動卻非掉舉。所以掉舉一定是散動，但散動不一定是掉舉。掉舉與散亂（རྣམ་གཡེང་།）也有差異。掉舉僅止於流散到悅意境，只屬貪類；但散亂會流散到各種境相，屬三毒其中一類。此外，散動與散亂也有差別。散動只是心不在焉，屬善惡無記三者其中一者，但近煩惱的散亂一定屬非善。

掉舉有粗細兩種。粗分掉舉：失去所緣，心流散至他處。細微掉舉：雖所緣尚未失去，但心已開始散動。好比冰層底下的水正在流動般，雖然內心仍執取所緣，所緣並未失去，但內

心的某個角落即將現起外在悅意事物的模樣，進而發起的散動。這並非驟然轉移所緣，而是因由散動而間接地移至外緣。

掉舉所緣：悅意可愛之境。掉舉行相：心不能寂靜，心向外散動，屬貪類別，故由貪相趨入該境。掉舉作用：阻礙令心安住於所緣之上。當心專注所緣，往內收攝時，隨貪念無自主地向色、聲等境散動。月官阿闍黎（ཟླ་བ་གོ་མི།）的《懺悔讚》（བཤགས་བསྟོད།）云：

> 「如是緣取奢摩他，若能意復專注此，
> 由貪境力無自主，引發煩惱之繩索。」[62]

由什麼因，產生了阻礙三摩地的違緣沉與掉兩者的呢？誠如《瑜伽師地論》云：

> 「何等沉相？謂不守根門，食不知量，初夜後夜，不常覺寤勤修觀行，不正知住，是癡行性，耽著睡眠，無巧便慧，惡作俱行，欲勤心觀。不曾修習正奢摩他，於奢摩他未為純善，一向思惟奢摩他相，其心惛闇，於勝境界不樂攀緣。」[63]

62　德格版，經，禮讚，ཀ卷，第 30 句偈頌文，205 背頁；對勘本版，書號 1，607 頁。漢譯大藏經內並無此譯。

63　德格版，論，唯識，ཚི卷，134 正頁；對勘本版，書號 72，990頁。漢譯來源：《瑜伽師地論》（T.30.1579.334a.1）。

論中的「沉相」應理解爲沉沒的因。

《瑜伽師地論》又云：

> 「何等掉相？謂不守根門等四，如前廣說。是貪行性，
> 樂不寂靜，無厭離心，無巧便慧，太舉俱行，如前欲
> 等。不曾修舉，於舉未善唯一向修，由於種種隨順掉法
> 親里尋等動亂其心。」[64]

如前述，在此的「掉相」應解讀爲掉舉之因。

如何去除沉沒呢？

整體來講，心的狀態過於高昂會產生掉舉，過於低落會產生沉沒。如果察覺出現沉沒，應提起精神而入三摩地。如果沒有幫助的話，爲令內心高昂，可思惟三摩地功德等，令心歡喜，再入禪定。如果依舊無效，應停止入定，去到寬廣之地、光明之地，或山水宜人等地。再輔以眺望遠處，呼吸新鮮空氣，用冷水洗臉等。

如何去除掉舉呢？

在不失所緣的情況下，內心的蠢蠢欲動便是細微掉舉，這個問題源自將所緣抓得太緊所導致，所以必須稍微地放鬆。假設仍不奏效的話，便是中等掉舉的干擾。此時，應該放棄所

---

64 德格版，論，唯識，第1卷，134 正頁；對勘本版，書號 72，990 頁。漢譯來源：《瑜伽師地論》（T.30.1579.334a.6）。

緣，而去思惟無常、痛苦等內容，令心低落，再入三摩地。因為掉舉之所以產生，是由於內心高昂或過於專注所致。如果仍不起作用的話，便是粗相掉舉的干擾。此時，應以數息的口訣消除掉舉。吐氣時，心念「氣向外」；吸氣時，心念「氣向內」，此為一輪。這種算法不是用念珠，而是用心計算，這種作法理應能夠去除粗掉舉。假若依然如故，便是極度粗相掉舉，只能停止禪修，先讓自己暫時休息，再來入定。

　　明銳分來自心的狀態高昂或專注力，此時雖然能夠遠離沉沒的過患，卻極可能引發掉舉的危險。如果心的狀態低落可以幫助減少掉舉，則大有可能引發沉沒的危險。要能令心毫無散亂地執取所緣，並保持良好的精神狀態，是極為重要的；內心的不流散能去除掉舉，精神抖擻可以去除沉沒。若精神過於亢奮會生起掉舉，因此要讓內心稍微鬆弛；內心過於低落又會生起沉沒，所以此時要稍微提起精神。總之，經論說要善巧地拿捏方可成辦。明分生起時，因疑掉舉過患，尋求住分；住分生起時，因疑沉沒過患，尋求明銳分。內心高昂的狀態，精神亢奮，以及內心的緊繃狀態三者，皆為同義。內心低落的狀態、鬆弛，以及無精神狀態三者，皆為同義。

　　沉、掉發起時，應認知沉、掉，且對治沉、掉。沉、掉未發起時，若過度依賴正知，又會有失去所緣的危險，所以在沒有沉、掉時，應以持續安住為主。以上重點不只運用於止修，

在觀修的時候，亦應遠離沉、掉兩者的過患。

乙六、九住心

　　善依止正念、正知後，令心專注一境，逐漸成辦奢摩他時，心是如何遠離沉、掉，又是如何增上住分的內容，在《莊嚴經論》、《聲聞地論》、《大乘阿毘達磨集論》等中，皆以九住心的次第介紹。

　　第一、內住。令心不緣外在五欲，往內收攝，安置於所緣境上，如是之三摩地稱之。如同蜜蜂停駐在花朵上卻不久住一般，剛開始習定時，使心安置於所緣境上，這就是內住。內住時，內心雖會安置於所緣境上，但不能持續久住，而且看似會產生出諸多妄念。其實這是認出妄念的表現，並非妄念增多。內住是由六力中的第一力——聽聞力，也就是從他人聽取教授——所成辦的。

　　第二、續住。不讓才開始專注的心流散，使這顆心能夠在所緣境上持續較久，如此的三摩地稱之。不僅如蜜蜂停駐在花朵上，而是已經能在所緣境上稍微地持續，故稱「續住」。續住是由六力中的第二力——思惟力——成辦的。

　　第三、安住。漸漸習慣了心取所緣，若隨忘念而產生散亂之時，察覺流散於外後，即刻將心再安置於所緣境上，如是的三摩地稱之。此時，心若流散於外，將能立即察覺，並收回內

心，重新回到所緣境上。如同馬若偏離了方向，騎者可將馬首拉回一般。安住時，住分強大，但有微弱散動，雖然大部分的時間可將心安置於所緣境上，偶爾還是會不慎流散，立即再次安住於所緣境上，故名「安住」。

第四、近住。生起強烈的正念後，心從廣泛的境中反覆向內收攝，變得越細越佳。此時雖會生起少許的沉、掉，但隨著強烈正念，心會盡力向內收攝，且不會離失前所緣境。由於不可能離失所緣，此心較前三者更勝一籌。在未失所緣的情況下，依然會發起強烈沉、掉，所以仍須依止沉、掉的對治。第三住心及第四住心皆由六力中的第三力——憶念力——成辦。經論中說，如同人的壽命被延長，這時的正念也被延長，或是圓滿了念力。

第五、調伏。依賴強烈的正知，且以覺受見證了三摩地的功德，在讚揚該功德的歡喜心之攝持下，觀察是否有細微沉沒生起，如是的三摩地稱之。應知在第四住心的時候，由於心識往內收攝過甚，便可能發起細微沉沒。第五住心的時候，只有細微沉沒的危險，卻無發起粗分沉沒的危險，[65] 所以第四及第五住心的差異在於是否會發起粗分沉、掉之區別。

65　譯者註：根據藏文原著編輯者格西們的說明，此處所謂「無危險」不是表示完全沒有粗分沉沒，只是此時發起的粗分沉沒過於頃短，所以不會障礙到三摩地而已；應該做此解讀。同理，於此以及下段所言「危險」皆應依此理解。

　　第六、寂靜。依賴強烈的正知，以覺受見證了散動的過患並加以阻擋。第五住心時，會有被細微沉沒干擾的危險；在第六住心時，會有被細微掉舉干擾的危險，察覺該掉舉後，立即消除掉舉的障礙，如是的三摩地便是第六住心寂靜。第五及第六住心皆由六力中的第四力——正知力——成辦。依照經論，從此後將會圓滿正知力。第五住心與第六住心的差異是，有否細微沉沒的危險於第五住心，有否細微掉舉的危險於第六住心而做區別。

　　第七、最極寂靜。在第六寂靜——守護所緣不令流散——的時候，會有五欲的貪念、不歡喜、惛沉及睡眠等，可依序以不淨觀、慈悲觀、光明觀等觀想而平息。第七住心是以精進力發起的持久三摩地。第五、六住心的時候，會有可能被沉、掉擾害的危險，當第七住心的時候，雖會發起沉、掉，但能以精進滅除，所以不會讓沉、掉造成嚴重的障礙。

　　第八、專注一境。只要依止了正念、正知，就不會產生沉、掉等異品障礙，如是的久住三摩地稱之。如同從仇敵具有強烈破壞力，到破壞力漸弱，到徹底失去了破壞力等威力漸次遞減的過程般，在第八住心的時候，沉、掉之力逐漸喪失。第七住心及第八住心是由六力中的第五力——精進力——所成辦。就以第八住心及下述第九住心不受到沉、掉的影響而言，雖無有異，但第八住心需要無有間斷地依止正念、正知，但第

九住心則不需如此。

第九、平等住。因為之前反覆串習專注所緣，此時不需依賴粗分的精進，便可從心所欲地將心安置於所緣上，如是的三摩地稱之。第九住心是由六力中的第六力——串習力——所成辦的。第九住心時，不只徹底遠離沉、掉，也不需依止精進力，便能持續三摩地，且能自主地操控自心。要想讓自心處於所緣境上多久，就能多久。《大乘莊嚴經論》也說九住心，此論云：

「置心一切緣……」[66]

修習九種住心的過程中，有四種作意。第一住心及第二住心時，必須發起努力專注，故具「有力勵運轉作意」。第五住心時，會受沉、掉的干擾，不能持久三摩地，故具「有間缺運轉作意」。第八住心時，不受沉、掉的干擾，能持久三摩地，故具「無間缺運轉作意」。第九住心時，不只不受沉、掉的干擾，也不需要依賴精進力，故具「無功用運轉作意」。

《聲聞地論》中指出如何透過九住心、六力，以及四作意成辦奢摩他之理。如此論云：

---

66 德格版，論，唯識，到卷，第十五品，第11句偈頌文，19正頁；對勘本版，書號70，845頁。漢譯來源：唐波羅頗蜜多羅大師譯《大乘莊嚴經論》（T.31.1604. 624a.25）。

「云何名為九種心住？謂有苾芻令心內住、等住、安住、近住、調順寂靜、最極寂靜、專注一趣，及以等持，如是名為九種心住。云何內住？謂從外一切所緣境界，攝錄其心繫在於內令不散亂，此則最初繫縛其心，令住於內不外散亂，故名內住。云何等住？謂即最初所繫縛心，其性麁動未能令其等住遍住故，次即於此所緣境界，以相續方便澄淨方便，挫令微細遍攝令住，故名等住。云何安住？謂若此心雖復如是內住等住，然由失念於外散亂，復還攝錄安置內境，故名安住。云何近住？謂彼先應如是如是親近念住，由此念故數數作意內住其心，不令此心遠住於外，故名近住。云何調順？謂種種相令心散亂，所謂色聲香味觸相，及貪瞋癡男女等相故，彼先應取彼諸相為過患想，由如是想增上力故，於彼諸相折挫其心不令流散，故名調順。云何寂靜？謂有種種欲恚害等諸惡尋思貪欲蓋等諸隨煩惱，令心擾動，故彼先應取彼諸法為過患想，由如是想增上力故，於諸尋思及隨煩惱，止息其心不令流散，故名寂靜。云何名為最極寂靜？謂失念故即彼二種暫現行時，隨所生起諸惡尋思及隨煩惱能不忍受，尋即斷滅除遣變吐，是故名為最極寂靜。云何名為專注一趣？謂有加行有功用，無缺無間三摩地相續而住，是故名為專注一趣。云何等持？謂數修數習數多修習為因緣故，得無加行無功用任運轉道，由是因緣不由加行不由功用，心三摩地任運相續無散亂轉，故名等持。當知此中由六種力，方能

成辦九種心住。一、聽聞力。二、思惟力。三、憶念
力。四、正知力。五、精進力。六、串習力。初由聽聞
思惟二力，數聞數思增上力故，最初令心於內境住，及
即於此相續方便澄淨方便等遍安住，如是於內繫縛心
已，由憶念力數數作意，攝錄其心令不散亂安住近住，
從此已後由正知力調息其心，於其諸相諸惡尋思諸隨煩
惱不令流散調順寂靜。由精進力設彼二種暫現行時能不
忍受，尋即斷滅除遣變吐。最極寂靜專注一趣，由串習
力等持成滿，即於如是九種心住。當知復有四種作意。
一、力勵運轉作意。二、有間缺運轉作意。三、無間缺
運轉作意。四、無功用運轉作意。於內住等住中，有力
勵運轉作意。於安住近住，調順寂靜。最極寂靜中，有
有間缺運轉作意。於專注一趣中，有無間缺運轉作意。
於等持中，有無功用運轉作意。當知如是四種作意，於
九種心住中是奢摩他品。」[67]

67 德格版，論，唯識，㓉卷，第三品，132背頁；對勘本版，書號73，325頁。
漢譯來源：《瑜伽師地論》第二十五卷（T.30.1579.450c.18）。

丙一、九住心圖

丙二、解釋奢摩他圖

正在累積奢摩他六因緣的修行者應當了知三摩地的五種過失：懈怠、忘念聖言、沉掉、不作行、作行，並以八個斷行對治五種過失。第一個過失的對治為，信、欲、輕安，以及勤，共有四者。以正念對治第二個過失。以正知對治第三個過失。以作行對治第四個過失。以捨對治第五個過失，故說八斷行。

此圖簡單明白顯示如何成辦無過妙三摩地的內容，如九住心、成辦六力之理、四作意收攝等，並搭配以從未馴服的野象乃至已被馴服之間的過程為喻說明。六彎象徵著六力，繩索象徵著正念，而彎鉤[68]象徵著正知。從第一住心到第七住心間以有無火焰，以及不同大小的火焰，代表該住心需要的正念及正知的力道。大象代表心，黑色象徵沉沒，猴子代表散動，黑色猴子表達掉舉，五欲表示掉舉之境。從第二個彎起，大象的顏色逐漸變白，由此象徵的是增上明分及住分。在第三個彎時，有隻黑兔子，這意味著細微沉沒，並表明從此時起應區別粗細沉沒。而面朝後望，顯現著散動。第四彎時，猴子在後，由此意味的是掉舉的領先能力衰退。猴子於樹上摘果，由此傳達的是在奢摩他時，應避免內心散動於無關的善法，但下座後並非如此，如此才能獲取二利的果實。在第五個彎時，大象退失黑

68　譯者註：瑜伽師手持的杖上具有彎鉤。

色並且遠離了猴子，由此表徵的是，此刻起，只要稍許地依止
正念、正知，就不會受到沉、掉的干擾，並能無有間斷地趨入
三摩地。

乙七、修故成辦奢摩他

應善了知前述的修習三摩地之理，並且如實修行，方能生
起九種住心，遠離細微沉、掉，長久入定，最終將能成辦正奢
摩他。在生起輕安之前，雖有不需依靠正念、正知的精進力，
卻可從心所欲安置於境的三摩地，但該三摩地只是相似奢摩
他而已，並非真正的奢摩他。《大空性廣大經》（སྟོང་པ་ཉིད་ཆེན་པོའི་
མདོ）云：

> 「比丘，此身由離喧嘩，生喜樂故，喜樂漬盡、潤漬、
> 普遍充滿。離喧嘩所生喜樂，無處不遍。阿難！如是比
> 丘，持心住內、正住、收攝、近住、調伏、寂靜、最極
> 寂靜、令成一續、入三摩地。」[69]

同樣地，《解深密經》云：

69　德格版，經，經典，ཤ卷，255背頁；對勘本版，書號 71，681頁。漢譯與
　　藏譯稍有不同。漢譯原文：《中阿含經》（T.1.26.738b.29）：「比丘此身離生
　　喜、樂，漬盡潤漬，普遍充滿，離生喜、樂，無處不遍。阿難！如是比丘持內
　　心住止令得一定。」

「慈氏菩薩復白佛言：世尊！若諸菩薩緣心為境，內思惟心，乃至未得身心輕安，所有作意，當名何等？佛告慈氏菩薩曰：善男子！非奢摩他作意，是隨順奢摩他勝解相應作意。」[70]

《大乘莊嚴經論》云：

「復此人身心，獲得大輕安，

應知具作意。」[71]

《修次中篇》云：

「串習奢摩他，身中起心輕安，如是，隨欲於所緣，心能自在，當知彼時，業已成辦，奢摩他矣。」[72]

諸多典籍皆說，自在令心隨欲安住所緣，以及兩種輕安，是奢摩他的必要條件。

輕安是如何獲得的呢？

一般輕安之義，如《大乘阿毘達磨集論》云：

70　德格版，經，經典，卽卷，第八品，26背頁；對勘本版，書號49，61頁。漢譯來源：《解深密經》（T.16.676.698a.14）。

71　德格版，論，唯識，卽卷，第十五品，第15句偈頌文，19正頁；對勘本版，書號70，845頁。漢譯的《大乘莊嚴經論》看似缺此譯文。

72　德格版，論，中觀，卽卷，48正頁；對勘本版，書號64，134頁。漢譯來源：釋法炬譯《修次中篇》。

「何等為安？謂止息身心麁重，身心調暢為體，除遣一
切障礙為業。」[73]

身心的粗重是，令身心不能隨欲行善，該粗重的對治就是
身心的輕安。正因為遠離身心的粗重性，才能從心所欲地讓身
心行善，獲得堪能。輕安有二：身輕安，以及心輕安。

什麼是身輕安？

依三摩地之力，令身體遠離無法堪能的過失，且輕如毛
絮，隨欲行善者。

什麼是心輕安？

依三摩地之力，令心遠離粗重性，且於所緣境上無有障
礙，如此的心堪能性。安慧阿闍黎的《三十頌疏》（སུམ་ཅུ་པའི་བཤད་
པ）云：

「身堪能者，從滿足身義及輕柔所起。何為心堪能者？
歡喜心作意正法，輕柔因從其他心所法生，若具此德，
心將無礙趣入所緣，故稱心堪能。」[74]

身輕安並非心所，而是身體內部的一種悅意觸。《三十頌

---

73 德格版，論，唯識，ཤེ卷，第一品，49 正頁；對勘本版，書號 76，127 頁。漢
　　譯來源：《大乘阿毘達磨集論》（T.31.1605.664b.15）。

74 德格版，論，唯識，ཤེ卷，156 背頁；對勘本版，書號 77，414 頁。漢譯大藏經
　　內並無此譯。

疏》云：

> 「由歡喜所攝、身之差異觸，應知為身輕安。意若歡
> 喜，身則輕安，如經所言。」[75]

心輕安為十善心的輕安。

什麼是發起如是殊勝輕安的前兆呢？

正在勤修三摩地的修行者會有種「頭重重」的感覺。這並
非是種不舒服的沉重，卻像是剛剃完頭後，將溫暖的手放在頭
頂的沉重感，是種舒服的感覺。此後，頃刻除去阻礙喜斷煩惱
的心粗重性，並生起該對治的心輕安。如《聲聞地論》云：

> 「彼於爾時不久當起強盛，易了身心輕安心一境性，如
> 是乃至有彼前相，於其頂上似重而起非損惱相。即由此
> 相於內起故，能障樂斷諸煩惱品心麁重性皆得除滅，能
> 對治彼，心調柔性心輕安性皆得生起。」[76]

隨著令心堪能的輕安之力，此後，轉為身輕安的因氣充斥
全身，排除身體的粗重性，而發起身輕安。因令身堪能之氣，
行者會覺得身體的每一部位強而有力並充溢著氣。《聲聞地

---

75 德格版，論，唯識，ষ্বী卷，156 背頁；對勘本版，書號 77，414 頁。漢譯大藏
經內並無此譯。

76 德格版，論，唯識，ষ্বী卷，第三品，163 正頁；對勘本版，書號 73，403 頁。
漢譯來源：《瑜伽師地論》（T.30.1579.464c.17）。

論》云：

> 「由此生故有能隨順起身輕安，風大偏增，眾多大種來入身中，因此大種入身中故，能障樂斷諸煩惱品身麁重性，皆得除遣。能對治彼，身調柔性，身輕安性，遍滿身中，狀如充溢。」[77]

　　獲得了身輕安後，由氣力故，身體產生極大安樂，名「身輕安樂」。透過身輕安樂，心依此產生了極大安樂，名「心輕安樂」。兩輕安中，先有心輕安，再有身輕安。兩輕安樂中，先有身輕安樂，再有心輕安樂，有此區別。

　　一開始發起身輕安的時候，因氣力故，不只體內產生了極大安樂，心也產生了極大安樂。逐漸地，輕安不像一開始發起般強烈，該力量會隨之減弱，這並非意味著輕安已經徹底消失，而是粗分輕安已經不在，畢竟粗分輕安會使內心散動。此時只剩細微輕安，如同影子般輕薄，無有散動且與三摩地相應。同時，內心喜孜孜的感覺不復存在，而且心又能堅定地安置於所緣境上，平息大樂的散動，故得奢摩他。《聲聞地論》云：

77　德格版，論，唯識，ཚི卷，第三品，163 正頁；對勘本版，書號 73，403 頁。漢譯來源：《瑜伽師地論》（T.30.1579.464c.22）。

> 「彼初起時，令心踊躍，令心悅豫，歡喜俱行，令心喜
> 樂，所緣境性於心中現。從此已後，彼初所起輕安勢力
> 漸漸舒緩，有妙輕安隨身而行在身中轉，由是因緣，心
> 踊躍性，漸次退減。由奢摩他所攝持故，心於所緣，寂
> 靜行轉，從是已後，於瑜伽行，初修業者名有作意，始
> 得墮在有作意數。」[78]

　　如論所云，具足前述的資糧，且長期精進依止三摩地的
話，才能成就奢摩他。如若只憑少數幾次的禪修，是無法成就
的。聖勇阿闍黎的《攝到彼岸》云：

> 「無間瑜伽力，精進行禪定，
> 若反覆憩息，摩擦不生火。
> 瑜伽亦如是，未證不應棄。」[79]

　　整體而言，可用以成辦無過妙三摩地的所緣境雖是不可計
數，但若要緣取「心識」成辦奢摩他的話，首先須得具足奢摩
他資糧，並且現起心識的總相；必須滿足此條件。緣取心識的
總相而修，才能逐漸增上明分，否則，若一開始即以明分為依

78　德格版，論，唯識，□卷，第三品，163 正頁；對勘本版，書號 73，404 頁。漢
　　譯來源：《瑜伽師地論》（T.30.1579.464c.26）。

79　德格版，論，中觀，□卷，禪定般羅蜜多品，第 10-11 句偈頌文，229 正頁；
　　對勘本版，書號 64，1610 頁。漢譯大藏經內並無此譯。

歸而修的話，將無法達成安住於所緣境。此外，最初並非以現識緣取心識，而是將內心所現影像作爲所緣境。自心爲唯明唯識，不是色法，並無有形狀、顏色等差異，觀察心後只剩空朗一片，不觀察時又不知心識爲何，觀察後有各種模樣顯現；心是一切樂苦善惡的作者，具有明晰的體性，有此認知之後，再去念想「此乃心識」，並以強烈希求緣取此境，專注此境。總之，即使一開始無法做到如描述中一般的細緻，但應滿足於總相或大概的影像後，心持「此所緣境乃心也」。

　　此時，除了令心執取該所緣境外，不應有「此禪可帶來暫時和究竟的某種利益」的期待，也不應有「此禪可能會帶來暫時和究竟的某種傷害」的疑慮，更不應隨著緣取三世作用的期待、疑惑等妄念所轉。僅全神貫注於「現有、不做作、唯明唯觀之心識」。專一的時間不宜太久，應盡力完成短時間的專注。專注所緣時，不該像是昏倒或入睡般全無所見，一片漆黑，或是什麼皆不作意，應無有散動地專注所緣，令心緊鬆合宜，徐徐而住。安置於所緣境後，不應忘記，要以殊勝正念秉持，並以正知察覺內心是否散動，進而持續妙三摩地。

　　「以正念不要遺忘所緣」的意思，並非指由於自己的思惟或他人的詢問而憶念起某個新的內容，而是不要讓心忘記正在緣取的境，促使念力不要衰退，令心不散動於他境。

　　依止正知的方法：應當偶爾觀察內心是否散動。這種觀察

並非是捨棄所緣，再去新生觀察心，而是在內心未棄緣取該境的情況下，以一種細微的心識進行觀察。如同與友人同行時，以眼睛正視道路，同時又以眼角餘光注視著身旁的朋友一般。

總而言之，專注一境時，應根據自己的經驗，察知「此時這種力道，因爲太緊，容易產生掉舉」的緣故，放鬆力道；又知「這種力道，因爲太鬆，容易產生沉沒」的緣故，縮緊力道。應求保持平衡，讓心從流散中收攝，獲取住分。發起住分後，又因關切是否有沉沒，而提起具念的明銳分，如是輪流修護明、住二分，方能生起無過妙三摩地。

專注心的體性——唯明唯觀——的時候，如果得知妄念驟然生起，爲使心不隨該念所轉，應當下截斷妄念。或是，任何的妄念產生後，不去中斷，卻以心識觀察妄念游動，並藉之前承許「斷除妄念」的牽引力，令妄念無法增強，最終回到原本的心性之中。就好似一位善巧的老師看到學生玩耍時，並不馬上呵斥道「不准玩」，卻會以眼神凝視，令學生慚愧，停止玩耍一般。

此外，經論中提及住心六法爲：一、如同遠離雲霧的太陽特別明亮，心的體性光明遠離了執相的妄念，也遠離了沉、掉等諸多障礙。

第二、如同大鵬鳥不需猛烈撲打雙翼，便能自在地翱翔於天際，內心遠離緊鬆過當的問題，同時卻擁有著緊縮的明銳分

以及放鬆的徐徐而住，不離正念、正知而持續三摩地。

　　第三、如同大海之浪隨風澎湃，但海底深處卻無有動搖，心安置於所緣境時，或有細微妄念動搖，卻不會隨粗分妄念搖盪。

　　第四、如同小孩見寺廟時，不會尋伺寺院壁畫之細節，觀視總相遠離散漫而專注所緣時，即便五根現起悅意或不悅意境相，不隨尋伺及貪瞋所動，專注一境。

　　第五、如同鳥飛翔於天空，不遺留絲毫痕跡，無論生起任何苦、樂、捨等，皆不隨貪、瞋、癡而入定。

　　第六、如同揉搓棉花，柔軟舒適，入定時亦能遠離三毒現起及粗糙沉、掉，進而入定。

　　如是修行三摩地的緣故，將會現起「心的唯明極清的體性，不被任何一法所障礙；如同虛空，遠離一切形色事物；又如明鏡清晰地反射影像，卻不作擇別般，無論發生任何善惡五境，卻不會執取是善是惡」之感受。無論這種三摩地如何堅定，若無身心輕安所攝持，只能是欲界的專注一境三摩地；如果被身心輕安所攝，依據經論此定即是奢摩他。

甲八、成辦妙觀毘婆舍那

　　一般而言，在獲得毘婆舍那之前要先成辦奢摩他，原因為何呢？如《入行論》云：

「有止諸勝觀，能滅諸煩惱，知已先求止⋯⋯」[80]

毘婆舍那的性質為：當奢摩他正在現起時，由觀察所緣之力引發輕安之樂，且由其樂所攝、觀察自境的妙觀慧。毘婆舍那（勝觀）詞義：勝過奢摩他而觀差別者，故名。為何能勝過？奢摩他無觀察，但毘婆舍那有觀察的緣故，更能顯現所緣之義。

如何成辦毘婆舍那？

當奢摩他正在現起時，只要能夠生起由妙觀慧伺察之力所引發的輕安之樂，即是生起了具相毘婆舍那。關於輕安的性質以及如何生起之理，先前已經說明。妙慧正在觀察時，若尚未生起輕安之前，只能算是隨順的毘婆舍那，唯有當生起了輕安之後，才能成為真正的毘婆舍那。該輕安並非一般的輕安，因為此時奢摩他尚未退失，且由奢摩他力引發了輕安的緣故。然而，若能由觀察力引發輕安，方能成為毘婆舍那。緣取如所有性及盡所有性的兩種毘婆舍那都是如此，誠如《解深密經》云：

「世尊，若諸菩薩乃至未得身心輕安，於如所思所有諸法內三摩地所緣影像，作意思惟，如是作意當名何等？

善男子，非毘鉢舍那作意，是隨順毘鉢舍那勝解相應作
意。」[81]

香諦巴（ གཙིགཔ ）阿闍黎的《般若般羅蜜多修行口訣》（ ཤེས་
རབ་ཀྱི་ཕ་རོལ་ཏུ་ཕྱིན་པ་བསྒོམ་པའི་མན་ངག ）亦云：

「獲得身心輕安，入住其安後，於所思義內心三摩地所
行影像勝妙觀察，直至身心輕安未起之前，皆是隨順勝
觀。爾時生起輕安，即是毘婆舍那。」[82]

蓮花戒阿闍黎所著《修次中篇》中，亦以比喻說明為何需
要觀修止修二者。如此論云：

「若離奢摩他，唯以毘鉢舍那，瑜伽師之心，渙散於諸
境，如處風中燭，極不堅穩。以是不生極明智光芒，故
當依於似此二者……以奢摩他力，如燭不被風動搖，諸
妄念風不能動心。以毘鉢舍那，盡斷惡見垢，餘不能乖
離。如《月燈經》云：『奢摩他力不動搖，毘鉢舍那如
山般。』」[83]

81 德格版，經，經典，ཤ 卷，第八品，26 背頁；對勘本版，書號 49，62 頁。漢
　　譯來源：《解深密經》（T.16.676.698a.18）。

82 德格版，論，唯識，ཤ 卷，128 背頁；對勘本版，書號 78，339 頁。漢譯大藏經
　　內並無此譯。

83 德格版，論，中觀，ཀི 卷，45 正頁；對勘本版，書號 64，127 頁。漢譯來源：
　　釋法炬譯《修次中篇》。

　　如同樹木雖有枝幹、樹葉、果實等諸部位，但這一切都可被樹根所集攝一般，此論提及止觀兩者可攝一切三摩地。所有修行可以歸為兩類：一、透過思惟觀察經言、理由、比喻等所修義的觀修。二、並非透過觀察，卻是令心安然專注所緣的止修。前者觀修由毘婆舍那所含攝，後者止修由奢摩他所含攝。如《修次下篇》云：

> 「雖然薄伽梵已示各式菩薩三摩地為無邊無量，但諸三摩地皆可被奢摩他及毘婆舍那兩者所周遍，故說止觀雙運之道。」[84]

　　無垢友阿闍黎的《次第趨入修義》（ རིམ་གྱིས་འཇུག་པའི་བསྒོམ་དོན། ）亦云：

> 「由此二力[85]集攝一切三摩地故，所有瑜伽師於一切時皆須依止奢摩他及毘婆舍那。」[86]

84　德格版，論，中觀，ཀ卷，55背頁；對勘本版，書號64，158頁。漢譯大藏經內並無此譯。

85　雖然德格版中寫「由此性力」，但依北京及奈塘二版編改為「由此二力」。

86　德格版，論，中觀，ཀ卷，343背頁；對勘本版，書號64，963頁。漢譯大藏經內並無此譯。

甲九、觀察修的重要性

聽聞越多越廣，由聞所生的智慧則會越大；聞慧越大，經由思惟之所生的思慧也會越大；思慧越大，依之所成的修行則是越好，所去除的過失及所成辦的功德才會越多。所以，若要修行，聞思極其重要！《勝思惟梵天所問經》（ འཕགས་པ་ཚངས་པ་ཁྱད་པར་སེམས་ཀྱིས་ཞུས་པའི་མདོ ）云：

> 「當知是人為得善意，以能觀察入正法故。」[87]

《修次下篇》亦云：

> 「如馬僅循所示方向而奔馳，由聞慧、思慧所生一切證量皆是修慧所修之處，除此無餘。此故應以妙慧觀察。」[88]

若不以妙慧觀察，只是停止緣境作意便可滿足，《修次下篇》說這種作法將會斷除正見根本。如此論云：

> 「若言『不思一切』，將會斷除正確具相妙慧！正確智

87　德格版，經，經典，ཀ卷，42 正頁；對勘本版，書號 59，108 頁。漢譯來源：《勝思惟梵天所問經》（T.15.587.70c.21）。

88　德格版，論，中觀，ཀི卷，64 正頁；對勘本版，書號 64，178 頁。漢譯大藏經內並無此譯。

> 慧之根本為妙觀察故，若斷觀察則斷根本，故斷出世智
> 慧[89]……若無作義，將成極度愚昧，此人如何能為瑜伽
> 師？若無正確妙慧將失正念，串習無有作意同等串習愚
> 昧故，停止作意將會遠離正確智慧之光。」[90]

消滅煩惱靠的是依妙慧力反覆觀察。如果沒有伺察煩惱過失，僅靠毫無作意的話，煩惱終究不能被滅除。就像若要在戰場上殲滅仇敵，必須面對仇敵，不能像懦夫般僅是閉上雙眼，這樣是無法殺敵的，誠如《大莊嚴法門經》（འཇམ་དཔལ་རྣམ་པར་རོལ་པའི་མདོ）云：

> 「菩薩於諍論中云何能勝？女言，菩薩於一切法無所分
> 別亦無所得，是名為勝。」[91]

《修次下篇》云：

> 「如是瑜伽師睜開慧眼，以智利器戰勝煩惱敵。無畏懼
> 故，不像懦夫緊閉雙眼。」[92]

---

89 德格版，論，中觀，གི卷，61背頁；對勘本版，書號64，172頁。漢譯大藏經內並無此譯。

90 德格版，論，中觀，གི卷，62背頁；對勘本版，書號64，174頁。漢譯大藏經內並無此譯。

91 德格版，經，經典，ཁ卷，第二品，231背頁；對勘本版，書號46，624頁。漢譯來源：《大莊嚴法門經》（T.17.818.830a.17）。

92 德格版，論，中觀，གི卷，63正頁；對勘本版，書號64，176頁。漢譯大藏經內並無此譯。

修行的時候，究竟應依賴止修為主，還是以觀修為主呢？

這要看所修的內容、所緣，以及當下內心的狀態而定。例如，修行對於善知識的信心、悲心，以及忍辱等主題時，雖然先是以觀修為主，但伺察之後，終須持續意識覺受，安然而住，遠離檢視。然以修行「死無常」之內容而言，則應反覆思惟教言及理由，並以此作為主要的修行。伺察之後，則應令心專注「死無常矣」，此時以止修為主。故知如「念死無常」等單一法義之修行中，包括了止修及觀修兩者。

經論中多次談及止觀二者應如何修、如何在止觀中圓滿聞思修三者，以及如何增上止觀而修心等內容。《大乘莊嚴經論》云：

「隨次聞思修，得法及得慧」[93]

《修次下篇》云：

「如馬僅循所示方向而奔馳，由聞慧、思慧所生一切證量皆是修慧所修之處，除此無餘。此故應以妙慧觀察。」[94]

93　德格版，論，唯識，ཕི卷，第二品，第 10 句偈頌文，2 背頁；對勘本版，書號 70，807 頁。漢譯來源：《大乘莊嚴經論》（T31.1604.592b.18）。

94　德格版，論，中觀，ཀི卷，64 正頁；對勘本版，書號 64，178 頁。漢譯大藏經內並無此譯。

無垢友阿闍黎的《次第趣入修義》云：

「何時觀毘婆舍那故，爾時增上智慧、削弱奢摩他，心
將搖動，如風中火燭，故不能明見真如本性，應當修奢
摩他。若增上奢摩他力，如睡眠所致，不能極為顯見真
如本性，故應修習智慧。」[95]

蓮花戒阿闍黎的《修次》提及了止觀二修的重要性、此二
者的差異及不共成果，以及如何修護止觀二修之廣理等，在此
簡略說明。如《修次中篇》云：

「《聖寶雲經》亦云[96]：『巧知過患，離諸戲論，故修
空性，行持瑜伽。多習空性，遍尋於心，旁鶩何處，尋
心喜處，悟彼性空。觀心何耶，悟其空也。何心能悟，
遍尋彼性，悟彼空也。如此了悟，即說入於，無相瑜
伽。』以此，開示先遍尋思而入無相。若僅作意遍斷，
慧不觀察實事之自性性，則不可能入無分別，極明示
也。」[97]

《修次初篇》云：

---

95 德格版，論，中觀，ཀ卷，350正頁；對勘本版，書號64，978頁。漢譯大藏經
內並無此譯。

96 雖然德格版中寫「ནི」，但依北京及奈塘二版編改為「ན」。

97 德格版，論，中觀，ཀ卷，49背頁；對勘本版，書號64，139頁。漢譯來源：
釋法炬譯《修次中篇》。

「總之,以定手持心,並以極細慧器消滅置於苦性心識中的顛倒色執等妄念種子。若如是做,如無根樹木不從大地所生般,無根顛倒妄念也不能從心識所生。為能斷除蓋障,薄伽梵開示奢摩他與毘婆舍那雙運之道,由此二因產生離妄念之正確智慧,故說:『住戒律得三摩地,得禪定已修智慧,由智慧生正清淨,清淨慧令戒圓滿。』何時依奢摩他堅定所緣,令心堅定,爾時若依般若伺察,方能生起正慧光芒,並以光芒去除蓋障。此二猶如眼睛與光明,助益生起正慧,相互扶持,絕非雷同光明與黑闇,相互不和。三摩地並非黑闇性,為何?因三摩地為專注性故。經說:『入定方能通達真諦』,故三摩地與智慧極為和合,絕無不和。若依入定慧力觀察,不可得諸法皆視為勝義不可得,故瑜伽師等通達似此奢摩他性,見般若蜜多,無有其餘。寂靜者,謂平息有無等妄念性戲論。瑜伽師以慧力觀察時,見諸實物皆不可得,故不能起實物妄念,亦不生起非實物妄念。」[98]

總而言之,需要觀修的時候觀修,需要止修的時候止修,需要止觀二修的時候止觀雙運,這些無誤修行三摩地之訣竅皆由《慈氏典籍》、《瑜伽師地論》、《修次》等論中廣泛說明。奢摩他與毘婆舍那個別的性質、此二所緣的差異、止修與觀修

98 德格版,論,中觀,ᢙ卷,34背頁;對勘本版,書號64,96頁。漢譯大藏經內並無此譯。

的分類、如何透過九住心及八斷行成辦奢摩他之理、粗細沉掉的認知、沉沒與惛沉的差異、散動與掉舉的差異、如何對治該患之理、正念與正知的認知、正念與正知的差異、如何恰當運用正念與正知，以及初修禪者不應滿足成辦住分，也需要同時成辦明銳分等內容，皆已簡略述說。

修者、修行所緣、如何修行，以及修後的內心成長次第等論述，在無著阿闍黎的《聲聞地》、世親阿闍黎的《阿毘達磨俱舍論》及《阿毘達磨俱舍論自釋》、寂天阿闍黎的《學集論》，以及蓮花戒阿闍黎的《修次篇》等，皆有詳細說明，故應從此等論典學習了知。

甲十、修念住法

講解了如何修心的方法——止觀二修，在此略說四念住[99]。為求斷除身等淨、樂、常、我等四種顛倒執，佛教的諸多典籍多次提及了四念住，包括上座部的《長部·大念處經》（དྲན་པ་ཉེ་བར་བཞག་པ་ཆེན་པོའི་མདོ），也就是阿含經長部（Dīganikāya）中的《念處經》；阿含經中部（Majjhimanikāya）中的《中部·念處經》；阿含經相應部（Saṃyuttanikāya）；以及阿含經增支部（Aṅguttaranikāya）等經典中皆談及了如何修習四念住的法

99　譯者註：經典中又稱「四念處」。

門，其中最廣爲流傳的是阿含經中部的《中部‧念處經》。

上座部的《阿含經》中，除了前述的四部外，加上「小部」共有五部。除了阿含經小部，長部、中部等經文也尚未翻譯成藏文，所以在西藏甘珠爾中並無這些譯本。根據《長部‧大念處經》及《中部‧念處經》的前文，此二經都是在拘樓（Kuru）[100]的地方傳授的。《中部‧念處經》云：

> 「有一道淨衆生，度憂畏，滅苦惱，斷啼哭，得正法，謂四念處⋯⋯云何爲四？觀身如身念處，如是觀覺、心、法如法念處⋯⋯立念在身，有知有見，有明有達，是謂比丘觀身如身⋯⋯立念在覺，有知有見，有明有達，是謂比丘觀覺如覺⋯⋯立念在心，有知有見，有明有達，是謂比丘觀心如心⋯⋯立念在法，有知有見，有明有達，是謂比丘觀法如法」[101]

前述引文簡略解說了四念住。

在廣說身念住時，首先說明如何以數息法修習正念，再緣取身的各個支分，得知身爲生滅性。之後再以正知趨入行、住、座、臥四種行爲，最終了知身體爲不淨質、爲四大的聚集

---

100 譯者註：根據僧伽提婆所譯的《中阿含因品念處經》，地名爲「拘樓瘦」（Kurusu）。

101 巴利大藏經，中部，第一卷，念處經，145頁。圖登錦巴由英譯翻成藏文。漢譯來源：僧伽提婆譯《中阿含因品念處經》（T.1.26.582b.9）。

體後，應以身體膨脹、腐爛等九種死相而觀想無常。於身念住
的後段，《中部・念處經》總結道：

「如是比丘觀內身如身，觀外身如身，觀內外身如身，
觀身生滅，觀身已壞，觀身生壞，觀壞滅性，立念在
身，如是不耽執世間之法，獲住自在，是謂比丘觀身如
身。」[102]

此經又說，受有樂受、苦受、捨受、世間樂受、出世間樂
受、世間苦受、出世捨受，以及世間捨受等。經中也說明緣取
上述不同種類的受，如何修行受念住之理。

有關心念住，此經個別解說了三毒之心，與遠離三毒之
心，共六。加上諸攝之心、散動、寂靜、非寂靜、出世、非出
世、入定、非入定、解脫、非解脫等十六心。緣取上述不同種
類的心，如何修行心念住之理，也在此經說明。[103]

有關法念住，此經解說了五障：一、欲界希求。二、瞋。
三、睡眠及惛沉。四、掉舉及後悔。五、疑。又說了如何透過
五蓋障、五蘊、六處、七覺支，以及四諦等各個所緣，觀修法
念住之理。最後解說觀修四念住的利益，圓滿了此經的內容。

---

102 巴利大藏經，中部，《念處經》，149 頁。漢譯與藏譯稍有不同。漢譯原文：
　　僧伽提婆譯《中阿含因品念處經》（T.1.26.582c.10）：「如是比丘觀內身如
　　身，觀外身如身，立念在身，有知有見，有明有達，是謂比丘觀身如身。」

103 巴利大藏經，中部，《念處經》，149 頁。

以上簡略介紹了這本重要的經典。

接下來根據上下阿毘達磨的論著為主，簡略說明念住。
《大乘阿毘達磨集論》云：

> 「謂所緣故、自體故、助伴故、修習故、修果故。」[104]

該論典分從五個角度，對念住做了說明。

第一、念住所緣。念住的所緣有四：身、受、心、法四者。以此四者作為所緣，是為了斷除四種顛倒執：一、將不淨身執取為淨。二、將苦受執取為樂受。三、將心的無常性執取為心的常性。四、法無我執取為法我。《大寶積經・寶髻菩薩會》（གཙུག་ན་རིན་པོ་ཆེས་ཞུས་པའི་མདོ）云：

> 「是四意止行。四精進何謂為四？觀身無身，棄捐計實不淨為淨顛倒之想。觀痛無痛，棄苦為樂顛倒之想。觀心無心，蠲除無常計有常想。觀法無法，捨遠無我為我想者。於四顛倒而修平等。」[105]

---

104 德格版，論，唯識，ཤི卷，第二品，96 背頁；對勘本版，書號 76，242 頁。漢譯來源：《大乘阿毘達磨集論》（T.31.1605.684b.5）。在德格版，論，唯識，ཤི卷，第十一聲聞品，108 正頁；對勘本版，書號 73，265 頁中，解說了由緣取具貪之心、離貪之心、具瞋之心、離瞋之心等二十種心相，如何觀修心念住的內容。

105 德格版，經，寶積，ཅི卷，第二卷，230 正頁；對勘本版，書號 44，638頁。漢譯來源：《大寶積經》卷第一百一十七，寶髻菩薩會第四十七之一（T.11.310.664a.3）。

　　第二、念住性質。緣取各該所緣——身受心法中的一者——後，觀察身不淨等自相，或是無常的共相，被如是念與慧的其中一者所攝者。《大乘阿毘達磨集論》云：

「自體者，謂慧及念。」[106]

《阿毘達磨俱舍論》云：

「以自相共相，觀身受心法，自性聞等慧」[107]

　　念住的詞義：毘婆沙宗說，如同以斧頭斬木時，是靠楔子插入木頭間隙之力所持一般，隨著念力，不忘失所緣之相，以智慧入住其境，故名。世親阿闍黎的解讀爲：以慧力最初區分所緣之境，隨後以念力持有故，以念安住於慧境上，故名。如《阿毘達磨俱舍論自釋》云：

「何緣於慧立念住名？毘婆沙師說，此品念增故，是念力持慧得轉義，如斧破木由楔力持。理實應言慧令念住，是故於慧立念住名。」[108]

---

106 德格版，論，唯識，ㄒ卷，第二品，96 背頁；對勘本版，書號 76，242 頁。漢譯來源：《大乘阿毘達磨集論》（T.31.1605.684b.8）。

107 德格版，論，阿毘達磨，ㄍ卷，第六品，第 14 句偈頌文，19 正頁；對勘本版，書號 79，44 頁。漢譯來源：《阿毘達磨俱舍論》（T.29.1558.118c.17）。

108 德格版，論，阿毘達磨，ㄍ卷，第六品，12 正頁；對勘本版，書號 79，707 頁。漢譯來源：《阿毘達磨俱舍論》（T.29.1558.119a.5）。

第三、念住助伴。身等念住的助伴爲相應四者中之一者的
心與心所。《大乘阿毘達磨集論》云：

「助伴者，謂彼相應心心所等。」[109]

第四、念住修習。身等念住的修習之理，誠如《阿毘達磨
俱舍論》云：

「以自相共相，觀身受心法，自性聞等慧」[110]

此中說明兩種修習，自相修習及共相修習。修習身念住
時，自相修習爲：修習身不淨、大種，以及大種所造。共相
修習爲：如身般的諸行無常，諸漏皆苦的修習。《律上分》
（འདུལ་བ་གཞུང་དམ་པ།）云：

「入住房已，雙盤於墊，挺直其身，以念正住，應斷八
觸。應當思惟疾病、腫瘤、兵器、毒藥、無常、痛苦、
空性、無我等內義。」[111]

---

109 德格版，論，唯識，རི་卷，第二品，96背頁；對勘本版，書號76，244頁。漢
　　譯來源：《大乘阿毘達磨集論》（T.31.1605.684c.3）。

110 德格版，論，阿毘達磨，ཀུ་卷，第六品，第14句偈頌文，19正頁；對勘本
　　版，書號79，44頁。漢譯來源：《阿毘達磨俱舍論》（T.29.1558.118c.17）。

111 德格版，經，律，ཎ་卷，第五十一品，290背頁；對勘本版，書號13，681頁。
　　漢譯大藏經內並無此譯。

如經所言，此身為苦性，故如「疾病」。因屬強烈痛苦的疾病，故稱「腫瘤」。直接產生痛苦，故稱「兵器」。間接產生痛苦，故稱「毒藥」。剎那轉變，故稱「無常」。具足有漏業惑，故稱「痛苦」。不成立獨立我所，故稱「空性」。不成立獨立之我，故稱「無我」。應如是觀察，進而修習。

對治強烈貪心者，以觀想方式，修習身色等之不淨觀。此時的離貪性不淨觀正是用來對治身色、身形、身觸，以及身受[112]等之四種貪執。

在身色等四種貪執中，以緣取色變青瘀、膿色、紅色等方式對治緣身色的貪著。以緣取膿血流出，或是體支分解而修的不淨念，對治緣身形的貪著。以緣取身體被蟲所蝕，或是由筋粗劣串起的骨架，所觀修的不淨念，對治緣取身觸的貪著。以緣取無法動彈屍體的不淨念，對治身受的貪著。《大般若波羅蜜多經》云：

> 「復次，善現！若菩薩摩訶薩修行般若波羅蜜多時，以無所得而為方便，往憺怕路觀所棄屍，死經一日或經二日乃至七日，其身膖脹，色變青瘀，臭爛皮穿，膿血流出。見是事已，自念我身有如是性，具如是法，未得解脫終歸如是。是為菩薩摩訶薩修行般若波羅蜜多時，以

---

112 譯者註：根據編輯者格西們的說法，在此的「身受」謂按摩、搥背、塗油等方式令身體獲得享受。

無所得而為方便，於內身住循身觀，熾然精進，正知具
念，調伏貪憂……復次，善現！若菩薩摩訶薩修行般若
波羅蜜多時，以無所得而為方便，往澹泊路觀所棄屍，
死經一日或經二日乃至七日，為諸鵰、鷲、烏、鵲、
鴟、梟、虎、豹、狐、狼、野干、狗等種種禽獸或啄或
攫，骨肉狼籍，齒齧食噉。見是事已，自念我身有如是
性，具如是法。」[113]

《阿毘達磨俱舍論》云：

「且辯觀骨鎖，廣至海復略，名初習業位，
除足至頭半，名為已熟修，
繫心在眉間，名超作意位。」[114]

此論說到，將身體視為骷髏，以此作意為不淨觀的「初習
業位」、「已熟修習」，以及「超作意位」，共說三相。

一、初習業位。緣取腳拇指或額頭其中一者後，觀想從
此處開始，體肉逐漸腐爛，僅剩白骨。白骨逐漸遍滿全身，全
身轉為骷髏。此後，骷髏充滿整間屋子，延伸至大海邊際；做
此觀修。然後，收回時，從外逐漸收攝，只觀自己身體皆為骷

113 德格版，經，八千頌，ㄇ卷，第16品，157背頁；對勘本版，書號29，377
　　頁。漢譯來源：《大般若波羅蜜多經》（T.7.220.78b.16）。

114 德格版，論，阿毘達磨，ㄐ卷，第六品，第10-11句偈頌文，19正頁；對勘本
　　版，書號79，43頁。漢譯來源：《阿毘達磨俱舍論》（T.29.1558.117b.18）。

髏。如是反覆作意，即為初習業位。

二、已熟修習。骷髏遍佈、延伸至外的觀修如前，所緣往內回收時，不觀想腳部為白骨，而是去專注足部以外的身體支分皆為骷髏。逐漸地，半身為骨，專注於此。之後骷髏回收至半個頭蓋骨，將心專注於此，是為已熟修習。

三、超作意位。遍佈骷髏至外的觀修如前，所緣往內回收時，不去觀修身體餘處皆為骷髏，而是觀想眉間有個拇指般大小的骨頭，專注於此的作意乃超作意位。

總結之：以緣取貪境身色變青瘀、膿色、紅色等三相身不淨作意，對治身色的貪著。以緣取膿血流出及體支分解的二相不淨想，對治緣身形的貪著。以緣取身體被蟲所蝕及由筋串起骨架的二相不淨想，對治緣取身觸的貪著。以緣取無法動彈屍體的一相不淨想，對治緣取身受的貪著。以身為骨的一相觀修，對治緣取身色等所有支分的貪著。故有身不淨九觀。

骷髏本身並不具備貪之所緣──色形等四相，所以也可以用骨觀去對治色形等四種貪著。增益貪的所緣境後 115，以作意的方式修習不淨觀。但該觀修只緣取色蘊的形色等部位而觀，不能全面，所以只能壓伏煩惱，成為暫時的對治，卻不能成為

---

115 譯者註：現有的身體為貪的所緣境，觀想將潔白的身體轉為色變青瘀，故說增益貪的所緣境。

徹底斷除的對治。

　　對治強烈妄念者，則應遠離散亂，專注觀修吸氣入內、吐氣於外。根據《阿毘達磨俱舍論》，這種以數息做觀修的方式有六：

　　一、以七相坐姿，專注於吸氣入內、吐氣至外，如是一次數息為一輪。若將兩輪算為一輪則具少患，若將一輪算為兩輪則具多患，若將吐氣視為吸氣，或將吸氣視為吐氣，則具謬患。在遠離謬患、多患、少患三種過失之基礎上，從一輪數到十輪。少於十輪將有沉沒的危險，多於十輪將有掉舉的危險。此修為「數」。

　　二、吸氣時，觀想氣息循序進入喉部、胸部、臍部、腰部、大腿、小腿、腳底，以及大地。吐氣時，觀想氣息反轉，循序從腳底流至鼻孔吐出。力大者，氣息長至四肘，若是力弱者，則是長至十二指的氣息。做此觀想時，要令心不散亂，專注於此，此修為「隨」。

　　三、觀想氣息從鼻孔至腳底間流動，如同一串念珠般，令心專注於此，並關注身體的舒適與不舒適、寒冷與暖和等，此修為「止」。

　　四、觀想所數息的氣，不只是吸進吐出的氣體，也是大種與大種所造色等八質的體性，加上心與心所，共具五蘊，令心專注於此，此修為「觀」。

五、於專注中，轉變緣取數息之心，成為增上善心，此修為「轉」。

六、相較前項「轉」修，於專注念中，更加增上善心，此修為「淨」。

誠如《阿毘達磨俱舍論》云：

> 「持息念應知，有六種異相，
> 謂數隨止觀，轉淨相[116] 差別。」[117]

隨念吐氣與吸氣，可以令心趨入一個所緣，往內收攝，所緣之氣又無各樣形色，所以數息觀修可以對治妄念。不淨觀會趨入所緣各種形色，緣取外境，引發妄念，所以不淨觀不能對治妄念。《阿毘達磨俱舍論自釋》云：

> 「尋多亂心名尋行者，彼依息念能正入修。」[118]

如何觀修受念住？由樂受直接起不離愛，由苦受直接起乖離愛，間接又會產生諸多痛苦。為能見到受之過患，應當觀察自共二相，進而修習。《大寶積經‧寶髻菩薩會》云：

---

116 雖然德格版中寫「ཡས།」，但依北京及奈塘二版編改為「ཡོངས།」。

117 德格版，論，阿毘達磨，ཁུ卷，第六品，11正頁；對勘本版，書號79，705頁。漢譯來源：《阿毘達磨俱舍論》（T.29.1558.118b.18）。

118 德格版，論，阿毘達磨，ཁུ卷，第六品，9正頁；對勘本版，書號79，700頁。漢譯來源：《阿毘達磨俱舍論》（T.29.1558.117b.11）。

「彼觀痛樂則無所著，消壞諸結而自由安，若得苦痛不以憂慼，捨諸有為。則能遵修令無苦樂，以壞愚癡，若遇樂痛無所積聚，若遭眾患了身非常。觀苦痛痒察痛無我，彼觀樂痛修行安隱，其觀苦痛則為瘡病，以是之故，名曰不樂不苦。設使觀見諸所有安皆歸無常，其有眾苦，計於苦者不苦不樂，則亦無我。」[119]

《阿毘達磨俱舍論》云：

「縛三由三受。」[120]

如何觀修心念住？心隨每一剎那轉變，心不被顯示，也觸碰不到心，心性光明；以續流而言，心的續流不會間斷。如是觀察心的體性。如《大寶積經·大迦葉請問經》（ འོད་སྲུངས་ཀྱིས་ཞུས་ པའི་ལེའུ） 云：

「又大迦葉，心去如風，不可捉故。心如流水，生滅不住故。心如燈焰，眾緣有故。」[121]

---

119 德格版，經，寶積，ཁ卷，第二卷，226 正頁；對勘本版，書號 44，627 頁。漢譯來源：《大寶積經》卷第一百一十七，寶髻菩薩會第四十七之一（T.11.310.662a.28）。

120 德格版，論，阿毘達磨，ཀུ卷，第五品，第 45 句偈頌文，17 背頁；對勘本版，書號 79，40 頁。漢譯來源：《阿毘達磨俱舍論》（T.29.1558.109a.26）。

121 德格版，經，寶積，ཁ卷，第二卷，139 正頁；對勘本版，書號 44，378 頁。漢譯來源：《大寶積經》（T.11.310.635b.14）。

　　經中又說應如何以聞思自共二相觀察心的作用，如被煩惱所轉的過失，以及心的果實等。《大寶積經·大迦葉請問經》云：

> 「心如怨家，能與一切諸苦惱故。心如狂象，蹈諸土舍能壞一切諸善根故。心如吞鉤，苦中生樂想故。是心如夢，於無我中生我想故。心如蒼蠅，於不淨中起淨想故。心如惡賊，能與種種考掠苦故。」[122]

　　如何觀修法念住？除了受以外的心所、不相應行、修行所取的慈悲等善賢功德，以及所捨貪瞋等過患，都是應以聞思伺察的內容。《大寶積經·寶髻菩薩會》云：

> 「普說經典觀於諸法，達本無法為意止也。其有致道遵修經典，若能曉了道品之法，不作眾善不見有常，亦無所著不除惡法，道心所見所在無斷，亦不計常不墮斷滅。若有菩薩，棄捨見常斷滅之事，執心平等而無所住，處於中間。」[123]

　　總之，為了對治身為淨的執著，需要證悟內外身自相為

---

122 德格版，經，寶積，ㄭ卷，第二卷，139背頁；對勘本版，書號44，379頁。漢譯來源：《大寶積經》（T.11.310.635b.21）。

123 德格版，經，寶積，ㄭ卷，第二卷，229正頁；對勘本版，書號44，635頁。漢譯來源：《大寶積經》卷第一百一十七，寶髻菩薩會第四十七之一（T.11.310.663b.16）。

不淨的念知。為了對治有漏受為樂的執著，需要證悟內外受皆為苦的念知。為了對治心為常的執著，需要證悟內外心皆為剎那性的念知；為了對治法我執，需要證悟內外法皆為無我的念知。以慈心對治強烈瞋心，以緣起見對治強烈蓋障，以觀修界的諸多類別對治強烈我慢。

此外，修習身不淨等四念住時，應以欲、勤等對治懈怠等過患。《大乘阿毗達磨集論》云：

> 「又修習者，謂欲勤策勵勇猛不息，正念正知及不放逸，修習差別故。欲修習者，謂為對治不作。意隨煩惱勤修習者，謂為對治懈怠隨煩惱。策修習者，謂為對治惛沉掉舉隨煩惱。勵修習者，謂為對治心下劣性隨煩惱。勇猛修習者，謂為對治疎漏疲倦隨煩惱。不息修習者，謂為對治得少善法生知足喜隨煩惱。正念修習者，謂為對治忘失尊教隨煩惱。正知修習者，謂為對治毀犯追悔隨煩惱。不放逸修習者，謂為對治捨諸善軛隨煩惱。」[124]

第五、觀修身無常等四念住的果實。如《大寶積經·寶髻菩薩會》云：

> 「是身無常不得久立，老病俱合會當歸死。已達此義，

---

124 德格版，論，唯識，冠卷，第二品，96背頁；對勘本版，書號76，243頁。漢譯來源：《大乘阿毗達磨集論》（T.31.1605.684b.19）。

不用身故而造邪業。以不會身則修堅要，行三堅法：一
曰身要。二曰命要。三曰財要。此身無常，一切眾生以
為貴重。何所益乎，當行愍傷。何謂身要？身不犯惡謙
卑恭順稽首博智。何謂命要？歸命三寶，奉修十德六度
四等。何謂財要？捐己布施給諸貧乏。」[125]

《大乘阿毘達磨集論》云：

「謂四念住，隨其次第，能斷淨、樂、常、我四種顛
倒。」[126]

如論所云，觀修念住後，能夠斷除身為淨、受為樂、心為
常、法為獨立之我等四種顛倒執。

甲十一、對世間八法修等捨之理

佛教典籍中敘述了諸多修心的法門，其中最主要的一者，
就是不受世間八法所傾動。大多數的人們都會表揚自己、詆毀
他人、嫉妒高處、計較平處、傲視低處、受到稱讚起慢、受到

---

125 德格版，經，寶積，क़ 卷，第二卷，224 正頁；對勘本版，書號 44，623
頁。漢譯來源：《大寶積經》卷第一百一十七，寶髻菩薩會第四十七之一
（T.11.310.661b.25）。

126 德格版，論，唯識，ৰিৰ 卷，62 背頁；對勘本版，書號 76，1108 頁。漢譯來源：
《大乘阿毘達磨集論》（T.31.1606.739b.16）。

粗語而瞋等，進而產生各式痛苦。此故，應讓自己的內心不受
貪瞋的操控，並應遠離被貪瞋所操控的伴侶，不與彼等同行，
保持距離。《入行論》云：

> 「妒高競相等，傲卑讚復驕，
> 逆耳更生瞋，處俗怎得益？
> 伴愚必然生，自讚毀他過，
> 好談世間樂，無義不善事。」[127]

何為世間八法？《聖寶蘊大乘經》（འཕགས་པ་རིན་པོ་ཆེའི་ཕུང་པོའི་མདོ）
云：

> 「離世八法故，所謂利、衰、毀、譽、稱、譏、苦、
> 樂。」[128]

會障礙讓自心變得更加善良、相應世間凡夫的八法為：
一、利：有衣食住臥等利益則喜。二、衰：未獲衣食住臥等利
益則不喜[129]。三、譽：獲得名譽則喜。四、毀：未獲得名譽則

---

127 德格版，論，中觀，ཤ卷，第八品，第 12 句偈頌文，23 背頁；對勘本版，書
　　號 61，1001頁。漢譯來源：如石法師譯《入菩薩行論》。

128 德格版，經，寶積，ཅ卷，第一品，153 正頁；對勘本版，書號 44，428頁。漢
　　譯大藏經內並無此譯，但與此相同的經文來自《大寶積經》（T.11.310.
　　639a.10）。

129 譯者註：在此的不喜並非只是沒有歡喜，而是帶有厭倦、討厭，很不高興的意
　　思。

不喜。五、樂：獲樂受則喜。六、苦：遭苦受不喜。七、稱：
獲表揚則喜。八、譏：遭譏毀則不喜。龍樹阿闍黎的《勸發諸
王要偈》云：

> 「利衰及毀譽，稱譏與苦樂，
> 八法不傾動，是則為聖王。」[130]

「八法不傾動」就是令心不隨該世間八法傾動，令心保持
平等捨的狀態。要能夠做到此，靠的是了知四種喜的過患及四
種不喜的過患。故在此引用《入菩薩行論》中適用於講述彼等
過患或對治的相關偈頌，簡略解釋如下。

如何不被「對衣食利益的強烈喜愛」所傾動呢？無論是
誰，當我們的自心極度追尋衣食等時，應當收心向內，如是
思惟：「隨此惡念，不懼諸苦，發大精進，雖可獲利，然終一
日，終究死去，不能自主，所獲衣樂，僅為記憶，不能復返。
猶如夢中，天人衣食，最終將醒。為尋衣食，勤攢護守，終將
棄捨，不能解脫。為獲利益，親手弒刃，恩德父母，亦無驚
慌，非不可能。」《入行論》云：

> 「夢受百年樂，彼人復甦醒；

> 或受須臾樂，夢已此人覺；
> 覺已此二人，夢樂皆不還。
> 壽雖有長短，臨終唯如是。」[131]

此論又云：

> 「貪金渙散人，脫苦遙無期。」[132]

此論又云：

> 「或為求利敬，乃至殺父母，」[133]

　　無論是達官貴人或貧賤乞丐，若不知滿足、過分地貪求衣食等利益，不只不能從中獲利，反而造成諸多困擾及痛苦。為能對治其患，不應墮落於過貪衣食與棄捨衣食的極端二邊，要懂得知足。

　　知足的好處為：能夠賦予內心安樂。在此世間，縱使是位很能幹的菁英，也很難懂得知足的價值。其實，尋求衣食的享受本身並無快樂可言，為了守護既有的衣食，又得經歷諸多苦

---

131 德格版，論，中觀，ঝ卷，第六品，第 57 句偈頌文，16 背頁；對勘本版，書
　　號 61，985 頁。漢譯來源：如石法師譯《入菩薩行論》。

132 德格版，論，中觀，ঝ卷，第八品，第 79 句偈頌文，26 背頁；對勘本版，書
　　號 61，1007 頁。漢譯來源：如石法師譯《入菩薩行論》。

133 德格版，論，中觀，ঝ卷，第八品，第 123 句偈頌文，28 正頁；對勘本版，書
　　號 61，1011 頁。漢譯來源：如石法師譯《入菩薩行論》。

惱。具有取捨智慧的學者們，會去斷除緣取受用的強烈貪著，在適當獲取受用的情況下，保持滿足，這種思惟，才是正確的心態。《入行論》云：

「王侯亦難享，知足閒居歡。」[134]

《大寶積經・勤授長者會》（འཕགས་པ་ཁྱིམ་བདག་དཔལ་བྱིན་གྱིས་ཞུས་པའི་མདོ།）云：

「何有求財而樂者，設得守護猶勤苦，
如此愚人徒妄言，是故智者應觀察。」[135]

如何不被「對未獲衣食住臥等利益的不喜」所傾動呢？

如果覺得：「雖然現在經濟、科學、技術等各方面比起以前更爲先進，但在現今社會中，衣食匱乏者仍然不會受到尊重，而飽受欺凌。反之，衣食圓滿者會受到尊重及表揚，所以我等因未獲衣食利益而不喜是合理的，不是嗎？」爲能去除上述想法，應知這世上何種人會受人表揚或受人譏毀，其實並無定數。不只乞丐被人輕賤，即使富翁也會飽受批評，這是顯而易見的事實。衣食受用具有凡庸體性，自性卑劣，無論我怎麼

---

134 德格版，論，中觀，ཤ卷，第八品，第88句偈頌文，27正頁；對勘本版，書號61，1008頁。漢譯來源：如石法師譯《入菩薩行論》。

135 德格版，經，寶積，ཉི卷，200背頁；對勘本版，書號43，567頁。漢譯來源：《大寶積經》卷第九十六（T.11.310.542a.6）。

做，即使長期與之相伴，都不會讓我真實地歡喜。應做此思惟，平息內心的不喜。《入行論》云：

> 「睥睨窮行者，詆毀富修士，
> 性本難為侶，處彼怎得樂？」[136]

如何不被「對獲取名譽的強烈喜愛」所傾動呢？無法控制自心對名譽的喜愛時，應收心往內，如是思惟：「若隨此顛倒執，我會失去所有財產，為的僅是獲取『好施者』的名譽，或是馬革裹屍，為的僅是『勇士』的名譽。然而，自己貪持的『名譽』只不過是個虛名而已。為此虛名，我不但不能安樂，還反增痛苦。自己果真為此虛名而死去，對誰又有好處？」

我所喜歡的名譽或甜言蜜語，到底對自己有沒有好處、是否為阿諛奉承之詞，或是此言是否屬實等，自己尚未觀察，完全被對名譽的喜愛而傾動，是錯誤的。應當仔細思惟上述內容。《入行論》云：

> 「若僅為虛名，失財復喪命，
> 譽詞何所為？死時[137]誰得樂？」[138]

---

136 德格版，論，中觀，ཤ 卷，第八品，第 23 句偈頌文，24 正頁；對勘本版，書號 61，1002 頁。漢譯來源：如石法師譯《入菩薩行論》。

137 雖然德格版中寫「ཤེས」，但依北京及奈塘二版編改為「ཤི」。

138 德格版，論，中觀，ཤ 卷，第六品，第 92 句偈頌文，18 正頁；對勘本版，書號 61，988 頁。漢譯來源：如石法師譯《入菩薩行論》。

嘛帝自扎（མ་ཏི་ཙི་ཏྲ།）阿闍黎的《嘎尼嘎國王箋書》（རྒྱལ་པོ་ཀ་
ནིས་ཀའི་སྤྲིངས་ཡིག）云：

「美言無利益，順耳卻虛偽，
汝心不應持，非聖之言詞。」[139]

如何不被「對未獲得名譽則強烈不喜」所傾動呢？當自心
隨此強烈不喜所控制時，應當如是仔細思惟：「自己的三門行
為與對方想法不符合時，雖然對方於我頗有微詞，但此虛言微
詞不只在過去，就連將來也不能害我身體的任何一部分。」保
持內心平衡，思惟不應隨瞋的道理。亦可思惟：「雖然對方略
有微詞，但對方的動機為善，若我如實遵循，將會獲得暫時及
究竟利益。所以，不經猶疑它是善是惡，只憑微詞的理由就心
生不喜的話，實不應理！」《入行論》云：

「輕蔑語粗鄙，口出惡言辭，
於身既無害，心汝何故瞋？」[140]

嘛帝自扎阿闍黎的《嘎尼嘎國王箋書》云：

---

[139] 德格版，論，箋書，ཐི卷，第 24 句偈頌文，54 正頁；對勘本版，書號 96，709
頁。漢譯大藏經內並無此譯。嘛帝自扎是馬鳴的異名。

[140] 德格版，論，中觀，ལ卷，第六品，第 53 句偈頌文，16 背頁；對勘本版，書
號 61，984 頁。漢譯來源：如石法師譯《入菩薩行論》。

「為友助益語，逆耳卻實益，

令寂得安樂，汝心請念持。」[141]

　　如何不被「對欲獲樂受的強烈喜愛」所傾動呢？當自心隨此強烈喜愛所操控時，應當如是思惟：「如果我真想要離苦得樂的話，光有想法是不夠的，必須有正確的方法。但其方法不能隨意任用，像是戴盡美麗的裝飾，或是吃盡可口的食物等。同樣地，透過牧羊、耕農，以及行商的方法也無法讓自己獲得真正安樂。」《入行論》云：

「若唯圖稱心，應依飾與酒。」[142]

　　此論又云：

「世人勤求樂，成否猶未定。」[143]

　　如何不被「對遭苦受的強烈不喜」所傾動呢？當自心隨此強烈的不喜所操控時，應當如是思惟：「若有方法能夠解決令自己不歡喜的問題，應立即解決即可，何需不歡喜？如果這個

141 德格版，論，箋書，ཟ་卷，第 22 句偈頌文，54 正頁；對勘本版，書號 96，709頁。漢譯大藏經內並無此譯。

142 德格版，論，中觀，ལ་卷，第六品，第 91 句偈頌文，18 正頁；對勘本版，書號61，988 頁。漢譯來源：如石法師譯《入菩薩行論》。

143 德格版，論，中觀，ལ་卷，第七品，第 64 句偈頌文，22 背頁；對勘本版，書號61，988 頁。漢譯來源：如石法師譯《入菩薩行論》。

問題是無法以任何方法解決的話，不歡喜又有何益？」《入行論》云：

> 「若事尚可為，云何不歡喜？
> 若已不濟事，憂惱有何益？」[144]

如何不被「對獲表揚的強烈喜愛」所傾動呢？當自心隨此強烈的喜愛所操控時，應收心往內，當如是思惟：「他人對己的表揚不會增長自己的福報及壽命，也不會令我更有權勢，去除病苦，亦不能讓身體更為舒適。表揚本身無法成辦自利，所以不應沉溺於虛言當中。此外，今世表揚所獲微利會蒙蔽自心，讓己愚昧於現世所見取捨，顛倒修行，墮失智慧。如果只追求表揚，心將散亂，不能堅定正念。」《入行論》云：

> 「受讚享榮耀，非福非增壽，
> 非力非免疫，非令身安樂。
> 若吾識損益，讚譽有何利？」[145]

吉祥萊嘎達米達阿難陀（ཤྲཱི་ག་ཏི་མི་ཏྲ་ཨཱ་ནནྡ།）阿闍黎的《月亮國王箋書》（རྒྱལ་པོ་ཟླ་བའི་སྤྲིངས་ཡིག）云：

---

144 德格版，論，中觀，ཤ卷，第六品，第 10 句偈頌文，15 正頁；對勘本版，書號 61，981 頁。漢譯來源：如石法師譯《入菩薩行論》。

145 德格版，論，中觀，ཤ卷，第六品，第 91-92 句偈頌文，18 正頁；對勘本版，書號 61，988 頁。漢譯來源：如石法師譯《入菩薩行論》。

「今世尋樂及名譽，彼之勝光擾我心，
令我追求謬目的，令心散動失正念。」146

　　如何不被「對遭譏毀的強烈不喜」所傾動呢？當自心隨
此強烈的不喜所操控時，應當如是思惟：「這世界上，沒有一
人可以獲得所有人的稱讚；這是不可能的。親友們尚未看到自
己的專長，只憑少許因緣就能對己歌功頌德的話，早應竊竊自
喜，至少並非所有人都批評自己。因為少數幾人有了不同的想
法而批評我，我還為此不喜，實在很不值得。不喜對象的批評
中，又分智者的批評與愚者的批評兩種。智者批評的背後一定
是有理由的，所以未經觀察，只是對己的批評就要不喜，實不
應理。」《入行論》云：

「若有人毀我，讚譽何足喜？
若有人讚我，譏毀何足憂？」147

　　《法集要頌經》云：

「若復歎譽愚，　毀訾智者身，

146 德格版，論，箋書，ᠽ卷，第 30 句偈頌文，72 背頁；對勘本版，書號 96，767
頁。漢譯大藏經內並無此譯。

147 德格版，論，中觀，ᠽ卷，第八品，第 21 句偈頌文，24 正頁；對勘本版，書
號 61，1001 頁。漢譯來源：如石法師譯《入菩薩行論》。

毀智猶有勝，歎愚不為上。」[148]

甲十二、心可以改變的理由

有關心如何依止聞思修等而獲增上之理，已如前述，佛教典籍認為，智慧與慈悲等依賴著意識所增減的功德，與身體的增強或減弱無關，主要是來自意識的串習。《釋量論》云：

> 「身無所增減，由覺用差別，
> 慧等能增滅。燈光等諸依。」[149]

運動員們透過訓練能讓自己跳得很高，跑得很快，但這些來自「串習」的成果，畢竟仍是依賴身體所產生的功德，所以發展有限。無論跳得多高，在這之前都得先做暖身，而且其成就不可能發展至無限。此外，水的溫度屬於不堅定性，所以滾水到最後只會乾涸，不能變成火性。

相反地，如慈愛及智慧等對治力，這些依賴著內心所產生的功德，只要能夠串習彼等為習慣，就能在心續中自然生起。這種意識的延續，並非像是依身功德的跳高般，觀待著再次提

---

148 德格版，經，經典，སྐ卷，第二十五卷，第 25-26 句偈頌文，232 正頁；對勘本版，書號 72，656 頁。漢譯來源：《法集要頌經》（T.4.213.790b.6）。

149 德格版，論，量，ཅེ卷，成量品，第 74 句偈頌文，110 正頁；對勘本版，書號 97，506 頁。漢譯來源：法尊法師譯《釋量論》。

起的力道方能產生，而是只要一有了精進力，就能延續下去。譬如，烈火燃燒了木柴之後，就會一直燃燒，直至柴木燒爲灰塵爲止。又像水銀會自然除去眞金的污垢般。

心續功德是從心的明觀質所成功德，自然與水的溫度等不堅定性不同，且以所依而言，[150] 心續功德也有能力發展至無限。所以依身功德與依心功德兩者的成長極限有著極大的不同。《釋量論》云：

「心中悲愍等，修生自然轉。
如火等於薪，水銀與金等。
故從彼等生，是性生功德。
故能使功力，後後轉增勝。
是從前同類，種子增長者，
悲等諸覺心，修習於何住？
跳則非如是，從跳生於跳，
彼因力勤勇，功能決定故，
跳是決定性。」[151]

內心的變化並非像是變換屋內的擺設，只是改變物品的

150 譯者註：依心功德的所依是心識的續流。心識的續流無始亦無盡，永恆不斷，故待此所依之功德亦能增長延伸無限。

151 德格版，論，量，ཅེ།卷，成量品，第125-128句偈頌文，112正頁；對勘本版，書號97，511頁。漢譯來源：法尊法師譯《釋量論》。

放置。要能改變對自他及外在事物的看法、平時慣常的思惟模式、覺受的慣性、希求的傾向等，才能真正改變內心。佛教典籍廣泛地闡述修心方法，主要關鍵正是因為如此。

如同大乘修心典籍所言，一切過失皆是來自愛我執，若能觀待一切有情為恩者而愛護之，當下所遇諸境皆應轉為修心的順緣，又若能鬆弛緣取內外諸境為真實的執著等，依據其義每日修行，度過此生，將能開啟快樂人生。這是先賢大師們的精闢聖言。總之，快樂主要從內心建立。

煩惱的歹念是否可從根本去除？或是煩惱只能被壓伏而已？根據佛教典籍，貪等過患不只能被壓伏，也可從根本上去除，且經論中已解釋了諸多相關的理由。《釋量論》云：

「減及依勝進，皆有逆品故，
由習彼成性，有能盡諸漏。」[152]

增上證悟無我的智慧時，貪等過失將會削弱；貪等過失減少的話，更能發起證悟無我的智慧，令其慧圓滿。由此可見，傷害貪等煩惱靠的是智慧。反覆串習證悟無我智慧，使其慧轉為自心，方可從根本上斷除有漏煩惱。

心的體性是光明性，而且心本身又是無勝義自性，無有諦

---

152 德格版，論，量，ᠵᡳ卷，成量品，第 221 句偈頌文，103 正頁；對勘本版，書號 97，489 頁。漢譯來源：法尊法師譯《釋量論》。

實，所以不受穢染。在「總說」中介紹心識的性質時，提及了明觀性本身遠離汙穢垢染，又說汙穢皆是暫時性，可被去除。像是瞋心等煩惱若住於心識的本性之中，則不可能與心識分離，或心識一定是瞋心的行相，但事實並非如此，這點可以經驗得知。

遇到因緣確實會產生瞋心，與因緣不相遇時瞋心不會生起，從此可知，瞋等煩惱可被對治力消滅，彼等絕非心識的本性。水池被攪和時雖有濁相，但不代表水性為濁。慢慢地，泥濁沉澱至底時，將會呈現水的明澈性。龍樹阿闍黎的《讚法界頌》（ཆོས་དབྱིངས་བསྟོད་པ།）云：

「譬如火浣布，處火能離染，
垢去布猶存，光明轉瑩淨，
貪愛令心染，虛妄有輪迴，
亦如火浣布，真空妄非有。」[153]

為了去除火浣布的污垢，將火浣布丟進火中時，火只會燃盡其布污垢，卻不燒其布般，由不顛倒識斷除光明性的心識污垢時，只除污垢，卻不除光明性的心識。

一切罪惡的根本來自實執癡心，此實執愚癡的所持與實

---

153 德格版，論，讚聚，ཀ 卷，第 20-21 句偈頌文，64 背頁；對勘本版，書號 1，180 頁。漢譯來源：《讚法界頌》（T.32.1675.754c.21）。

際情況相違，是種顛倒識，且缺乏正量的後盾。該執的正違方
——證悟無我的智慧——等善賢心識皆有正量為後盾。只要透
過長期串習的話，心識上的污垢是可以被去除的。《入行論》
云：

「久習 [154] 不成易，此事定非有；」[155]

思惟惡念過患、認知惡念為何、了知善念為何、反覆串習
依止力、思惟有否正量為後盾、依心所生的功德為何、有為法
的轉變性質等，思惟上述道理後，堅信善心可以增長，惡念可
以減少，誠如溫度提升時，冷度自然降下。

佛教典籍中已廣泛說明下列要義：如何由不知的無明及
顛倒執取的無明產生非理作意、如何由非理作意產生貪瞋、如
何由貪瞋產生我慢及嫉妒等無法安寧的心識。此外，佛典也說
明由貪產生掉舉、散動令心不自主地流散至外、沉沒令心失去
抓緊境的能力，並且說明了惛沉令身心無法堪能、令心進入黑
闇、不能明顯所緣。而彼等的正違方為：能詳細區別境的智
慧、慈、愛、忍、自信、正念及正知。佛典中說明了如何持續
彼等善念，專注所緣，增上三摩地，發起依心功德等。暫時污

---

154 雖然德格版中寫「ཤེ」，但依北京及奈塘二版編改為「ཤི」。

155 德格版，論，中觀，ལ卷，第六品，第14句偈頌文，15正頁；對勘本版，書
　　號61，981頁。漢譯來源：如石法師譯《入菩薩行論》。

垢並非心識的本性，心性爲光明，心續無始亦無終，故心續堅定。依心功德可發展至無限，因爲串習其德後，不需觀待再次精進，便可自然生起。心所內部的相互矛盾，使得一方強大，一方衰弱，透過這種方式可以去除煩惱能力；這些內容在佛教典籍中皆有說明。

甲十三、說認識境的補特伽羅及結語

如前所述，依據印度佛教大師的著作，佛教的基法眞相之論述可分成五個部分。本《佛法科學總集・上冊》敘述了其中第一部分：有關所知境的論述。《佛法科學總集・下冊》已敘述其中第二、第三、第四部分：具境──心──的論述；心如何趨入境；如何趨入的方法及相關附加內義。今說第五部分──簡略介紹「認識境的補特伽羅」。

在心趨入境，以及感受苦樂等覺受時，了知者或覺受者的「我」或「補特伽羅」到底是否與蘊體別異？同樣地，從經驗可知，吾等自然會產生「這是我」的想法。該想法的所緣之「我」到底是什麼？針對這些議題，古印度的推理者們進行了全面的分析，該內容將於《佛法哲學總集》中詳細說明。

感受苦樂者的補特伽羅是必須存在。這位補特伽羅或這個「我」是身心的其中一者？還是別異於身心的另一者呢？如同俱生識所現，當眼睛看到這朵花時，自然會說「我看到這

朵花」，即使「看者」為眼識。同樣地，身體疼痛時會說「我痛」，心裡不舒服時會說「我不快樂」，此時並沒想著「身為我」或「心為我」。

當闡述著：「我的身」或「我的心」時，會覺得有種「我」正掌控著身心，看似有個從身心獨立出來的控制者——「我」。此故，古早的外道主張「我與蘊體性質為異」。佛家則認為，「我」或補特伽羅是依據身心的和合體施設而有，所以主張「我與蘊體性質為一」。

「我」到底是什麼？除了佛教以外，大多的宗教都主張，我的性質為「常一自主的我」。佛家們否定了常一自主的我，並主張「我只是依據蘊體而有」。《聲聞藏》云：

> 「如即攬支聚，假想立為車，
> 世俗立有情，應知攬諸蘊。」[156]

依賴車支的聚集體後，將車施設為車。如同成立車性時，不需要別異於車支聚體以外的其他事物般，施設我或補特伽羅

---

[156] 在吉祥月稱的《入中論自釋》中，引用了此經文，並註明道：「《聲聞藏》云」。請參考：德格版，論，中觀，ᱛ卷，296背頁；對勘本版，書號60，792頁。漢譯來源：法尊法師譯《入中論自釋》。上座部的 Saṃyuttanikāya（阿含經相應部）第一品中，有部經典稱「Bhikkhuni-samyutta」，此經亦云：「如即攬支聚，立名說為車，世俗立有情，應知為蘊情。」在一切有部的經典內，名為「比丘尼岩經」的經典中，亦有相同偈頌文。

時，僅僅依賴著施設處蘊體而已，不需要依賴別異於施設處蘊體以外的事物。

佛教典籍中的「無我」是指，沒有「別異於蘊體之外的獨立自主的我」，但不否定苦樂覺受者的「我」，或是於名言上具有來去作用的「我」。

如果沒有別異於蘊體以外的身心主宰者「我」，或者沒有控制身心的「我」，請問，先前與其後的感受如何能由單一的我所覺知？之前所見的事物可被之後的我所見，這些都是因為有了「我」，才能產生的記憶。請問，這又是如何而來？還有，不同相續的補特伽羅，是否不應以不同的身軀來做區分？此等諸多疑處，將於《佛法宗義總集》中分析。

補特伽羅或我有沒有開始？

主張世間造物主者認為，「我」是有開始的。如佛教般，否定世間造物主的教派認為，世間一切皆源於自己的因緣，且相信：依賴著蘊體後施設為我，所以「我有沒有開始」得看施設處蘊體有沒有開始。補特伽羅的施設處五蘊之中，最重要的即為識蘊。識蘊或心識沒有形色，並非色法，其性屬於內在唯覺性。唯覺性的近取因必須同類，該近取因不能是色法等微塵。

心識中的意識，尤其是細微意識，若問「該識之前的意識為何？」而繼續追溯下去的話，會發現識是無有開端的。誠如

先前已述、由心識因緣論述而牽引的「前後世論述」所言，心識的起端並無法安置。因此，由心識施設的我也無有開始。

我有沒有止盡的時候？

各教派之間對此的說法不一。佛教宗義論師們中，有一派主張我有最終邊際。大乘宗義論師們認為，心識無始無終，所以「我」也無始無終。

補特伽羅的性質：依據五蘊其中一者而施設的士夫。自己、我、補特伽羅三者為異名。

好比名為「天授」的某人來說，雖然此人只有一個我，但該我卻有不同層面。就以「比丘天授」而言，就有屬於「人」的層面，屬於「男性」的層面，屬於「比丘」的層面，根據這些不同層面而去認知為「我」。其他補特伽羅也有多種「我」的層面。

主要依賴著人的身軀蘊體而施設為人，主要依賴著畜生的身軀蘊體而施設為畜生。人又有男女、大小，以及智者愚者等，隨著不同的蘊體而產生了不同的施設。

我和補特伽羅的異名，誠如《大方等大集經》云：

「不了義經者，若說，我人眾生壽命養育士夫作者受者，種種文辭，諸法無有施者受者，而為他說有施有受。」[157]

---

[157] 德格版，經，經典，列卷，第六品，150背頁；對勘本版，書號60，375頁。漢譯來源：《大方等大集經》（T.13.397.205b.18）。

此文涵義，如《攝異門分》云：

「復次我者，謂於五取蘊我我所見現前行故。言有情者，謂諸賢聖如實了知唯有此法更無餘故。又復於彼有愛著故言意生者，謂此是意種類性故。摩納縛迦者，謂依止於意或高或下故。言養育者，謂能增長後有業故，能作一切士夫用故。補特伽羅者，謂能數數往取諸趣無厭足故。言命者者，謂壽和合現存活故。言生者者，謂具生等所有法故。」[158]

內外道對我的主張及其相關詳細理由，將於《佛法哲學總集》中說明。

最後，將從藏譯的佛陀講授的經典，以及古印度大學者們的論著中，擇選並整理出基法真相及深奧宗義論述等諸多主要內容，另做說明。同時搭配著精心設計的次第編輯解說。

以上「佛法科學與哲學總集」的基法真相或佛法科學的論述到此結束。

---

158 德格版，論，唯識，ཤི卷，31背頁；對勘本版，書號75，81頁。漢譯來源：
　　《瑜伽師地論》（T.30.1579.764b.12）。

參考文獻

經典及續典[1]

དགའ་བོ་མངལ་འཇུག་གི་མདོ། 德格版，經，寶積，ག；對勘本版，書號 41；
Toh 58。《佛為阿難說處胎經》（大正藏：11.310）

དགའ་བོ་མངལ་ལ་གནས་པའི་མདོ། 德格版，經，寶積，ག；對勘本版，書號
41；Toh 57。《入胎藏經》（大正藏：11.310）

དགོངས་པ་ངེས་པར་འགྲེལ་པའི་མདོ། 德格版，經，經典，ཅི；對勘本版，書號
49；Toh 106。《解深密經》（大正藏：16.676）

ཆེད་དུ་བརྗོད་པའི་ཚོམས། 德格版，經，經典，ས།；對勘本版，書號 72；

Toh 326。《法集要頌經》（大正藏：4.213）

ཚོས་ཀྱི་ཚིགས་སུ་བཅད་པ། 德格版，經，律，ཅི；對勘本版，書號 5。《法
句經》（大正藏：4.210）

ཚོས་བཅུ་པའི་མདོ། 德格版，經，寶積，ཁ；對勘本版，書號 40；Toh
53。《佛說大乘十法經》（大正藏：11.314）

འཇམ་དཔལ་རྣམ་པར་རོལ་པའི་མདོ། 德格版，經，經典，ཁ；對勘本版，書號
46；Toh 96。《文殊遊戲經》（暫譯）

སྐྱིང་འདས་ཀྱི་མདོ། 德格版，經，經典，ཇ། དི；對勘本版，書號 53；Toh

1　譯者註：根據藏文下冊註腳 542 號，Toh 代表的是日本東北大學（Tohoku University）所編輯的西藏大藏經目錄，其後的號碼是根據該目錄給予的經號或論號。

119。《大般涅槃經》（大正藏：12.374）

སྟོང་པ་ཉིད་ཆེན་པོའི་མདོ། 德格版，經，經典，ག；對勘本版，書號71；
Toh 291。《大空性廣大經》（暫譯）

དམ་པའི་ཆོས་དྲན་པ་ཉེར་བཞག 德格版，經，經典，ཨ་ར་ག；對勘本版，書
號 71；Toh 287。《正法念處經》（大正藏：17.721）

དུས་འཁོར་བསྡུས་རྒྱུད། 德格版，經，續，ཀ；對勘本版，書號77；Toh
326。《時論略續》（暫譯）

དེ་བཞིན་གཤེགས་པའི་སྙིང་པོའི་མདོ། 德格版，經，經典，ཟ；對勘本版，書號
66；Toh 258。《大方廣如來藏經》（大正藏：16.667）

དེ་བཞིན་གཤེགས་པའི་སྙིང་རྗེ་ཆེན་པོ་ངེས་པར་བསྟན་པའི་མདོ། 德格版，經，經典，པ；對
勘本版，書號 57；Toh 147。《決示如來大悲經》（暫譯）

དེ་བཞིན་གཤེགས་པའི་གསང་བ་བསམ་གྱིས་མི་ཁྱབ་པ་བསྟན་པའི་མདོ། 德格版，經，寶
積，ཀ；對勘本版，書號 39；Toh 47。《佛說如來不思議
祕密大乘經》（大正藏：11.312）

མདོ་སྡེ་ཕལ་པོ་ཆེ། 德格版，經，華嚴，ཀ་ཨ；對勘本版，書號38；Toh
44。《大方廣佛華嚴經》（大正藏：10.293）

འདུལ་བ་གཞུང་དམ་པ། 德格版，經，律，པ；對勘本版，書號 13；Toh 7。
《律上分》（暫譯）

འདུལ་བ་ལུང་རྣམ་འབྱེད། 德格版，經，律，ཉ；對勘本版，書號 8；Toh 5。
《律分別》（暫譯）

དཔལ་ཀྱེའི་རྡོ་རྗེའི་རྒྱུད། 德格版，經，續，ང；對勘本版，書號 80；Toh 417。《吉祥喜金剛續經》（暫譯）

དཔལ་མཁའ་འགྲོ་རྒྱ་མཚོའི་རྒྱུད། 德格版，經，續，ཁ；對勘本版，書號 78；Toh 372。《吉祥空行海續經》（暫譯）

དཔལ་སྟོབས་པོའི་རྒྱུད་ཀྱི་རྒྱལ་པོ། 德格版，經，續，ག；對勘本版，書號 79；Toh 391。《吉祥大力本續王》（暫譯）

དཔལ་བདེ་མཆོག་འབྱུང་བ་ཞེས་བྱ་བའི་རྒྱུད་ཀྱི་རྒྱལ་པོ་ཆེན་པོའམ་རྒྱུད་སྡོམ་བྱུང་། 德格版，經，續，ཁ；對勘本版，書號 78；Toh 373。《吉祥勝樂生大續經》（暫譯）又簡稱《續略經》

འཕགས་པ་ཁྱིམ་བདག་དཔལ་བྱིན་གྱིས་ཞུས་པའི་མདོ། 德格版，經，寶積，ཟ；對勘本版，書號 43；Toh 72。《大寶積經‧勤授長者會》（大正藏：11.310）

འཕགས་པ་རྒྱ་ཆེར་རོལ་པའི་མདོ། 德格版，經，經典，ཁ；對勘本版，書號 46；Toh 95。《方廣大莊嚴經》（大正藏：3.187）

འཕགས་པ་ཆོས་ཐམས་ཅད་འབྱུང་བ་མེད་པར་བསྟན་པའི་མདོ། 德格版，經，經典，མ；對勘本版，書號 60；Toh 180。《佛說諸法本無經》（大正藏：15.651）

འཕགས་པ་རྟེན་ཅིང་འབྲེལ་བར་འབྱུང་བ་དང་པོའི་རྣམ་པར་དབྱེ་བ་བཤད་པ། 德格版，經，寶積，ཚ；對勘本版，書號 66；Toh 211。《緣起初別釋》（暫譯）

འཕགས་པ་ནམ་མཁའ་མཛོད་ཀྱིས་ཞུས་པའི་མདོ། 德格版，經，經典，པ；對勘本版，

འཕགས་པ་ཆོས་པ་ཁྱུད་པར་སེམས་ཀྱིས་ཞུས་པའི་མདོ། 德格版，經，經典，བ；對勘本版，書號 59；Toh 160。《勝思惟梵天所問經》（大正藏：15.587）

འཕགས་པ་རིན་པོ་ཆེའི་ཕུང་པོའི་མདོ། 德格版，經，寶積，ཆ；對勘本版，書號 44；Toh 88。《聖寶蘊大乘經》（大正藏：11.310）

འཕགས་པ་ལག་བཟང་གིས་ཞུས་པའི་མདོ། 德格版，經，寶積，ཅ；對勘本版，書號 70；Toh 72。《善臂菩薩請問經》（大正藏：11.310）

འཕགས་པ་ལང་ཀར་གཤེགས་པའི་མདོ། 德格版，經，經典，ཅ；對勘本版，書號 49；Toh 107。《入楞伽經》（大正藏：16.671）

འཕགས་པ་ཤེས་རབ་ཀྱི་ཕ་རོལ་ཏུ་ཕྱིན་པ་སྡུད་པ་ཚིགས་སུ་བཅད་པ། 德格版，經，各式慧，ཀ；對勘本版，書號 34；Toh 13。《佛說佛母寶德藏般若波羅蜜經》（大正藏：8.229）

འཕགས་པ་ས་ལུ་ལྗང་པའི་མདོ། 德格版，經，寶積，ཆ；對勘本版，書號 62；Toh 210。《佛說大乘稻芉經》（大正藏：16.712）

འཕགས་པ་བསོད་ནམས་ཐམས་ཅད་བསྡུས་པའི་ཏིང་ངེ་འཛིན་གྱི་མདོ། 德格版，經，經典，ན；對勘本版，書號 56；Toh 133。《聖攝諸福三摩地經》（暫譯）

ཕྲ་གྲོས་མི་ཟད་པས་བསྟན་པའི་མདོ། 德格版，經，經典，མ།；對勘本版，書號 60；Toh 175。《大方等大集經・無盡意菩薩品》（大正藏：13.397）

གཙུག་ན་རིན་པོ་ཆེས་ཞུས་པའི་མདོ། 德格版，經，寶積，ཁ།；對勘本版，書號 44；Toh 91。《大寶積經・寶髻菩薩會》（大正藏：11.310）

ཡབ་སྲས་མཇལ་བའི་མདོ། 德格版，經，寶積，ང།；對勘本版，書號 42；Toh 60。《父子會見經》（大正藏：11.310）

རང་བཞིན་མཉམ་པ་ཉིད་རྣམ་པར་སྤྲོས་པ་ཏིང་ངེ་འཛིན་རྒྱལ་པོའི་མདོ། 德格版，經，經典，ད།；對勘本版，書號 55；Toh 127。《自性平等廣相三摩地經》（暫譯）

ལག་ན་རྡོ་རྗེ་དབང་བསྐུར་བའི་རྒྱུད་ཆེན་པོ། 德格版，經，續，ད།；對勘本版，書號 81；Toh 496。《金剛手灌頂大續》（暫譯）

ཤེར་ཕྱིན་བརྒྱད་སྟོང་པ། 德格版，經，八千頌，ཀ།；對勘本版，書號 33；Toh 12。《大般若波羅蜜多經・八千頌》（大正藏：6.220）

ཤེར་ཕྱིན་ཉི་ཁྲི། 德格版，經，兩萬，ཀ ཁ།；對勘本版，書號 26；Toh 9。《大般若波羅蜜多經・兩萬頌》（大正藏：7.220）

སུམ་ཅུ་རྩ་གསུམ་པའི་ལེའུ། 德格版，經，經典，ཟ།；對勘本版，書號 63；Toh 223。《三十三天品經》（暫譯）

སོ་སོར་ཐར་པའི་མདོ། 德格版，經，律，ཅ；對勘本版，書號 5；Toh 5。《解脫戒經》（大正藏：24.1460）

གསང་འདུས་རྒྱུད་ཕྱི་མ། 德格版，經，續，ཅ；對勘本版，書號 81；Toh 443。《密集後續》（暫譯）

གསང་འདུས་བཤད་རྒྱུད་རྡོ་རྗེ་ཕྲེང་བ། 德格版，經，續，ཅ；對勘本版，書號 81；Toh 445。《授續金剛鬘》（暫譯）

གསང་འདུས་བཤད་རྒྱུད་ལྷ་མོ་བཞིས་ཞུས་པ། 德格版，經，續，ཅ；對勘本版，書號 81；Toh 446。《密集講續——四天女問經》（暫譯）

གསང་བ་འདུས་པའི་བཤད་རྒྱུད་དགོངས་པ་ལུང་སྟོན། 德格版，經，續，ཅ；對勘本版，書號 81。《密集講續顯示意趣》（暫譯）

གསང་བ་འདུས་པའི་བཤད་རྒྱུད་ཡེ་ཤེས་རྡོ་རྗེ་ཀུན་ལས་བཏུས་པ། 德格版，經，續，ཅ；對勘本版，書號 81；Toh 447。《密集講續——集遍智慧金剛》（暫譯）

གསེར་མདོག་གི་སྟོན་གྱི་སྟོར་བ་ཞེས་བ་བའི་མདོ། 德格版，經，經典，ཨ；對勘本版，書號 76；Toh 350。《金色王經》（大正藏：3.162）

ལྷག་པའི་བསམ་པ་བསྐུལ་བའི་མདོ། 德格版，經，寶積，ཅ；對勘本版，書號 43；Toh 69。《發覺淨心經》（大正藏：12.327）

論典及醫典

ཀ་མ་ལ་ཤཱི་ལ། 蓮花戒（八世紀）

—— སུ་ལུའི་ལྗང་པའི་མདོ་སྡེའི་རྒྱ་ཆེར་འགྲེལ་བ། 德格版，論，量，ཏི；對勘本版，
書號 67；Toh 4001。《廣說佛說大乘稻芉經釋》（暫譯）

—— ཆན་མའི་དེ་ཁོ་ན་ཉིད་བསྡུས་པའི་དཀའ་འགྲེལ། 德格版，論，量，ཟེ；對勘本
版，書號 107；Toh 4267。《眞如集論釋》（暫譯）

—— རང་བཞིན་མེད་པ་ཉིད་དུ་གྲུབ་པ། 德格版，論，中觀，ས；對勘本版，書
號 62；Toh 3889。《成無自性論》（暫譯）

—— དབུ་མ་སྣང་བ། 德格版，論，中觀，ས；對勘本版，書號 62；Toh
3887。《中觀明論》（暫譯）

—— བསྒོམ་རིམ་དང་པོ། 德格版，論，中觀，ཀི；對勘本版，書號 64；
Toh 3915。《修次初篇》（暫譯）

—— བསྒོམ་རིམ་བར་པ། 德格版，論，中觀，ཀི；對勘本版，書號 64；
Toh 3916。《修次中篇》，法炬法師譯：http://e-dalailama.
com/sutra/gomrimbarpa.pdf

—— དབུ་མ་རྒྱན་གྱི་དཀའ་འགྲེལ། 德格版，論，中觀，ས；對勘本版，書號
62；Toh 3886。《中觀莊嚴疏》（暫譯）

ཀླུ་སྒྲུབ། 龍樹（有兩種說法：導師圓寂後的四百年，或是二世
紀）

—— རྩ་བ་ཤེས་རབ། 德格版，論，中觀，ཙ；對勘本版，書號 57；Toh

3824。《中論》（大正藏：30.1564）

—— རིན་ཆེན་ཕྲེང་བ། 德格版，論，本生，གེ；對勘本版，書號 96；Toh 4158。《寶鬘論》，仁光法師譯；http://e-dalailama.com/sutra/Precious_Garland.pdf

—— རིམ་པ་ལྔ་པ། 德格版，論，續釋，ངི；對勘本版，書號 18；Toh 1802。《五次第》（暫譯）

—— བཤེས་པའི་སྤྲིངས་ཡིག 德格版，論，箋書，ངི；對勘本版，書號 18；Toh 4182。《勸發諸王要偈》（大正藏：32.1673）

—— ཆོས་དབྱིངས་བསྟོད་པ། 德格版，論，禮讚，ཀ；對勘本版，書號 18；Toh 1118。《讚法界頌》（大正藏：32.1675）

ཀླུའི་བྱང་ཆུབ། 龍覺

—— འདུས་པའི་སྒྲུབ་ཐབས་རྣམ་པར་གཞག་པའི་རིམ་པ། 德格版，論，續釋，ངི；對勘本版，書號 18；Toh 1809。《安立次第論》（暫譯）

—— རིམ་ལྔའི་དོན་གསལ་བྱེད། 德格版，論，續釋，ངི；對勘本版，書號 18；Toh 1833。《五次第明義論》（暫譯）

གང་སྐྱིལ། 滿增（八世紀左右）

—— མཛོད་ཀྱི་འགྲེལ་བཤད་མཚན་ཉིད་རྗེས་འབྲང་། 德格版，論，阿毗達磨，ཟི；對勘本版，書號 81；Toh 4093。《俱舍滿增注》（暫譯）

དགེ་སྲུང་། 善護

── ཕྱི་རོལ་གྱི་དོན་གྲུབ་པ། 德格版，論，量，ཤེ།；對勘本版，書號 106；
　　Toh 4244。《成外境義》（暫譯）

གྲགས་པའི་བཤེས་གཉེན། 稱友（八世紀左右）

── མཛོད་པར་ཀུན་ལས་བཏུས་པའི་རྣམ་པར་བཤད་པ། 德格版，論，唯識，ཕི།；對
　　勘本版，書號 76；Toh 4054。《大乘阿毘達磨集論釋》
　　（暫譯）

── མཛོད་ཀྱི་འགྲེལ་བཤད་དོན་གསལ། 德格版，論，阿毘達磨，གུ།；對勘本
　　版，書號 80；Toh 4093。《阿毘達磨俱舍論釋──明義
　　論》（暫譯）

ཆོས་ཀྱི་བཤེས་གཉེན། 法友（九世紀左右）

── པར་ཕྱིན་གྱི་འགྲེལ་བཤད་ཚིག་གསལ། 德格版，論，到彼岸，ཤི།；對勘本
　　版，書號 52；Toh 3796。《般若波羅蜜多教授現觀莊嚴論
　　頌釋明句疏》（暫譯）

ཆོས་ཀྱི་གྲགས་པ། 法稱（七世紀）

── ཚད་མ་རྣམ་འགྲེལ། 德格版，論，量，ཅེ།；對勘本版，書號 97；Toh
　　4210。《釋量論》，法尊法師譯：http://e-dalailama.com/
　　sutra/pramanavarttika.pdf

── ཚད་མ་རྣམ་འགྲེལ་རང་འགྲེལ། 德格版，論，量，ཅེ།；對勘本版，書號
　　97；Toh 4216。《釋量論自釋》（暫譯）

—— ཚད་མ་རྣམ་ངེས། 德格版，論，量，ཅེ；對勘本版，書號 97；Toh 4211。《定量論》（暫譯）

—— རྩོད་པའི་རིགས་པ། 德格版，論，量，ཅེ；Toh 4218。《諍正理論》（暫譯）

—— ཚད་མ་རིགས་ཐིགས། 德格版，論，量，ཅེ；對勘本版，書號 97；Toh 4212。《正理滴論》，楊化群及徐梵澄譯、北塔藏文班及劉曉丹編校、雲丹審核

—— གཏན་ཚིགས་ཐིགས་པ། 德格版，論，量，ཅེ；對勘本版，書號 97；Toh 4213。《因滴論》（暫譯）

ཆོས་མཆོག 法上（八世紀）

—— ཚད་མ་རྣམ་ངེས་ཀྱི་འགྲེལ་བཤད་འབད་ཕྱུན། 德格版，論，量，ཏེ；對勘本版，書號 104；Toh 4229。《決定量論疏》（暫譯）

—— རིགས་ཐིགས་རྒྱ་ཆེར་འགྲེལ། 德格版，論，量，ཐེ；對勘本版，書號 105；Toh 4239。《正理滴論大疏》（暫譯）

སྟོབས་བཅུ་དཔལ་བཤེས་གཉེན། 十力吉祥親友（約十一世紀）

—— འདུས་བྱས་དང་འདུས་མ་བྱས་རྣམ་པར་ངེས་པ། 德格版，論，中觀，ཧི；對勘本版，書號 63；Toh 3897。《決定有爲無爲論》（暫譯）

ཐར་པའི་འབྱུང་གནས་སྦས་པ། 解脫源藏

—— རྟོག་གེའི་སྐད། 德格版，論，量，ཞེ；對勘本版，書號 106；Toh 4264。《推理論》（暫譯）

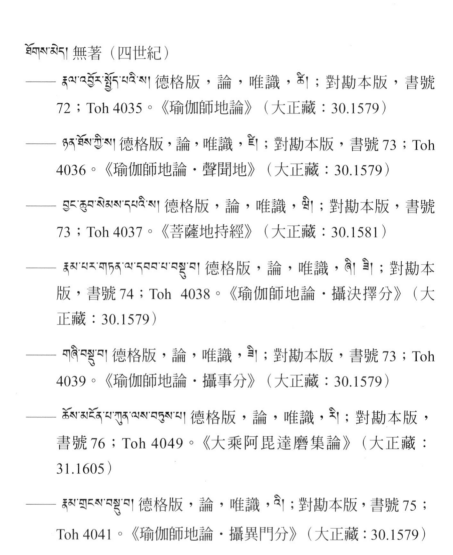

ཐོགས་མེད། 無著（四世紀）

—— རྣལ་འབྱོར་སྤྱོད་པའི་ས། 德格版，論，唯識，ཚི། ；對勘本版，書號 72；Toh 4035。《瑜伽師地論》（大正藏：30.1579）

—— ཉན་ཐོས་ཀྱི་ས། 德格版，論，唯識，ཌི། ；對勘本版，書號 73；Toh 4036。《瑜伽師地論·聲聞地》（大正藏：30.1579）

—— བྱང་ཆུབ་སེམས་དཔའི་ས། 德格版，論，唯識，ཝི། ；對勘本版，書號 73；Toh 4037。《菩薩地持經》（大正藏：30.1581）

—— རྣམ་པར་གཏན་ལ་དབབ་པ་བསྡུ་བ། 德格版，論，唯識，ཞི། ཟི། ；對勘本版，書號 74；Toh 4038。《瑜伽師地論·攝決擇分》（大正藏：30.1579）

—— གཞི་བསྡུ་བ། 德格版，論，唯識，ཟི། ；對勘本版，書號 73；Toh 4039。《瑜伽師地論·攝事分》（大正藏：30.1579）

—— ཆོས་མངོན་པ་ཀུན་ལས་བཏུས་པ། 德格版，論，唯識，རི། ；對勘本版，書號 76；Toh 4049。《大乘阿毘達磨集論》（大正藏：31.1605）

—— རྣམ་གྲངས་བསྡུ་བ། 德格版，論，唯識，ཝི། ；對勘本版，書號 75；Toh 4041。《瑜伽師地論·攝異門分》（大正藏：30.1579）

—— ཐེག་པ་ཆེན་པོ་བསྡུས་པ། 德格版，論，唯識，རི། ；對勘本版，書號 76；Toh 4048。《攝大乘論本》（大正藏：31.1594）

དུལ་བ་ལྷ། 律天或調伏天（八世紀初）

—— དམིགས་པ་བརྟག་འགྲེལ་བཤད། 德格版，論，量，ཤེ།；對勘本版，書號 106；Toh 4265。《所緣緣論注》（暫譯）

ན་པི་རྗུམ། 南畢鞧瑪

—— སློག་པ་བསྒྱུར་པ་བསྟན་པའི་ཚིག་ལེའུར་བྱས་པ། 德格版，論，聲明，གེ།；對勘本版，書號 109；Toh 4293。《示返體攝偈》（暫譯）

ནཱ་རོ་པ། 那洛巴

—— རིམ་ལྔ་བསྡུས་པ་གསལ་བ། 德格版，論，續釋，ཤེ།；對勘本版，書號 26；Toh 2333。《五次第明攝論》（暫譯）

རིགས་ལྡན་པད་མ་དཀར་པོ། 具胤白蓮

—— དུས་འཁོར་འགྲེལ་ཆེན་དྲི་མེད་འོད། 德格版，論，續釋，ཐ། ད། ；對勘本版，書號 6；Toh 347。《時輪無垢光大疏》（暫譯）

དཔའ་བོ། 聖勇

—— ཡན་ལག་བརྒྱད་པའི་སྙིང་པོ་བསྡུས་པ། （又稱 སྨན་དཔྱད་ཡན་ལག་བརྒྱད་པའི་སྙིང་པོ། ）德格版，論，醫明，ཧེ།；對勘本版，書號 111；Toh 4310。《醫觀八支心要攝論／醫觀八支心要》（暫譯）

—— ཕར་ཕྱིན་བསྡུས་པ། 德格版，論，中觀，ཧེ།；對勘本版，書號 64；Toh 3944。《攝到彼岸》（暫譯）

—— སྐྱེས་པའི་རབས་ཀྱི་རྒྱུད། 德格版，論，本生，ཧུ།；對勘本版，書號 94；Toh 4150。《本生續》（暫譯）

སྒྲུན་རས་གཟིགས་བཅུ་ལུགས། 觀音禁

—— ཤེས་རབ་སྒྲོན་མེའི་འགྲེལ་བཤད། 德格版，論，中觀，ཕ།；對勘本版，書號 58；Toh 3859。《般若燈論之註釋》（暫譯）

འཕགས་པ་ལྷ། 聖天（二世紀）

—— དབུ་མ་བཞི་བརྒྱ་པ། 德格版，論，中觀，ཚ།；對勘本版，書號 57；Toh 3846。《中論四百論》，法尊法師譯：http://e-dalailama.com/sutra/400.pdf

—— འཁྲུལ་པ་བཟློག་པའི་རིགས་པ་གཏན་ཚིགས་གྲུབ་པ། 德格版，論，中觀，ཕ།；對勘本版，書號 57；Toh 3847。《摧壞迷亂正理因成就》（暫譯）

—— སྤྱོད་པ་བསྡུས་པའི་སྒྲོན་མ། 德格版，論，續釋，ནི།；對勘本版，書號 18；Toh 1803。《攝行炬論》（暫譯）

—— བདག་བྱིན་གྱིས་བརླབ་པའི་རིམ་པ། 德格版，論，續釋，ནི།；對勘本版，書號 18；Toh 1805。《加持自我次第論》（暫譯）

ཕྱོགས་ཀྱི་གླང་པོ། 陳那

—— དམིགས་པ་བརྟག་པ། 德格版，論，量，ཆེ།；對勘本版，書號 97；Toh 4205。《觀所緣緣論》（大正藏：31.1624）

—— དམིགས་པ་བརྟག་པ་རང་འགྲེལ། 德格版，論，量，ཆེ།；對勘本版，書號 97；Toh 4206。《觀所緣緣論自釋》（大正藏：31.1624）

—— ཚད་མ་ཀུན་བཏུས། 德格版，論，量，ཆེ།；對勘本版，書號 97；Toh 4203。《集量論頌》，法尊法師譯：http://e-dalailama.com/sutra/pramanasamuccaya.pdf

—— ཚད་མ་ཀུན་བཏུས་རང་འགྲེལ། 德格版，論，量，ཋེ；對勘本版，書號 97；Toh 4204。《集量論頌自釋》（暫譯）

—— ཚད་མ་རིགས་པ་ལ་འཇུག་པ། 德格版，論，量，ཋེ；對勘本版，書號 97；Toh 4208。《因明正理門論》（大正藏：32.1628）

—— གཏན་ཚིགས་འཁོར་ལོ། 德格版，論，量，ཋེ；對勘本版，書號 97；Toh 4209。《因輪論》（暫譯）

བི་མ་ལ་མི་ཏ། 無垢友（約八世紀）

—— རིམ་གྱིས་འཇུག་པའི་བསྒོམ་དོན། 德格版，論，中觀，ཀི；對勘本版，書號 64；Toh 3938。《次第趣入修義》（暫譯）

བྱང་ཆུབ་བཟང་པོ། 菩提賢（約八世紀）

—— ཡེ་ཤེས་སྙིང་པོ་ཀུན་ལས་བཏུས་པའི་བཤད་སྦྱར། 德格版，論，中觀，ཚི；對勘本版，書號57；Toh 3852。《慧心要集論釋注》（暫譯）

བྱམས་པ། 慈尊

—— དབུས་མཐའ་རྣམ་འབྱེད། 德格版，論，唯識，ཕི；對勘本版，書號 70；Toh 4021。《辯中邊論頌》（大正藏：31.1601）

—— ཐེག་པ་ཆེན་པོ་མདོ་སྡེ་རྒྱན། 德格版，論，唯識，ཕི；對勘本版，書號 70；Toh 4020。《大乘莊嚴經論》（大正藏：31.1604）

—— མངོན་པར་རྟོགས་པའི་རྒྱན། 德格版，論，到彼岸，ཀ；對勘本版，書號 49；Toh 3786。《現觀莊嚴論》，法尊法師譯：http://www.e-dalailama.com/sutra/abhiasamayaalangkara.pdf

—— ཐེག་པ་ཆེན་པོ་རྒྱུད་བླ་མ། 德格版，論，唯識，ཕི；對勘本版，書號 70；Toh 4024。《究竟一乘寶性論》（大正藏：31.1611）

བློ་གྲོས་བརྟན་པ། 安慧

—— ཕུང་པོ་ལྔའི་རབ་ཏུ་བྱེད་པ་བྱེ་བྲག་ཏུ་བཤད་པ། 德格版，論，量，ཤི；對勘本版，書號 77；Toh 4066。《大乘廣五蘊論》（暫譯）

—— སུམ་ཅུ་པའི་བཤད་པ། 德格版，論，量，ཤི；對勘本版，書號 77。《三十頌疏》（暫譯）

—— དབུས་མཐའི་འགྲེལ་བཤད། 德格版，論，唯識，བི；對勘本版，書號 71；Toh 4032。《辯中邊論述》（暫譯）

དབྱིག་གཉེན། 世親

—— ཆོས་མངོན་པ་མཛོད། 德格版，論，阿毘達磨，ཀུ；對勘本版，書號 79；Toh 4089。《阿毘達磨俱舍論》（大正藏：29.1558）

—— ཆོས་མངོན་པ་མཛོད་ཀྱི་རང་འགྲེལ། 德格版，論，阿毘達磨，ཀུ ཁུ；對勘本版，書號 79；Toh 4090。《阿毘達磨俱舍論自釋》（大正藏：29.1558）

—— རྣམ་བཤད་རིགས་པ། 德格版，論，唯識，ཤི；對勘本版，書號 77；Toh 4065。《釋軌論》（暫譯）

—— ཕུང་པོ་ལྔའི་རབ་བྱེད། 德格版，論，唯識，ཤི；對勘本版，書號 77；Toh 4059。《大乘五蘊論》（大正藏：31.1612）

—— ལས་གྲུབ་པའི་རབ་ཏུ་བྱེད་པ། 德格版，論，唯識，ཤི；對勘本版，書號

77；Toh 4062。《大乘成業論》（大正藏：31.1608）

—— ཉི་ཤུ་པ། 德格版，論，唯識，ཤི；對勘本版，書號 77；Toh
4056。《唯識二十頌》（大正藏：31.1590）

—— ཉི་ཤུ་པའི་རང་འགྲེལ། 德格版，論，唯識，ཤི；對勘本版，書號 77；Toh
4057。《唯識二十頌自釋》（大正藏：31.1590）

—— དབུས་མཐའི་འགྲེལ་པ། 德格版，論，唯識，བི；對勘本版，書號
71；Toh 4027。《辯中邊論述記》（大正藏：44.1835）

—— རྟེན་ཅིང་འབྲེལ་པར་འབྱུང་བ་དང་པོའི་རྣམ་པར་དབྱེ་བ་བཤད་པ། 德格版，論，經釋，ཆི；
對勘本版，書號 66；Toh 3995。《緣起初別釋》（暫譯）

མ་ཏི་ཙི་ཏྲ། 嘛帝自扎（二世紀左右）

—— རྒྱལ་པོ་ཀ་ནིས་ཀའི་སྤྲིངས་ཡིག 德格版，論，箋書，ངི；對勘本版，書
號 96；Toh 4184。《嘎尼嘎國王箋書》（暫譯）

མོང་གལ་གྱི་བུ། 目犍連

—— འཇིག་རྟེན་བཞག་པ། 德格版，論，阿毗達磨，ཨི；對勘本版，書
號 78；Toh 4086。《立世間論》（暫譯）

—— རྒྱུ་གདགས་པ། 德格版，論，阿毗達磨，ཨི；對勘本版，書號
78；Toh 4087。《施設因》（暫譯）

ཙནྡྲ་གོ་མི། 月官（七世紀）

—— བཤགས་བསྟོད། 德格版，論，禮讚，ཀ；對勘本版，書號 1；Toh
1151。《懺悔讚》（暫譯）

ཚངས་ད་རེ། 旃陀哈日

—— དབུ་མ་རིན་པོ་ཆེའི་ཕྲེང་བ། 德格版，論，中觀，ལ；Toh 3901。《中觀寶鬘論》（暫譯）

ཆུལ་ཁྲིམས་བསྲུངས། 戒護（七世紀）

—— ཕྲན་ཚེགས་འགྲེལ་པ། 德格版，論，律，ཐུ；對勘本版，書號 88；Toh 4115。《毗奈耶雜事釋》（暫譯）

རྫིན་མི་ཏྲ། 勝友（八世紀）

—— རྣལ་འབྱོར་སྤྱོད་པའི་ས་རྣམ་པར་བཤད་པ། 德格版，論，唯識，ཞི；對勘本版，書號 75；Toh 4044。《瑜伽師地論疏》（暫譯）

རྫི་ད་རི། 祇多梨（十世紀）

—— བདེ་བར་གཤེགས་པའི་གཞུང་རྣམ་པར་འབྱེད་པ། 德格版，論，中觀，ཨ；對勘本版，書號 63；Toh 3899。《善逝教典分別論》（暫譯）

—— བདེ་བར་གཤེགས་པའི་གཞུང་རྣམ་པར་འབྱེད་པའི་བཤད་པ། 德格版，論，中觀，ཨ；對勘本版，書號 63；Toh 3900。《善逝教典分別論疏》（暫譯）

ཕྲིན་ཚེག 圓測（七世紀）

—— དགོངས་འགྲེལ་གྱི་མདོའི་རྒྱ་ཆེར་འགྲེལ། 德格版，論，經典，ཏི；對勘本版，書號 68；Toh 4016。《解深密經疏》（萬字續藏：21.369）

ཞི་བ་འཚོ། 寂護或靜命（八世紀）

—— དེ་ཁོ་ན་ཉིད་བསྡུས་པ། 德格版，論，量，ཟེ；對勘本版，書號 107；Toh 4266。《眞如集論》（暫譯）

—— དབུ་མ་རྒྱན། 德格版，論，中觀，ས；對勘本版，書號 62；Toh 3884。《中觀莊嚴論》（暫譯）

—— དབུ་མ་རྒྱན་གྱི་རང་འགྲེལ། 德格版，論，中觀，ས；對勘本版，書號 62；Toh 3885。《中觀莊嚴論自釋》（暫譯）

ཞི་བ་ལྷ། 寂天（八世紀）

—— མདོ་ཀུན་ལས་བཏུས་པ། 德格版，論，中觀，ཀི；Toh 3934。《經集論》（暫譯）

—— བྱང་ཆུབ་སེམས་དཔའི་སྤྱོད་པ་ལ་འཇུག་པ། 德格版，論，中觀，ལ；對勘本版，書號 61；Toh 3871。《入菩薩行論》，如石法師譯：http://e-dalailama.com/sutra/2016MayText.pdf

—— བསླབ་པ་ཀུན་ལས་བཏུས་པའི་ཚིག་ལེའུར་བྱས་པ། 德格版，論，中觀，ཤི；對勘本版，書號 76；Toh 3939。《學集論頌》（暫譯）

—— བསླབ་པ་ཀུན་ལས་བཏུས་པ། 德格版，論，中觀，ཤི；對勘本版，書號 76；Toh 3940。《學集論》（暫譯）

ཟླ་བ་གྲགས་པ། 月稱（七世紀）

—— དབུ་མ་ལ་འཇུག་པ། 德格版，論，中觀，འ；對勘本版，書號 60；Toh 1861。《入中論》，法尊法師譯：http://www.e-dalailama.com/sutra/madhyamakaavatara.pdf

—— དབུ་མ་ལ་འཇུག་པའི་རང་འགྲེལ། 德格版，論，中觀，འ；對勘本版，書號 60；Toh 3862。《入中論自釋》，法尊法師譯：http://www.e-dalailama.com/sutra/madhyamakaavataracommentary.pdf

—— དབུ་མ་རྩ་བའི་འགྲེལ་པ་ཚིག་གསལ། 德格版，論，中觀，འ；對勘本版，書號 60；Toh 1860。《顯句論》（暫譯）

—— བཞི་བརྒྱ་པའི་འགྲེལ་པ། 德格版，論，中觀，ཡ；對勘本版，書號 60；Toh 3865。《四百論釋》（暫譯）

—— ཕུང་པོ་ལྔའི་རབ་ཏུ་བྱེད་པ། 德格版，論，中觀，ཡ；對勘本版，書號 60；Toh 3866。《五蘊品類論》（暫譯）

ཟླ་བ་ལ་དགའ་བ། 月喜

—— ཡན་ལག་བརྒྱད་པའི་སྙིང་པོའི་རྣམ་འགྲེལ་ཟླ་ཟེར། 德格版，論，醫明，ཀོ；對勘本版，書號 113；Toh 4312。《伺醫八支心要註釋——月光論》（暫譯）

ཨེ་ཤེས་སྙིང་པོ། 慧心要（約八世紀左右）

—— བདེན་པ་གཉིས་རྣམ་པར་འབྱེད་པའི་ཚིག་ལེའུར་བྱས་པ། 德格版，論，中觀，ས；對勘本版，書號 62；Toh 3881。《分別二諦文》（暫譯）

ཡོན་ཏན་འོད། 功德光（約五世紀左右）

—— ཕུང་པོ་ལྔའི་རྣམ་པར་འགྲེལ་པ། 德格版，論，唯識，ཤི；對勘本版，書號 77；Toh 4062。《大乘廣五蘊論釋》（暫譯）

ལེགས་ལྡན་འབྱེད། 清辨（六世紀）

—— དབུ་མ་སྙིང་པོ། 德格版，論，唯識，ཛ།；對勘本版，書號 58；Toh 3855。《中觀心論》（暫譯）

—— རྟོག་གེ་འབར་བ། 德格版，論，唯識，ཛ།；對勘本版，書號 58；Toh 3856。《思擇焰論》（暫譯）

—— ཤེས་རབ་སྒྲོན་མེ། 德格版，論，唯識，ཚ།；對勘本版，書號 57；Toh 3853。《般若燈論》（大正藏：31.1566）

ལ་སྐྱེ། 拉卡世米

—— རིམ་ལྔའི་དོན་གསལ་བར་བྱེད་པ། 德格版，論，續釋，ཚ།；Toh 1842。《五次第論疏》（暫譯）

ཤཱཀྱ་བློ། 釋迦慧（八世紀初）

—— ཚད་མ་རྣམ་འགྲེལ་གྱི་འགྲེལ་བཤད། 德格版，論，量，ཐེ། ཉེ།；對勘本版，書號 99；Toh 4220。《釋量論疏》（暫譯）

འཕྲི་པའམ་རིན་ཆེན་འབྱུང་གནས་ཞི། 香諦巴或稱寶源寂

—— ཤེར་ཕྱིན་བསྒོམ་པའི་མན་ངག 德格版，論，量，ཤི།；對勘本版，書號 78；Toh 4076。《般若般羅蜜多修行口訣》（暫譯）

ཤྲཱི་ག་ཏ་མི་ཏ་ཨ་ནནྡ། 吉祥荽嘎達米達阿難陀（十二世紀左右）

—— རྒྱལ་པོ་ཟླ་བའི་སྐྱེངས་ཡིག 德格版，論，箋書，ངི།；對勘本版，書號 96；Toh 4189。《月亮國王箋書》（暫譯）

ཤེས་རབ་འབྱུང་གནས་བློ་གྲོས། 慧源覺（十一世紀）

—— བྱང་ཆུབ་ཀྱི་སྤྱོད་པ་ལ་འཇུག་པའི་དཀའ་འགྲེལ། 德格版，論，中觀，ལ།；對勘本版，書號 61；Toh 3872。《入菩提行要義疏》（暫譯）

སའི་རྩ་ལག 地親

── ཕུང་པོ་ལྔའི་བཤད་པ། 德格版，論，唯識，ཤི；對勘本版，書號 77；
Toh 4068。《五蘊釋》（暫譯）

སངས་རྒྱས་ཡེ་ཤེས། 佛智

── རིམ་པ་གཉིས་ཀྱི་དེ་ཉིད་བསྒོམ་པ་ཞེས་བྱ་བའི་ཞལ་ལུང་། 德格版，論，續釋，དི；
對勘本版，書號 21；Toh 4068。《二次第眞如修》（暫
譯）

སེང་གེ་བཟང་པོ། 獅子賢（九世紀）

── མངོན་པར་རྟོགས་པའི་རྒྱན་གྱི་འགྲེལ་པ། 德格版，論，到彼岸，ཏ；對勘本
版，書號 52；Toh 3793。《現觀莊嚴論疏》（暫譯）

ལྷ་དབང་བློ། 帝釋慧（七世紀）

── ཚད་མ་རྣམ་འགྲེལ་གྱི་དཀའ་འགྲེལ། 德格版，論，量，ཤེ；Toh 4217。
《釋量論難疏》（暫譯）

ཨ་ཏི་ཤ་དཱི་པཾ་ཀ་ར་ཤྲཱི་ཛྙཱ་ན། 阿底峽燃燈吉祥智（十世紀）

── བྱང་ཆུབ་ལམ་སྒྲོན། 德格版，論，中觀，ཁི；Toh 3947。《菩提道
炬論》，法尊法師譯：http://e-dalailama.com/sutra/Chang_
Chup_Lam_Dron.pdf

附圖

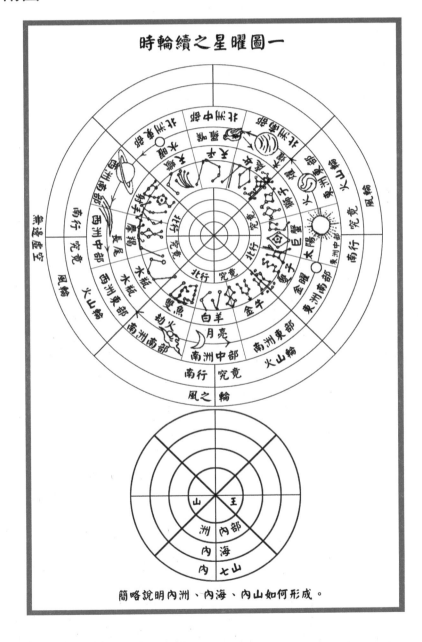

簡略說明內洲、內海、內山如何形成。

時輪續之星曜圖二

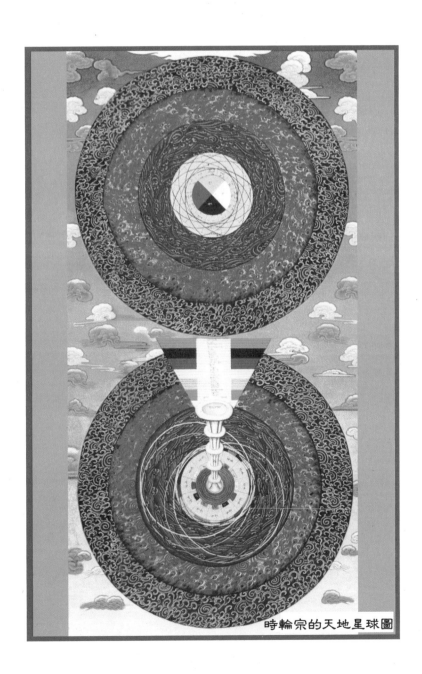

時輪宗的天地星球圖

入胎成體圖

隨業惱所轉，入胎成體。

精、血、
風疾患者　　　精、血、
　　　　　　火疾患者　　　精、血、
　　　　　　　　　　　　水地疾患者

  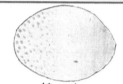

精、血、
血疾患者　　　精、血、
　　　　　　水地疾、風疾患者　　精、血、
　　　　　　　　　　　　　　血疾、火疾患者

由疾患力，不能作為種子的九類
精血合體

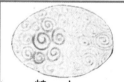  

精、血、
水地疾、火疾患者　　精、血、
　　　　　　　　風疾、火疾患者　　精、血、
　　　　　　　　　　　　　　　三疾聚合之患者

風力使經血從胎門流出三日

  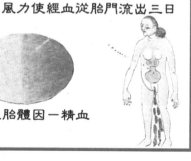

無有地大、風大等過患　　無患之胎體因一精血

非三經日之期日

(1、3、5、7、9) (2、4、6、8)

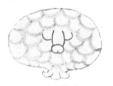  

為男相 為女相 日落閉門

如何由母之經血形成胎子五臟六腑

父精生人骨及腦脊髓

由貪嗅力，心識隨父口風入胎

根識由自心 由地大生肉、骨 由水大生血、
所生之理 鼻、香之理 舌、味、濕之理

由火大生暖及 由風大方能吸氣吐氣 由空大生穴、
色澤之理 耳、聲之理

因緣聚合， 令胎體增上之因 第一週：精血混合
胎體形成 —五臟六腑—
如何與左右脈及
臍部相屬

第二週：羯剌藍

第三週：酸酪壯

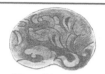

第四週：鍵南

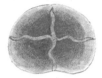

第五週：形成臍部

第六週：形成命脈

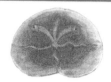

第七週：凸顯眼根

第八週：形成頭壯

第九週：形成上中下身的胎狀。
此時稱「魚時」

第十週：凸顯
肩骨及髖骨

第十一週：
凸顯九根狀

第十二週：
凸顯五臟狀

第十三週：
凸顯六腑狀

第十四週：凸顯
肱骨及股骨四肢狀

第十五週：
凸顯臂肉及足肉

第十六週：
凸顯手指及足指

第十七週：
形成內外連脈之理

龜時

第十八週：
形成脂肪

第十九週：
形成韌帶及筋絡

第二十週：
形成骨頭及骨髓

第二十一週：
被皮膚包裹

第二十二週：
形成九根之穴

第二十三週：
形成毛髮及指甲

第二十四週：
凸顯五臟六腑之功用

第二十五週：
氣於五脈內部流動

第二十六週：
明顯憶念

第二十七週至
三十週的模樣

第三十一至三十五週：
增長每個部位

豕時

第三十六週：會有
不歡喜感及厭離感

第三十七週：
會生邪念

第三十八週：
頭足顛倒

男處右邊　　　女處左邊　　　混合中性

雙胞二邊　　右胎依右乳，乃男嬰相　　左胎依左乳，乃女嬰相

出生後剪斷臍帶

依物資成長

資料來源：西藏中央醫算院的文獻，
後經南嘉寺列印，並由達賴喇嘛尊者辦事處影音部整理。

國家圖書館出版品預行編目資料

佛法科學總集——廣說三藏經論關於色心諸法之科學論述／達賴喇嘛 監製；總集編著小組編著；蔣揚仁欽 譯. ——初版. ——臺北市：商周出版：家庭傳媒城邦分公司發行，2017.07　　冊；　公分. ——（人與宗教：48）
譯自：Science and Philosophy in the Indian Buddhist Classics, Volume 2: The Science of the Mind.
ISBN 978-986-477-272-8（全套：精裝附光碟片）

1.宗教與科學　2.佛教修持

220.163　　　　　　　　　　　　　　　　　　　　　　　106009999

佛法科學總集——廣說三藏經論關於色心諸法之科學論述（下冊）

監　　　製	／達賴喇嘛
編　　著　者	／總集編著小組
譯　　　者	／蔣揚仁欽
責　任　編　輯	／林宏濤、楊如玉

版　　　權	／林心紅
行　銷　業　務	／李衍逸、黃崇華
總　　經　理	／彭之琬
發　　行　人	／何飛鵬
法　律　顧　問	／台英國際商務法律事務所 羅明通律師
出　　　版	／商周出版
	台北市中山區民生東路二段141號9樓
	電話：(02) 2500-7008 傳真：(02) 2500-7759
	E-mail:bwp.service@cite.com.tw
發　　　行	／英屬蓋曼群島商家庭傳媒股份有限公司城邦分公司
	台北市中山區民生東路二段141號2樓
	書虫客服服務專線：02-25007718；25007719
	服務時間：週一至週五上午09:30-12:00；下午13:30-17:00
	24小時傳真服務：02-25001990；25001991
	郵撥帳號：19863813　戶名：書虫股份有限公司
	讀者服務信箱：service@readingclub.com.tw
	城邦讀書花園：www.cite.com.tw
香港發行所	／城邦（香港）出版集團有限公司
	香港灣仔駱克道193號東超商業中心1樓　Email：hkcite@biznetvigator.com
	電話：(852) 25086231　傳真：(852) 25789337
馬新發行所	／城邦(馬新)出版集團 Cite (M) Sdn. Bhd. (458372 U)
	41, Jalan Radin Anum, Bandar Baru Sri Petaling,
	57000 Kuala Lumpur, Malaysia.
	Tel: (603) 90578822 Fax:(603) 90576622　email:cite@cite.com.my

尊者照片提供	／Tenzin Choejor / OHHDL
版　型　設　計	／鍾瑩芳
封　面　設　計	／黃聖文
印　　　刷	／高典印刷
經　　銷　商	／聯合發行股份有限公司 電話：(02) 29178022　傳真：(02) 29170053
	地址：新北市新店區寶橋路235巷6弄6號2樓

Printed in Taiwan

■2017年7月初版
■2021年7月30日初版7.5刷

定價／1200元（上下冊不分售）

城邦讀書花園
www.cite.com.tw

Original title:
Series title: nang pa'i tshan rig dang lta grub kun btus,
Volume 1: Pod rgyas pa nang pa'i tshan rig gi skor　(ISBN 978-93-83091-24-9)
Volume 2: Pod rgyas pa nang pa'i tshan rig gi skor　(ISBN 978-93-83091-25-6)
Compiled and edited by the Kuntue Committee and published under the auspices of the Office of His Holiness the Dalai Lama
© 2014, Gaden Phodrang Trust (Office of His Holiness the Dalai Lama)
(The two volumes of the American edition are titled as *Science and Philosophy in the Indian Buddhist Classics, Volume 1: The Physical World & Volume 2: The Science of the Mind.*)
Jamyang Rinchen's complex Chinese translation is published by Business Weekly Publications, a division of Cité Publishing Ltd. in 2017 with courtesy of Gaden Phodrang Trust (The Office of His Holiness the Dalai Lama).
All rights reserved.

本書所有翻譯收入全數捐贈財團法人達賴喇嘛西藏宗教基金會